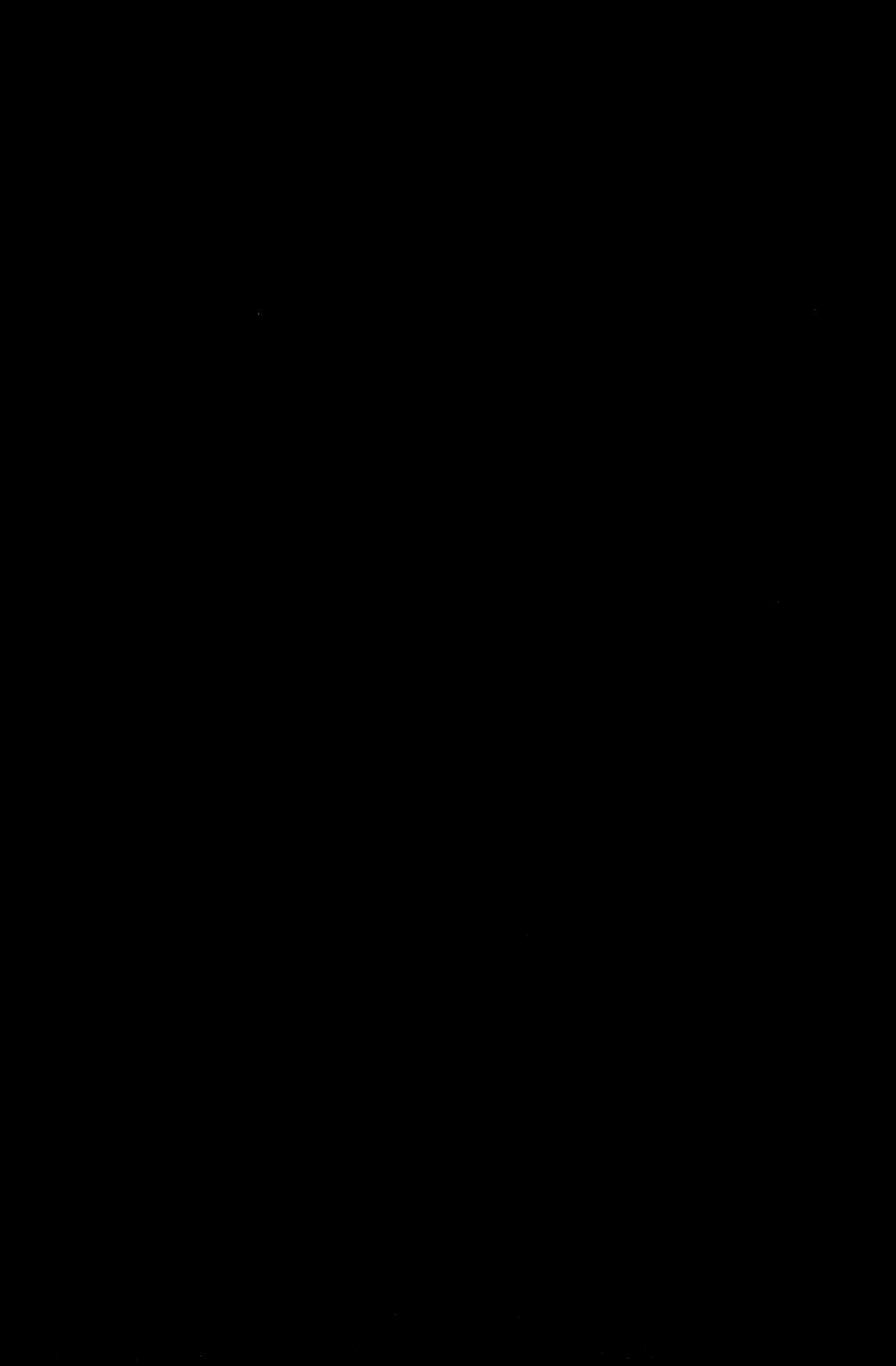

민주 시민을 위한 평화교육 입문

민주 시민을 위한
평화교육 입문

추병완·한은영·최윤정·금호정·이한길·배소현 지음

한국문화사

» **머리말**

  이 책은 2021년도 춘천교대 시민교육 사업단의 연구 과제를 수행한 결과를 담은 것이다. 춘천교육대학교 시민교육 사업단은 교육부와 한국연구재단의 예산 지원을 받아 2019년부터 2022년까지 총 4년 동안 연구 중심 대학으로서 예비교사의 시민교육 역량 강화를 위한 다양한 사업을 수행하는 중이다. 춘천교육대학교 시민교육 사업단은 디지털 시민성, 생태 시민성, 다문화 시민성, 글로벌 시민성, 민주 시민성이라는 Big Five 시민성의 함양에 도움을 주는 교수·학습 지침서를 개발하는 연구를 수행하고 있으며, 이 책은 민주 시민성에 초점을 맞추어 수행한 연구 활동의 중요한 산물이다. 민주 시민은 평화의 중요성을 인식하고 평화의 문화 구축에 적극적으로 참여할 수 있어야 한다. 이 책은 민주 시민이 반드시 알고 실천해야 할 평화와 평화교육의 구체적인 모습을 다루는 데 초점을 맞추었다.
  평화는 자유, 평등, 정의와 더불어 거의 모든 사회에서 가장 바람직하게 여겨지는 가치 가운데 하나다. 평화는 폭력의 부재 이상의 것을 뜻한다. 가장 적극적인 의미에서 평화는 모두를 위한 정의, 환경의 지속 가능성, 빈곤·기아·영양실조를 포함하여 불안의 뿌리가 되는 구조의 근절 및 깨끗한 물과 주택을 포함하여 생활을 위한 기본적인 필수재에 대한 접근 부족의 근절을 포함한다. 이러한 평화의 개념에 근거한 평화교육은 더 평화롭고 지속 가능한 세상을 만들기 위한 교육적 시도다. 평화교육은 교육의 직접적인 필연적 결과이고, 문화 내에서 지식·가치 및 사회적 규범의 전수에 관련된 하나의 과정이다. 평화교육은 평화가 무엇이고, 평화가 존재하지 않는 이유, 평화를 실현하는 방법에 관한 교사의 가르침을 의미한다. 다시 말해, 평화교육은 평화를 실현하는 것, 비폭력 기술을 함양하는 것, 평화적인 태도를 증진하는 것에 관하여 교육하는 것을 포함한다. 하지만 평화교육은 각 나라가 처한 상황에 따라 다른 모습을 보인다. 이 책은 민주 시민이 반드시 알아야 할 평화교육의 내용을 인권교육, 기후변화교육, 갈등해결 교육에 초점을 맞추어 집필하였다.

  이 책의 구체적인 내용을 소개하면 다음과 같다. 이 책의 1장은 평화와 평화교육의 개념을 정의하였다. 여기서는 평화와 평화의 문화, 평화교육의 개념과 목표 그리고 내용을 소개하고, 평화교육의 도덕 철학적 토대를 살펴보았다. 2장에서는 평화교육의 역사를 다음의 세 가지 측면, 즉 세계 주요 종교의 평화 개념, 평화와 평화교육의 중요성을 역설했던 주요 학자들의 사상과 국제연합의 활동, 우리나라에서 평화교육의 역사를 살펴보았다. 3장은 평화교육의 다섯 가지 유형인 국제교육, 환경교육, 인권교육, 갈등해결 교육, 발전교육의 핵심적인 내용과 특징을 다루었다. 4장은 평화교육의 방법으로서 건설적 논쟁에 관해 소개하였다. 5장은 초등학교에서 인권교육의 중요성과 실천 방법을 소개하였다. 6장은 초등학교에서 기후변화교육의 의미와 요소 그리고 현장에 적용 가능한 구체적인 프로그램에 관하여 소개하였다. 7장은 초등학교에서 갈등해결교육의 내용과 적용 방법을 다루었다.

이 책은 현재 우리나라 상황에서 평화교육이 왜 필요하고 중요한 것인지를 이론적으로 밝히고, 그중에서도 초등학교 현장에서 가장 시급하게 다루어야 할 평화교육의 구체적 영역으로 인권교육, 기후변화교육, 갈등해결교육의 구체적인 적용 방법을 제시하였다. 모쪼록 이 책이 학교 현장에서 평화교육에 관한 관심을 확산하고, 평화 지향적인 교실 수업을 개선하는 데 큰 도움이 되기를 기대한다. 끝으로, 연구 결과물을 한 권의 책으로 만들어주신 한국문화사 관계자 모두에게 깊이 감사드린다.

2021년 10월
저자를 대표하여 추병완

» 차례

머리말 ··· 5

1장 평화와 평화교육의 개념 정의 11
   ① 평화의 개념 정의 ·· 11
   ② 평화의 문화 ··· 20
   ③ 평화교육의 개념 정의 ··· 23
   ④ 평화교육의 내용 ·· 29
   ⑤ 평화교육의 도덕 철학적 토대 ··· 39

2장 평화교육의 역사 57
   ① 세계 종교와 평화 개념 ·· 58
   ② 주요 학자의 평화교육 사상 및 국제연합의 기여 ······················· 63
   ③ 우리나라에서 평화교육의 역사 ··· 79

3장 평화교육의 다섯 가지 유형 85
   ① 국제교육(international education) ··· 91
   ② 인권교육 ·· 94
   ③ 발전교육 ·· 96
   ④ 환경교육 ·· 99
   ⑤ 갈등해결교육 ·· 100

4장 건설적 논쟁과 평화교육 109
   ① 건설적 논쟁의 개념과 기본 현상 ··· 113
   ② 갈등해결 교육으로서의 건설적 논쟁 ··································· 120

③ 건설적 논쟁의 과정 ·· 125
④ 건설적 논쟁을 매개하는 조건 ······································ 131

| **5장**　초등학교에서의 인권교육　　　　　　　　　　　　　137

① 기존 인권교육에 대한 평가 ·· 139
② 초등학생 시기의 인권교육 ··· 140
③ 제 4차 산업혁명 시대의 인권교육 ································ 142
④ 초등학생을 위한 '멀티 인권교육' ································· 144
⑤ 초등학생을 위한 '멀티 인권교육' 평가 ·························· 171

| **6장**　초등학교에서 기후변화교육　　　　　　　　　　　　177

① 평화교육과 기후변화교육 ·· 177
② 기후변화교육의 필요성 ··· 182
③ 기후변화교육의 의미와 요소 ······································ 185
④ 2015 개정 교육과정에서의 기후변화교육 ······················· 188
⑤ 초등학교에서의 기후변화교육 시 유의점 ······················· 193
⑥ 초등학교에서의 기후변화교육 사례 ····························· 196

| **7장**　초등학교에서 갈등해결교육　　　　　　　　　　　　223

① 갈등해결교육의 개념 ·· 223
② 갈등해결교육의 사례 ·· 228
③ 갈등해결교육의 내용체계 ·· 239
④ 초등 도덕과 갈등해결교육 실태 ·································· 244
⑤ 초등 도덕과 갈등해결교육 수업 예시 ··························· 258

찾아보기 ··· 282
저자 소개 ·· 290

1장
평화와 평화교육의 개념 정의

추병완(춘천교육대학교)

1 평화의 개념 정의

평화는 자유, 평등, 정의와 더불어 거의 모든 사회에서 가장 바람직하게 여겨지는 가치 가운데 하나다. 그렇다면 평화란 무엇인가? 평화라는 용어는 다양한 분야에서 사용되기에 그 사용 맥락에 따라서 다른 여러 가지 의미를 담고 있다. 영어에서 평화를 뜻하는 'peace'는 두 개인이나 집단, 국가 사이에서 논쟁이나 갈등 또는 전쟁을 끝내려는 합의나 협정을 의미하는 라틴어의 'pax'에서 유래하였다. 군사학에서 평화는 전쟁의 부재를 의미한다. 군사적 관점에서 보면, 군인은 평화를 누리기 위해 전쟁을 하고, 평화를 유지하기 위해 무력을 사용한다.

일반적으로 평화는 두 유형으로 구분된다. 내적인 평화와 외적인 평화가 바로 그것이다. 내적인 평화는 정신이나 영혼의 평화다. 내적인 평화는 근심, 걱정, 불안, 탐욕, 욕망, 증오, 악의, 망상, 오염, 타락과 같은 고통이나 정신적 폐해나 장애가 없어서 생기는 마음의 고요와 평온한 상태를 뜻한다. 내적인 평화는 자신 안에서의 평화다. 그것은 개인의 마음을 연습하고 훈련하는 것에서 비롯한다. 이를테면 우리는 명상을 통해 마음의 평화를 얻을 수 있다. 종교적 관점에서 내적인 평화는 주로 기도를 통해 가능하다. 내적인 평화는 근본적이다. 그것은 사회와 세상에서 평화의 실질적인 기반이다. 이에 노자는 다음과 같이 말했다. "세상에 평화가 오려면 백성이 평화롭게 살아야 한다. 백성들이 평화롭게 살려면 부족들 간에 싸움이 없어야 한다. 부족들 간에 싸움이 그치려면, 이웃 간에 분란이 없어야 한다. 이웃 간에 분란이 생기지 않으려면, 가정이 화목해야 한다. 가정이 화목해지려면, 각자의 마음을 다스릴 줄 알아야 한다." 이와 비슷한 맥락에서 유네스코는 '전쟁은 인간의 마음속에서 생기는 것이므로 평화의 방벽을 세워야 할 곳도 인간의 마음속이다.'라고 천명하였다. 우리가 우리 자신과 평화를 이루기 전에는 외부 세계에서 평화를 얻을 수 없다.

 외적인 평화는 사회, 국가, 세계에서 발생하는 평화다. 그것은 사회, 국가, 세계의 정상적인 상태다. 그것은 자연과 인간의 평화롭고 행복한 공존 상태다. 외적인 평화를 분명하게 이해하려면, 그것의 좁은 의미와 넓은 의미를 구별할 필요가 있다. 좁은 의미의 외적인 평화는 전쟁, 적개심, 동요, 사회 무질서, 소요, 사회 부정의, 사회 불평등, 폭력, 인권 침해, 폭동, 테러, 생태적 불균형의 부재를 의미한다. 넓은 의미의 외적인 평화는 사회적 조화, 사회적 정의, 사회적 평등, 우정 또는 우호 관계, 일치, 공공질서 및 안보, 인권 및 생태 균형 존중의 상태를 지칭한다. 여기서 외적인 평화는 모든 사회악의 부재 및 모든 사회적 미덕의 현존을 의미한다.

 내적인 평화와 외적인 평화는 상호 관련되어 있다. 둘은 상호 의존적이고, 서로를 지원한다. 내적인 평화는 개인의 평화를 대변하고, 외적인 평화는 사회의 평화를 대변한다. 내적인 평화는 외적인 평화의 본질이자 확고한 토대다. 내적인 평화는 외적인 평화를 보장하고 지속한다. 사회에서 구성원 각자가 평화로우면, 그런 사람들로 이루어진 사회도 평화롭다. 반대로 외적인 평화는 개인의 내적 평화에 영향을 준다. 사회에 전쟁, 갈등, 폭력, 괴롭힘, 죽임이 없다면, 그런 사회에서 사는 사람은 자신 안에 평화를 유지할 수 있다. 그들은 내적인 평화를 얻기 위해 자신을 계발할 좋은 환경을 갖춘 셈이다. 개인이 자신의 내면에서 평화를 찾으려면, 외부의 부정적인 환경으로부터 영향을 받지 않아야 한다. 그러므로 내적인 평화와 외적인 평화는 서로 관련되고, 서로에게 유익하다.

우리는 이러한 내적인 평화와 외적인 평화를 다음과 같이 더욱 세분화할 수도 있다. ① 개인 내적 평화는 개인 안에서 평화의 상태, 즉 개인의 마음속에 갈등이 없는 것을 의미한다. ② 대인관계 평화는 사람과 사람 사이의 평화의 상태로서, 사람과 사람 사이에 갈등이 없는 것을 뜻한다. ③ 집단 내 평화는 집단 안에서의 평화의 상태로서 집단 속에 갈등이 없음을 가리킨다. ④ 집단 간 평화는 집단 간 평화의 상태로서 집단 사이에 갈등이 없음을 가리킨다. ⑤ 인종 내 평화는 인종 안에서 평화의 상태로서 개별 인종 안에 갈등이 없음을 뜻한다. ⑥ 인종 간 평화는 인종과 인종 사이의 평화의 상태로서, 인종들 사이에 갈등이 없음을 뜻한다. ⑦ 국가 내 평화는 국가 안에 평화의 상태로서 개별 국가 안에 갈등이 없음을 의미한다. ⑧ 국가 간 평화는 국가와 국가 사이의 평화의 상태로서 국가 간에 갈등이 없음을 의미한다. ⑨ 세계 평화는 세계 각국이 정상 상태, 전쟁과 갈등의 부재, 정의의 존재, 통제의 균형 상태에 놓여 있음을 뜻한다.

평화에 관한 전문적 연구는 평화학을 통해 가능해졌다. 세계적으로 가장 저명한 평화학자인 노르웨이의 갈퉁(Galtung, 1964)은 평화를 소극적 평화와 적극적 평화로 구분하여 개념을 정의하였다. 소극적 평화는 전쟁 및 무장 갈등의 부재를 의미한다. 적극적 평화는 사회 정의의 현존, 사회적 조화, 사회 통합을 의미한다. 5년 후에 갈퉁은 적극적 평화를 구조적 폭력의 부재로 재정의하였다. 여기서 구조적 폭력은 음식, 쉼터, 교육, 의료와 같은 삶의 필수품에 대한 접근을 제한하는 제도와 정책이 수립되었을 때 발생하는 폭력을 지칭한다. 한편, 문화적 폭력은 직접적 폭력이나 구조적 폭력을 정당화하는 데에 문화적 영역이 이용되는 형태의 폭력이다. 즉, 종교와 사상, 언어와 예술, 과학과 학문, 대중매체와 교육 등의 문화적 영역을 통해 직접적 폭력이나 구조적 폭력이 잘못된 것이 아니라고 간주하도록 하여 폭력을 합법화하거나 용인되도록 두는 것이다. 문화적 폭력은 언어나 이미지와 같은 상징적인 모습으로 존재하기 때문에 잘 드러나지 않으며, 이러한 특성상 전문가 혹은 지식인에 의해 주도되는 특징이 있다. 결국 폭력은 일반적으로 문화적 폭력으로부터 시작하여 구조적 폭력을 거쳐 직접적 폭력으로 번지게 되며 인간은 그 과정에서 다양한 폭력을 경험하게 되는 것이다.

  소극적 평화 개념은 직접적인 폭력, 특히 전쟁에서 조직화된 대량 살상의 부재와 연결된다. 소극적 평화 개념이 담고 있는 또 다른 형태의 직접적 폭력은 신체적 불링(bullying), 공격, 살인, 고문, 그리고 표적이 되는 피해자의 가정과 공동체를 파괴하는 것을 포함한다. 적극적 평화 개념은 구조적 폭력의 부재에 치중한다. 여기서 구조적 폭력은 사회 부정의, 차별, 편견, 사회적·도덕적 배제, 이런 조건과 연결된 빈곤, 의도하거나 의도하지 않은 문화적 정당화를 포함한다. 직접적 평화는 평화 조정을 통해 그리고 구조적 폭력은 평화 구축을 통해 실현된다. 이후 이 두 가지 개념 정의는 평화연구에서 가정 주목을 받았다.

최근에 갈퉁은 네 가지 과제의 관점에서 평화를 조작적으로 정의하는 공식을 제안했다. 그에 따르면, 평화=$\frac{공평 \cdot 조화}{트라우마 \cdot 갈등}$의 공식으로 표현할 수 있다. 이 공식에서 분자는 더 많을수록 좋으며, 분모는 더 적을수록 좋다. 더 많은 공평은 서로의 평등한 이득을 위한 행동을 의미한다. 더 많은 조화는 정서적 공명의 공감적 태도를 의미한다. 이것은 타인의 기쁨을 즐기고 타인의 고통으로 고통을 겪는 것을 뜻한다. 더 적은 트라우마는 화해, 과거를 지우기, 잘못된 행동을 인정하기, 잘못된 행동을 하지 않기를 소망하기, 미래를 함께 만들기 위해 대화하기를 뜻한다. 더 적은 갈등은 수용할 수 있고 지속 가능한 해결, 양립 불가능한 목표를 양립이 가능하게 만들기, 소극적 태도와 행동을 변화시키기를 의미한다. 결혼을 예로 들어 설명하면, 동등성과 공감은 기본이지만, 과거의 화해하지 못한 트라우마와 해결되지 않은 갈등은 언어적·신체적 폭력을 유발할 수 있다(Galtung, 2015: 618).

한편, 라인하트(Rinehart, 1995: 382)는 평화에 대한 두 가지 패러다임을 비교하였다. 대중적 패러다임은 주로 물질적이고, 국제적이며, 외적이다. 평화는 전쟁과 폭력으로 위협을 당하는 번영 수준과 관련되어 있다는 점에서 물질적이다. 평화는 적절한 평화 구축의 출발점이 국가 간의 관계 수준이라는 점에서 국제적이다. 평화는 사회 체제의 산물이라는 점에서 외적이다. 이러한 대중적 패러다임에서 평화는 앞서 갈퉁이 제시한 소극적 평화와 적극적 평화로 양분된다.

영적인 패러다임은 더 이상주의적이고, 개인 내적인 그리고 대인관계적인, 내적 및 외적인 것을 포함한다. 평화는 비물질적인 목표와 과정을 중시한다는 점에서 이상주의적이다. 여기서 평화는 경제적 번영과 반드시 관련되지 않는다. 평화는 점진적으로 수정될 수 있는 사회적 과정을 통해 구성되고 유지된다는 점에서도 이상주의적이다. 평화 구축이 시작하는 최상의 수준이 내적이라는 점에서 평화는 개인 내적이고 대인관계적이다. 평화는 우선적으로 자신 안에 그리고 자신과 타인과의 관계 속에 존재해야 한다. 이때의 평화는 사회 구조의 산물이라기보다는 상호작용 유형이나 주관적 상태의 산물이다. 하지만 평화의 외적 개념을 배제하지는 않는다. 사회 체제 역시 변화되어야 한다. 평화의 문제는 내적인 문제이지만 사람들의 공유된 주관적 상태다.

라인하트(Rinehart, 1995: 390)는 평화에 대한 대중적인 패러다임이 모호하고 제한된 것이기에 평화 구축에서 누구를 위한 평화인지, 어떤 유형의 평화인지를 결정하는 것을 어렵게 만든다고 비판한다. 또한 대중적 패러다임은 거대 체제를 지나치게 강조한다. 더 평화로운 세계를 만들기 위한 전략은 모든 수준의 사회적 집단에서 성공을 거둘 수 있게 실행되어야 한다. 그는 평화에 대한 두 패러다임이 평화학자들 사이에 소통과 협력을 위한 기반을 제공할 수 있다고 역설하였다.

일부 학자는 소극적 평화와 적극적 평화 개념이 주로 평화를 상태로 보는 관점을 비판하면서, 과정으로서 평화 개념을 중시한다. 과정으로서 평화 개념은 종, 개인, 가족, 집단, 공동체가 직접적이고 구조적인 폭력을 부정하고(직접적인 평화, 구조적 평화), 그 여파로 공격을 견제하거나 관용을 회복하며(사회적 평화), 정의로운 제도와 공평을 유지하며(구조적 평화), 상호 유익하고 조화로운 상호작용에 관여하는(사회적 평화) 행동 과정 및 체제를 의미한다(Verbbek & Peters, 2018: 4). 그들은 평화의 세 차원을 다음과 같이 제시한다(Verbbek & Peters, 2018: 2).

<표 1> 평화의 세 차원

	직접적	구조적	사회적
폭력	직접적 폭력	구조적 폭력	없음/공격
평화	직접적 평화 소극적 평화 (평화 조정)	구조적 평화 적극적 평화 (평화 구축)	사회적 평화 (평화 유지)

오늘날 평화 연구자들은 세 가지 접근법을 통해 평화를 연구한다. 첫째, 상황으로서 평화 개념이다. 우리는 평화를 한 사회에서 어떤 상태나 조건을 기술하는 상황으로 이해한다. 평화에 대한 상황적 분석에서 전형적인 분석 단위는 국가, 지역, 공동체 수준을 포함하는 상이한 수준에서 지리적 구역이다. 이 접근법은 평화를 구조적, 제도적, 집합적인 사회 현상으로서 연구한다. 평화에 대한 상황적 분석은 안보와 정치 질서라는 두 가지 차원에서 출발한다.

<표 2> 상황으로서 평화의 차원

차원	상황적 평화의 특징
안보	• 폭력의 부재 및 폭력에 대한 두려움 • 이동의 자유 • 예측 가능성, 현재 상황을 믿고 그것을 바탕으로 삶의 선택을 할 수 있는 가능성
정치 질서	• 비폭력적 갈등 관리/해결을 위한 제도와 규범 • 자유, 개방성, 목소리를 내고 사회에서 변화에 기여하며 그릇된 것을 비판할 수 있는 가능성 • 정당한 정치 질서, 통치 형태

둘째, 평화에 대한 관계적 접근법은 이전의 전쟁 당사자들부터 사회의

다수/소수 집단, 대인관계에 이르기까지 행위자 또는 집단 간의 관계 측면에서 평화를 분석한다. 이것은 평화에 대한 행위자 중심 접근법이다. 분석의 대표적인 단위는 한 쌍(dyads), 즉 리더 집단 또는 집단이나 공식 조직을 대표하는 다른 개인들 또는 지역 정부와 국가와 같은 더 큰 행위자이다. 이 접근법은 사회가 관계의 그물로 구성되어 있고, 그 관계의 각각은 그것의 평화 특징의 관점에서 연구될 수 있다고 가정한다. 평화로운 행위자와 그들의 관계의 특성에 주목함으로써, 이 접근법은 평화와 전쟁이 여러 상호작용의 망에서 공존할 수 있는 방식을 이해하는 데 큰 도움을 준다. 관계적 평화는 비폭력적 상호작용의 유형, 행위자들의 관계 전반에 관한 생각뿐만 아니라 서로에 대한 태도의 중요성을 강조한다.

<표 3> 관계로서 평화의 구성 요소

구성 요소	관계적 평화
행위 상호작용	비지배, 심의, 협력
타자에 대한 주관적인 태도	상호 인정과 상호 신뢰
관계에 관한 생각	정당한 공존 또는 친교

셋째, 평화에 대한 관념론적 접근법이다. 평화에 관한 생각을 연구하는 것은 생각을 물질과 연계시키고 구성적인 개념으로 접근하는 것이다. 평화란 무엇인가에 대한 관념은 정책을 만들고, 제도를 구축하며, 정치적 의사결정을 고지한다. 평화에 대한 관념을 연구하는 것은 사람들이 세상을 어떻게 이해하고, 그들 주변의 세상을 어떻게 해석하는지를 연구하는 것인데, 이는 다시 사람들이 평화라는 개념과 관련하여 세상에서 행동하는 방식을 위해 중요하다. 평화에 관한 관념을 식별하는 것은 평화라는 개념이

어떻게 구상되고, 정치적 발전과 변화의 과정을 형성하는 방식에 관한 조사를 가능하게 한다. 관념론적 접근법은 평화라는 개념이 특정한 의제를 정당화하는 방식, 특정한 형태의 변화나 안정을 추구하기 위한 정치적 도구로 이용되는 방식, 기존의 권력관계를 재형성하거나 구체화하는 방식을 비판적으로 검토할 수 있다.

지금까지 평화의 개념 정의에 관한 다양한 관점과 이론을 살펴보았다. 평화는 개인 내부 또는 개인, 집단, 국가 간의 상호 유익한 조화로운 관계에서 전쟁과 폭력의 부재로 정의될 수 있다. 평화에 관한 이러한 개념 정의는 두 가지 분리된 차원을 갖는다. 첫 번째 차원의 한쪽 끝에는 전쟁, 폭력, 투쟁이 있고, 다른 끝에는 적대 관계와 폭력을 종식하거나 회피하는 화해, 협정, 공동의 이해관계가 있다. 첫 번째 차원에서 전쟁과 폭력이 부재하면 평화가 존재하는 것으로 여겨진다. 두 번째 차원의 한쪽 끝에는 지배와 차별적인 이득(승자와 패자)을 목표로 하고 사회 부정의를 특징으로 하는 불협화음의 적대적인 상호작용이 있고, 다른 한쪽 끝에는 상호 목표를 달성하는 것을 목표로 삼고 사회 정의를 특징으로 하는 상호 유익하고 조화로운 상호작용이 있다. 이때 관계가 긍정적인 관계, 상호 이득, 정의를 특징으로 하면 평화가 존재하는 것으로 여겨진다.

이러한 개념 규정에 고유한 몇 가지 평화의 특징에 우리는 주목해야 한다. 첫째, 평화는 하나의 관계 변인이지 특질이 아니다. 평화는 개인, 집단, 국가 가운데 존재한다. 평화는 특질이 아니라 경향(predisposition)이다. 일부 사람, 집단, 국가는 다른 사람, 집단, 국가보다 더 자연적으로 평화를 모색할 수 있다. 그래서 일부 사람, 집단, 국가는 다른 사람, 집단, 국가보다 평화를 유지하는 것이 더 쉽다. 평화는 특징, 사람, 집단, 국가 사이에서 발생하는 어떤 것이다. 평화는 개인, 집단, 국가 내부의 특징이나 성향이 아니다. 관계로서 평화는 갈등 당사자 간의 분리, 고립, 장벽 구축에 의해 유지될 수 없다. 냉전을 수립하는 것을 통해 이 모든 것이 일시적으로 폭력을 줄일 수는 있지만, 장기적인 평화에 필요한 관계와 협력을 확립하지는 못할 것이다. 둘째, 평화는 역동적인 과정이지 정적인 과정이 아니다. 평화의 수준은 개별 관련 당사자의 행동에 따라 지속적으로 증가하거나 감소한다. 셋째, 평화는 적극적인 상태이지 소극적인 상태가 아니다. 수동적인 공존은 평화에 실행 가능한 경로가 아니다. 평화를 구축하고 유지하는 것은 적극적인 관여를 요구한다. 넷째, 평화는 구축하기도 어려우나 파괴하기는 아주 쉽다. 안정된 평화를 구축하려면 오랜 시간이 걸리지만 하나의 행동이 평화를 파괴할 수 있다. 다섯째, 평화는 파괴적이지 않고 건설적으로 관리된 지속적인 갈등을 특징으로 하는 것이지 갈등의 부재를 특징으로 하지 않는다. 갈등은 지속적으로 발생한다. 평화를 유지하는 것은 갈등의 회피, 억압, 부정이 아니라 발생한 갈등에 직면하여 갈등을 건설적으로 해결하는 것이다. 여섯째, 평화는 '합의에 의한' 협정에 근거할 때 가장 강력하다. 장기적이고 안정된 평화는 합의에 의한 협정으로 확립되는 것이지 한 당사자가 다른 당사자를 지배하는 것에 의해 확립되는 것이 아니다.

② 평화의 문화

2000년에 유네스코와 유엔은 2001~2010년을 '세계 아동을 위한 평화와 비폭력의 10년'으로 선언했다. 이것은 살아있는 모든 노벨상 수상자들의 서명으로부터 시작하여 전 세계 1억 명 이상의 사람들이 서명에 동참했다. 이 선언의 기본 목표는 전쟁의 문화를 평화의 문화로 대체하는 것이다.

<표 4> 전쟁의 문화에서 평화의 문화로

전쟁의 문화	평화의 문화
강압(force)에 의한 권력	합의(mutual agreement)에 의한 권력
적대화, 이원론, 이분법적 사고	관용, 연대, 국제이해
권위주의적 통치	민주적 참여
비밀주의	투명성, 정보의 자유로운 유통
군비확장	군축
인민 착취	인권
자연 착취	지속가능한 발전
남성성의 지배	성평등 및 형평성

평화의 문화 개념은 UN에서의 논의 과정을 통해 더욱 구체화 되었으며, 1999년 '평화문화에 대한 선언'과 '실행 계획'이 UN 결의안으로 채택되었다. 우선 '선언'은 평화문화가 ① 교육, 대화 그리고 협력을 통한 폭력의 중단과 비폭력의 실천, ② 인권과 자유, 발전권, 남녀평등의 증진, ③ 갈등의 평화적 해결, ④ 국가의 주권, 영토적 통합 그리고 정치적 독립 등을 존중하는 "가치, 태도, 전통 그리고 행동과 생활양식의 집합"이라고 정의하였다. 아울러 '실행 계획'은 평화의 문화를 촉진하는 데 필요한 8개 분야에서의 실천 목록을 제시하였다(홍용표, 2018: 9).

① 교육을 통한 평화문화의 장려: 갈등 방지, 인간의 존엄성과 관용, 비차별에 기초한 분쟁의 평화적 해결, 갈등 해소 이후 평화건설에 대한 교육
② 지속 가능한 경제·사회적 발전 추구: 빈곤 퇴치, 경제·사회적 불평등 감소, 식량 문제해결, 지속 가능한 환경 보호 등을 위한 노력
③ 인권 존중: '세계 인권 선언'의 정신을 확산하고, 발전권을 포함한 모든 인권

을 보호하고 향상

④ 양성평등 보장: 정치·경제·사회적 의사결정에서 여성과 남성의 평등을 증진하고 여성에 대한 모든 형태의 차별과 폭력을 제거하며, 폭력의 희생자가 된 여성을 지원하기 위한 체제 강화

⑤ 민주적 참여 확대: 공공업무 담당자들에 대한 훈련과 능력 개발을 통한 민주주의의 유지와 발전, 선거를 통한 정치 참여 장려, 민주주의를 훼손하고 평화문화의 발전을 저해할 수 있는 테러리즘, 조직범죄, 부패 방지를 위한 노력

⑥ 이해, 관용, 연대의 고취: 사회 내의 취약집단, 난민, 이주민에 대한, 그리고 민족 및 국가 사이 또는 그 내부에서의 이해, 관용, 연대 모색

⑦ 참여적 소통과 자유로운 정보 및 지식의 흐름 지원: 평화문화의 증진에 있어 미디어 역할 존중, 표현과 정보의 자유 보장, 인터넷 등을 통한 정보 공유 노력

⑧ 국제평화와 안보 증진: 군축, 신뢰 구축 장려, 전쟁에 의한 영토 획득 불용, 불법적 무기 생산 및 거래 금지, 분쟁 중지 이후의 제반 문제해결, 국제법에 근거하지 않은 국가의 독립과 통합성을 훼손하는 모든 형태의 강압적 행위 중지, 제재의 인도주의적 영향에 대한 고려 등을 권고

평화의 문화 개념은 문화적 접근을 통해 인간의 행동에 영향을 미치는 가치와 정체성에 주목하고 있다는 점에서 평화를 개인의 차원, 즉 아래에서부터 증진할 수 있는 잠재력을 지니고 있다. 첫째, 교육을 통한 '자기 초월적(Self-transcendence) 가치'의 장려는 사람들의 평화 지향적 행동을 이끌어낼 수 있다. 둘째, 개인과 집단 사이에 '우리' 의식을 확장하는 사회 정체성을 육성함으로써 비폭력적 문제해결의 가능성을 높일 수 있다. 셋째, 앞서 언급한 가치와 정체성 문제는 평화를 위한 개인과 정부, 사회와 국가의 협력을 확대할 수 있다(홍용표, 2018: 13-14).

3 평화교육의 개념 정의

평화교육은 더 평화롭고 지속 가능한 세상을 만들기 위한 교육적 시도다. 평화교육은 교육의 직접적인 필연적 결과이고, 문화 내에서 지식·가치 및 사회적 규범의 전수에 관련된 하나의 과정으로 정의되며, 공식적인 학교 교육에 국한되지 않는다. 평화교육은 과정과 철학적 원칙을 구체화한다. 철학적 원칙은 우리와 일치하지 않는 사람과 직면하여 비폭력·생명 존중·동정심, 대화, 협력, 문제해결, 개인과 집단의 자유를 극대화하려고 민주적 원칙을 효과적으로 활용하는 것을 포함한다. 과정은 보살핌, 확언, 그리고 '모두에게 충분한' 것이 목표인 세상과 관련된 기술, 태도, 가치를 가르치는 것을 포함한다. 다른 기술로는 분노 조절, 경청 및 대화, 폭력에 의존하지 않고 의견 불일치 해소, 편견 감소 등이 있다. 이런 맥락에서 평화는 폭력의 부재 이상의 것이다. 가장 적극적인 의미에서 평화는 모두를 위한 정의, 환경의 지속 가능성, 빈곤·기아·영양실조를 포함하여 불안의 뿌리가 되는 구조의 근절 및 깨끗한 물과 주택을 포함하여 생활을 위한 기본적인 필수재에 대한 접근 부족의 근절을 포함한다.

평화교육에 관한 개념 정의는 학자마다 기관마다 매우 다양하다. 유니세프(UNICEF, 1999: 1)는 평화교육을 아동, 청소년, 성인들이 갈등과 폭력을 예방하고, 평화적으로 갈등을 해결하며, 개인·대인관계·집단 간·국가 또는 국제적 수준에서 평화에 도움이 되는 여건을 조성할 수 있도록 행동 변화를 도출하는 데 필요한 지식, 기술, 태도, 가치관을 증진하는 과정으로 규정하였다. 이 개념 정의는 매우 유용하고 종합적인 개념 정의를 담고 있다.

여성 평화학자인 리어든(Reardon, 2000: 401)은 평화교육을 문화적·사회적·종교적 신념과 관행 또는 정치적·경제적·이념적 제도나 관행의 발전

또는 유지를 위한 도구로 사용되는 다양한 형태의 폭력(물리적, 구조적, 제도적, 문화적 폭력)을 이해하고 줄이려는 시도를 계획하고 안내하는 학습으로 정의하였다. 그러므로 리어든에게 평화교육의 초점은 폭력의 감소다.

한편, 평화교육을 과정 지향적인 관점에서 정의하는 사람도 있다. 평화교육학자인 해리스(Harris, 2009: 11)는 평화교육을 사람들에게 폭력의 위협과 평화를 위한 전략을 가르치는 과정으로 규정하였다. 그에 의하면, 평화교육자는 폭력의 문화를 평화의 문화로 바꾸는 방법에 관한 통찰력을 제공하기 위해 노력한다. 평화교육자는 어떤 평화 전략이 이 집단에 최대의 이익을 가져다줄 수 있는지에 대한 공감대를 형성해야 한다.

교육을 의미하는 영어의 education은 '이끌어내는'을 뜻하는 라틴어의 educare에서 유래하였다. 평화교육은 다른 사람들과 더 평화롭게 살고자 하는 본능을 개인으로부터 끌어내려고 한다. 이러한 개념적 토대는 자기 안에서 평화롭게 일하고, 우리 자신을 변화시키며, 우리의 외부 세계를 변화시키기 위해 일한다는 것을 의미한다. 평화교육자는 우리가 평화의 씨앗을 우리 안에 심을 수 있다고 믿는다. 우리는 지식 탐구의 내적 핵심을 가지고 있는데, 그것은 우리의 내적 스승이라고 할 수 있다. 내적 스승이 타인의 내적 스승과 교감할 때, 우리는 우리 각자를 더 좋게 변화시킬 수 있는 대화적 만남의 기초를 갖게 된다. 우리 각자는 사회 변화를 이루기 위한 잠재력을 보유한다. 우리는 내적 잠재력이 사회 변화를 이룰 수 있도록 계발하고 확언할 필요가 있다. 평화교육은 우리 각자의 최상의 잠재력을 확언한다. 따라서 평화교육은 관계적이고, 학습 공동체 구축에 근거한다. 평화교육은 비폭력의 철학을 바탕으로 오늘날 세상에 폭력이 얼마나 편재하는지 그리고 우리의 삶에서 폭력이 차지하는 역할이 무엇인지를 학생 각자가 이해할 수 있도록 돕는 것을 추구한다.

평화교육은 평화에 관한 교육, 평화를 위한 교육, 평화에 의한 교육으로 구분된다. 평화에 관한 교육은 가르침의 내용인 인지적 측면에 초점을 맞추고, 평화교육의 주요 내용인 인권, 환경, 발전, 갈등해결, 국제 이해 등과 같은 주제에 대한 지식을 쌓는다. 평화를 위한 교육은 과정으로서 평화에 초점을 맞춘다. 그것은 평화를 얻고, 정서를 다루며, 태도와 행동에서 변화를 위해 노력하고, 갈등해결·차이 존중·환경 보호와 같은 기술을 축적하기 위한 방법을 찾는다. 평화에 의한 교육 또는 평화적 수단에 의한 교육은 교사가 학생과 교류하여 학습에 도움이 되는 환경을 조성하는 방법인 평화교육의 교수법을 말한다.

평화에 관한 교육에 관해서는 3장에서 자세하게 다루기 때문에 여기서는 평화를 위한 교육과 평화에 의한 교육을 중심으로 논의할 것이다. 평화교육의 목적은 근본적으로 '평화를 위한 교육', 즉 더 정의롭고 덜 폭력적인 세상을 창조하는 데 공헌하는 학습을 제공하는 것이다. 만약 평화교육이 정의롭고 비폭력적인 행동이나 태도에 공헌하지 않는다면, 그것은 성공하지 못한 것으로 이해된다. 평화교육은 비판적인 문제해결 기술을 유도하기 위해 고안된 이론과 실천의 조합인 연구와 행동이 만나는 곳이다. 평화교육은 가치와 태도를 조사하고, 평화로운 관계를 촉진하는 기술과 행동을 육성하며, 학생들이 정의와 비폭력을 위해 그 기술을 활용하는 행동을 취하도록 권면할 때 비로소 성공적이다. 평화교육은 사회화 과정이라고 볼 수 있는데, 그 이유는 평화교육이 특정한 가치와 행동의 내면화와 관련되기 때문이다. 동시에 평화교육은 학생들이 자기 발견을 통해 자아 정체성을 발달시키기 때문에 인간화(humanization) 과정이라고 볼 수도 있다. 평화를 배우는 것은 학생 및 그의 상황 조건과 관련이 있는 실천, 성찰, 행동이다. 따라서 평화를 위한 교육이나 긍정적인 변화를 위한 행동에 초점을 맞추는 것은 평화교육에 필수적이다. 이러한 관점을 담지 못한 평화교육 프로그램은 제대로 된 평화교육 프로그램이라고 볼 수 없다.

한편, 잘 실행된 평화교육은 평화에 기반을 둔 교수법의 활용을 의미하는 '평화에 의한 교육'을 실천한다. 여기서 좋은 교수법은 그 맥락에 의해 정의되며 단 하나의 방법으로 환원될 수 없다. 평화교육에는 개별 공동체의 문제가 다양하듯이 국제적으로 활용될 수 있는 구체적인 핸드북이나 일군의 방법이 존재하지 않으며, 문화적 환경에서 그 문제를 다루는 방식은 아주 다양하다. 평화교육은 지식에 대한 실증주의 경로를 따르지 않는다. 평화교육에서 모든 지식은 맥락적으로 놓인 것이고, 국지적이며, 토착적이다. 그래서 평화교육은 비판적 사고를 중시한다. 평화교육에서 맥락에 따라 설계, 내용, 교수법이 다를지라도, 평화교육이 평화 기반 환경에서 실행되어야 한다는 사실은 아주 분명하다. 평화교육자는 평화로운 교수·학습에 헌신해야 한다.

이에 바탈(Bar-Tal, 2002: 31-33)은 평화교육의 실천을 위한 5가지 지침을 다음과 같이 제시하였다. 첫째, 평화교육은 학교에서 목표 및 학습을 위한 수업의 틀을 제공하는 하나의 지향(orientation)이다. 평화교육은 독립된 교과나 프로젝트가 아니며, 모든 교과의 목표와 교육과정에 통합되어야 한다. 평화교육은 학생들이 여러 교과에서 제기된 이슈와 주제를 바라보고 평가하는 프리즘(prism)을 제공한다. 이 과정을 통해 학생들은 사회의 현재 이슈를 바라보고 평가하는 것을 학습한다. 둘째, 평화교육은 개방적이어야 한다. 평화교육은 열려 있어야 하고, 교화를 피해야 한다. 이것은 평화교육이 대안적 관점에 열려 있고, 회의주의와 비판적 사고 그리고 창의성을 강조한다는 것을 뜻한다. 평화교육에서 학생들은 이슈를 평가하고, 대안을 고려하며, 비평의 목소리를 내고, 창의적인 생각을 떠올리며, 합리적 결정을 내리는 방법을 배운다. 셋째, 평화교육은 현재의 문제나 이슈와 관련되어야 한다. 평화교육은 본질상 사회의 문제를 다룬다. 이 문제들은 공적 의제에서 높은 순위를 차지하고, 종종 공적 논쟁의 초점이 되기도 한다. 따라서 평화교육은 구체적이고 현실적인 관심사와 사회적 이슈를 다룰 수 있어야 한다. 평화교육은 일반적인 수준에서 가치와 행동 원칙을 다룸과 동시에 그것을 사회에서 발생하는 특정한 이슈나 사례에 관련시켜야 한다. 넷째, 평화교육은 체험 학습을 요구한다. 평화교육은 마음의 상태를 형성하는 것을 목표로 삼기 때문에, 수업의 주요 양상은 체험을 표적으로 삼는다. 체험 학습은 가치, 태도, 지각, 기술, 행동 경향성의 습득 및 내면화를 위한 핵심 방법이다. 내면화는 단순한 설교를 통해 구현될 수 없다. 내면화의 주된 습득 기제는 실천이기 때문이다. 다섯째, 평화교육은 교사 의존적이다. 교사는 평화교육의 옹호하는 가치, 태도, 행동을 몸소 시범 보일 수 있어야 한다.

평화에 의한 교육이 실현되려면, 이 다섯 가지 지침을 모두 따르는 형태의 평화교육이 되어야 한다. 만약 평화교육이 평화에 관한 교육과 평화를 위한 교육만을 중시하고, 평화에 의한 교육을 실행하는 데 실패한다면, 그것은 효과적인 실천에서 중요한 연결고리를 상실한다. 따라서 평화에 의한 교육은 효과적인 교수 관행을 따를 필요가 있다. 내가 보기에 그러한 교수 관행은 다음의 사항을 요구한다. ① 학생들이 지식을 구성하고, 학습 의도를 이해하는 것, ② 학교와 학생의 문화적 맥락 간의 연결고리를 만드는 것, ③ 탐색과 오류가 환영받는 안전한 학습 환경을 만드는 것, ④ 배려적이고 포용적인 공동체 근거한 학습 집단을 만드는 것, ⑤ 역동적이고 유연하며, 학생의 흥미와 관심에 감응적인 교수 방식을 활용하는 것, ⑥ 다양한 관점을 이해하도록 촉구하는 것, ⑦ 비판적 사고를 육성하는 것, ⑧ 배려할 줄 알고 열정적인 교사가 되는 것, ⑨ 순응과 통제가 아닌 다양성을 존중하며 학습을 안내하는 것이다.

한편 평화교육자는 평화에 관한 세 가지 다른 전략을 통해 평화의 학습에 접근한다(Morrison, 2011: 823). 이것은 평화 유지(peacekeeping), 평화 조정(peacemaking), 평화 구축(peace-building)을 포함한다. 이것은 갈퉁(1976)의 아이디어에서 비롯한다. 평화 유지(분리적 접근법)에서 갈등 당사자들은 처벌의 위협 하에서 서로 분리되어 있다(Galtung, 1976: 290). 평화 조정(갈등해결 접근법)은 갈등의 기저가 되는 긴장의 원천을 다루고 해결한다(Galtung, 1976: 296). 평화 구축(연합적 접근법)은 전쟁의 원인을 제거하고 전쟁에 대한 대안을 제공하는 구조를 생성·창조하는 것에 주목한다(Galtung, 1976: 297).

평화 유지를 활용하여 학교는 질서 유지를 위해 폭력 예방 교육을 도입할 수 있다. 이것은 학교 보안관 채용, 학생들이 폭력을 행사하는 경우 정학과 퇴학 등에 관한 엄격한 정책을 포함한다. 이렇듯 힘을 통한 평화는 인간이 폭력에 빠지기 쉽기에 우리에게 필요한 것은 강력한 방어, 무력 시위, 힘의 균형이라고 가정한다. 세계 군사 구조는 주로 이 전략에 바탕을 두고 있다. 그것은 방어와 최근 공격적 세계전쟁의 명분으로 자주 사용된다.

평화 조정 전략은 건전한 방식으로 차이를 다루기 위해 갈등해결 기술과 중재 기술에 관한 수업을 포함한다. 지역적·국가적·국제적 규모에서 외교와 협상도 평화 조정 전략에 속한다. 평화 조정의 기본 원칙은 정부와 기관이 끔찍한 인권 침해를 해결하고 기본적인 인권 요구에 대한 동등한 접근을 보장할 책임이 있다는 것이다. 국경은 때때로 침투가 가능한 것으로 간주된다. 유엔과 같은 세계기구는 이러한 기본권이 유지되도록 관련 기구와 협약 및 조약을 통해 권한을 부여받는다.

평화 구축은 학생들이 폭력의 근본 원인을 이해하고 비폭력 전략을 미래로 나아갈 수 있는 중요한 방법으로 보고자 하는 태도와 욕구를 키우는 것이다. 평화 구축은 적극적인 평화를 촉진하고, 능동적으로 폭력을 피하며, 협력·소통, 사랑을 촉진한다. 평화 구축은 정의를 통한 평화에 초점을 맞춘다. 평화 구축의 기초가 되는 기본 가정은 '모두에게 충분하다.'는 원칙을 포함하고, 더 적은 자원을 가진 사람과 자원을 공유하는 것은 더 많은 자원을 가진 사람들의 책임이라는 사실에 근거한다. 불평등의 근본적인 구조적 문제와 그 근본 원인을 해결하는 것뿐만 아니라 직접적인 원조를 제공하는 인도주의적 노력 역시 평화 구축의 한 사례다. 평화 구축은 신체적, 성적, 심리적, 구조적 폭력 등 모든 형태의 폭력을 거부하는 변혁을 통한 평화를 뜻한다. 변혁을 통한 평화는 궁극적으로 인간의 상호작용과 인간적인 유대감에 의거한다.

4 평화교육의 내용

평화교육 프로그램 개발에 필요한 몇 가지 항목이 존재한다. 예를 들어, 갈퉁(Galtung, 2008: 53)은 평화연구에 특히 다음과 같은 정보를 제공하는 다섯 가지 국면과 관련된 평화교육의 내용을 언급한다. ① 현재 분석: 평화와 폭력과 관련된 현재의 문제와 동향을 파악하기, ② 목표 형성: 현재 유형의 바람직한 성취나 변화가 무엇인지를 규정하는 것, ③ 비판: 행동을 추동하는 가치와 데이터를 활용하여 비판하는 것, ④ 제안 형성: 바람직한 결과를 달성하기 위한 세부 사항, ⑤ 평화 행동: 학교 안팎에서 변화를 위한 행동에 관여하는 것. 이와 비슷한 맥락에서 하벨스루드(Havelsrud, 2008: 62)는 평화교육의 내용이 과거 지식(무엇이었는지?), 진단 지식(무엇인지?),

예측 지식(무엇이 될 것인지?), 처방 지식(무엇이 되어야 하는지?), 전술과 전략에 관한 지식(현실에서 당위로 상황을 변화하기 위해 할 수 있는 것)의 범주로 확산된다고 주장하였다.

한편, 고병헌(2007: 38-42)은 평화교육이 다뤄야 할 주제들과 그 각각의 주제들의 학습 목표를 기술과 지식, 태도 등 세 차원에서 정리하였다. 여기서 지식 영역은 평화교육의 내용이 무엇인지를 보여준다.

① 기술 영역

- 비판적 사고: 학생들은 논쟁의 주제들을 개방적이고 비판적인 마음가짐으로 대하고, 새로운 증거나 합리적인 주장을 접할 때는 자기 의견을 기꺼이 바꿀 수도 있어야 한다. 그들은 선입관과 신념의 주입과 선전 등을 인식하고 그것에 도전할 수 있어야 한다.
- 협력: 학생들은 공동의 과제를 위해 협동하는 것이 의미 있는 일이라는 것을 알아야 하며, 공동의 목표를 달성하기 위해 다른 개인 또는 다른 집단과 협력하여 일할 수 있어야 한다.
- 공감: 학생들은 다른 사람들의 관점과 감정을 감수성 있게 상상할 수 있어야 한다. 특히 자기와 다른 집단이나 문화, 혹은 다른 나라 사람들에 대하여는 더욱 그래야 한다.
- 단호함: 학생들은 다른 사람의 권리를 부인하는 공격적인 방식이나, 자기의 권리를 부인하는 모호한 방식이 아닌, 명확하고 단호한 방식으로 다른 사람과 의사소통할 수 있어야 한다.
- 갈등해결: 학생들은 다양한 갈등을 객관적이고 조직적인 방식으로 분석할 수 있어야 하며 그 갈등들에 대하여 다양한 해결 방식들을 제시할 수 있어야 한다. 가능한 경우에는 학생 스스로가 해결 방안을 고안해낼 수 있어

야 한다.
- 정치 문해(political literacy): 학생들은 개인의 삶과 지역공동체 차원, 그리고 국가적, 국제적 차원에서의 의사결정에 영향을 줄 수 있는 능력을 계발해야 한다.

② **태도 영역**
- 자기존중: 학생들은 자기 자신의 가치와, 자기의 고유한 사회적, 문화적, 가족적 배경에 대해 자긍심을 느껴야 한다.
- 타인에 대한 존중: 학생들은 다른 사람들, 특히 자기와는 다른 사회적, 문화적, 가족적 배경을 가진 사람들의 가치를 인정해야 한다.
- 생태적 관심: 학생들은 자연환경과, 우리의 생활이 이루어지는 총체적인 공간을 소중히 여겨야 한다. 학생들은 또한 지역적이고 전 지구적인 환경 모두에 대해 책임감을 가져야 한다.
- 개방성: 학생들은 비판적이지만 동시에 개방적인 자세로 다양한 정보와 사람들, 사건들을 대해야 한다.
- 전망: 학생들은 자기가 속한 사회뿐만 아니라 다른 사회, 나아가 세계적 차원에서 더 나은 세계에 대한 다양한 꿈과 전망에 마음을 열고 그 가치를 인정해야 한다.
- 정의를 위한 참여: 학생들은 진정으로 민주적인 원리와 과정의 가치를 인정하고, 지역·국가·국제적 차원에서 더 정의롭고 평화로운 세계를 위하여 일할 준비가 되어 있어야 한다.

③ **지식 영역**
- 갈등: 학생들은 현재 개인적 차원에서 세계적 차원에 이르기까지 존재하는

다양한 갈등 상황들과 그러한 갈등들을 해결하려고 하는 시도들을 연구해야 한다. 학생들은 또한 일상생활에서 비폭력적인 방법으로 갈등을 해결하는 방법을 배워야 한다.
- 평화: 학생들은 개인적 차원에서 세계적 차원에 이르기까지 존재하고 있는, 존재 상태로 서의 평화와 적극적 과정으로서의 평화의 다양한 개념들을 연구해야 하며, 평화를 위하여 적극적으로 일하고 있는 개인이나 집단의 실천 사례들을 살펴보아야 한다.
- 전쟁: 학생들은 전통적인 전쟁과 관련되어 제기되는 주요 문제들과 윤리적 난제들에 관하여 숙고하여야 하며, 지역적 차원에서 세계적 차원에 이르기까지 개인과 집단에 끼치는 전쟁의 적대적 영향을 살펴보아야 한다.
- 핵 문제: 학생들은 광범위한 핵 문제에 관하여 학습해야 하고, 국가방위와 관련된 핵심적인 견해들을 알아야 한다. 학생들은 또한 핵전쟁의 결과가 어떠한가를 이해하고, 핵무기가 없는 세계를 위한, 개인과 집단, 그리고 정부의 노력을 올바르게 평가할 수 있어야 한다.
- 정의: 학생들은 개인적, 세계적 차원에서의 부당한 상황들에 관해 학습하도록 해야 한다. 그리고 오늘날 정의를 위한 투쟁에 참여하고 있는 개인과 집단들의 활동에 대하여 학습해야 한다.
- 권력: 학생들은 오늘날 세계에서 권력의 문제와 권력의 불공평한 분배가 사람들의 삶의 기회에 어떻게 영향을 끼치는지에 대해서 학습해야 한다. 또한 개인과 집단이 자신의 삶을 스스로 주관할 수 있는 힘을 어떻게 갖게 되는지에 대해서 알아보아야 한다.
- 성차별: 학생들은 성차별과 관련된 문제들을 학습해야 한다. 학생들은 또한 성차별의식의 역사적 배경과 성차별의식이 남성들에게는 어떻게 이롭게, 여성들에게는 어떻게 불리하게 작용하는지를 이해해야 한다.

- 인종 차별: 학생들은 인종 차별과 관련된 문제들을 학습해야 한다. 학생들은 또한 인종 차별의 역사적 배경과 인종차별주의가 백인들에게는 어떻게 이롭게, 흑인들에게는 어떻게 불리하게 작용하는지를 이해해야 한다.
- 환경: 학생들은 인류의 환경복지와 자신들이 의지하고 살아야 할 자연계에 대하여 관심을 가져야 한다. 학생들은 환경 문제에 관하여 합리적인 판단을 내릴 수 있어야 하고, 환경과 관련된 정책 결정에 효과적으로 참석할 수 있어야 한다.
- 미래: 학생들은 가능하고 바람직한 대안적 미래를 연구해야 한다. 학생들은 어떠한 대안이 더 정의로우면서도 덜 폭력적인 세계를 만들어낼 가능성이 가장 높으며, 새로운 세계를 위해서는 어떠한 변화가 일어나야 하는지를 이해해야 한다.

한편, 북플로리다대학교(University of North Florida)의 카터(Carter)는 평화교육의 기준을 마련하였다. 2006년에 카터가 만든 이 기준은 평화교육을 받은 학생들이 보여주어야 할 발달적으로 적합한 지식, 기술, 성향을 다음과 같이 제시하였다(Harrison & Morrison, 2013: 248-250에서 재인용).

① **지식**
- 자기 인식: 자신의 가치, 정서적 경향성, 평화 능력에 관한 지식
- 맥락적인 인식: 공동체에서 역사 및 현재 사람들의 욕구에 관한 지식
- 다문화주의: 다른 문화적 규범과 역사를 가진 사람들의 경험과 공통점을 서술하기
- 인권: 국제연합이 선언하고 대부분 국가가 비준한 아동의 권리를 확인하기
- 평화 구현의 역사: 사람, 조직, 사회의 평화 구현 활동을 분석하기

- 비폭력 서비스: 징병, 정부, 비정부 기관에서 평화 복무 선택지를 확인하기
- 갈등 원천: 국지적·세계적 갈등을 초래한 폭력의 근원을 확인하기
- 전향적인 의사소통: 적극적으로 변혁적인 소통 기법을 확인하기
- 비폭력적인 갈등해결 방법: 상이한 상황을 위한 적절한 방법을 서술하기
- 갈등 유형: 자신의 갈등 반응 유형 및 대안적인 분쟁 해결 방법을 확인하기
- 민주적 과정: 민주적인 의사결정의 방법을 확인하기
- 환경 관리: 물리적 환경의 생태학적 보호를 위한 이론적 근거를 설명하기
- 소비자 보호주의: 사회적·환경적으로 책임감 있는 소비자 보호주의를 위한 이유를 설명하기

② **기술**

- 자아개념 표현: 자기 개선을 위한 비판 및 소중히 여기기를 위한 확언을 활용하여 균형 잡힌 자아 개념을 표현한다.
- 의사소통 분석: 표현, 편향, 균형, 다양한 관점, 적극적인 청취 기술을 포함한 기법을 확인한다.
- 의사소통 법규: 다양한 관점, 문화 교차적이고 동정심이 있는 담론을 활용한다.
- 공감: 자신이 속한 집단의 다른 성원이나 자신에 의해 유발된 타인의 고통을 이해하고 우려하는 것을 보여준다.
- 포용: 다양한 사회적·지적·신체적 특징을 가진 사람들을 개인 활동과 집단 활동에 포함하도록 선택한다.
- 협동: 다른 목표를 가진 사람들과 협력하는 능력을 보여준다.
- 폭력 원천에 관한 분석: 무시, 차별, 박탈, 권력 불균형, 파괴를 식별하고, 그것의 개인 내적, 대인관계적, 구조적 원인을 인식한다.
- 관점 다양성: 갈등 분석에서 셋 혹은 그 이상의 관점에서 배우고 그것을 설

명한다.
- 타인을 정당화하기: 적에 해당하는 상대방의 관점, 내러티브, 포부를 다른 목표를 가진 것으로 타당화한다.
- 조절: 타인에 관한 다양한 문화적·인지적 규범을 수용하고 그것에 적응한다.
- 집단적·개인적 책임: 자신과 자신이 속한 집단이 갈등 유발에 관여한 바를 인정하고 설명한다.
- 적극적인 승인: 갈등에서 논쟁자의 모든 시도와 성취를 인정한다.
- 평화를 구상하기: 평화로운 현재와 미래의 비전을 발전시켜 표현한다.
- 헌신: 비폭력적인 갈등 전환과 해결을 통해 평화로운 현재와 미래를 위한 활동에 전념한다.
- 적응: 문화적으로 적절한 방법을 활용하여 문화적 맥락에서 평화 발전을 실천한다.
- 환경 관리: 물리적 환경의 생태적인 보호에 참여한다.
- 소비자 보호주의: 사회적·환경적으로 책임감 있는 소비자 보호주의를 식별하여 참여한다.

③ **성향**
- 수용: 자신과 인간의 다양성을 수용하여 나타낸다.
- 상호성: 다른 집단의 독특한 욕구를 인정하면서 모든 인류에 대한 동일시를 보여준다.
- 존중: 자신과 타인의 차이점에 상관없이 타인에게 긍정적인 존중을 드러낸다.
- 관심: 생명과 그 생명의 환경을 보호하기 위한 활동을 감독하는 양심을 드러낸다.
- 공감: 고통을 당하고 충족해야 할 욕구가 있는 사람들에 대한 동정심을 보

인다.
- 봉사: 다양한 특징을 가진 사람을 포함하여 도움이 필요한 누구에게나 도움을 제공하려는 관심을 보여준다.
- 낙관론: 전향적인 갈등해결에서 평화가 자랄 수 있다는 믿음을 보여준다.
- 관여: 변화가 필요한 곳에서 평화로운 수단으로 변화를 가져오는 개인적·집단적 책임감을 깨닫는다.
- 용기: 존재하는 폭력과 그것의 선행 인자를 파괴하거나 중단하려는 의욕을 보여준다.
- 헌신: 평화로운 현재와 미래를 위해 활동하려는 열망을 나타낸다.
- 인내: 평화로운 과정에서 조치의 완수를 위해 기다리는 능력을 보여준다.

이를 통해 우리는 이러한 폭넓은 항목들이 앞에서 설명했었던 평화교육의 원칙, 행동 지향적인 평화교육의 질, 그리고 대안적인 미래에 대한 명확한 비전을 구축할 필요성을 반영하고 있음을 알 수 있다. 이것은 또한 평화교육 내용의 구체성과 평화교육이 실행되는 사회 환경과의 연계성에서 유연성이 존재함을 함축한다. 또한 이것은 평화교육의 주요 특징이 규범적 측면과 평화를 촉진하는 가치의 내면화에 있다는 점도 강조한다. 많은 평화교육자가 지적한 바와 같이, 평화교육의 목표가 달성되는 것은 구체적인 가치, 태도, 신념, 기술, 행동 경향성의 학습을 통해서이다.

평화교육을 가르치는 과정에 관련하여, 이것은 다른 차원에서 평화에 영향을 미치는 특정 주제를 둘러싸고 존재하는 더 넓은 지식에서 도움을 받을 수 있다. 이를테면, 해리스와 모리슨(Harris & Morrison, 2013: 134)은 평화교육의 지식 기반을 구축할 때 도움을 주는 주제를 다음과 같이 나열한다. 폭력 행위의 뿌리에 관한 이해, 방어 구축 및 안보 전략의 평화 유지 자원으로의 전환, 세계 질서와 유엔의 역할에 대한 이해, 국제 비정부 기구 및 풀뿌리 기구에 대한 친숙성 및 평화 구축에서 그것의 역할에 대한 이해, 갈등해결 및 상호 문화적인 대화, 진실과 화해 및 회복적 정의를 위한 운동, 지구상에서 지속 가능한 생활, 비폭력에 대한 이해. 이러한 주제는 구체적이면서도 본질적으로 횡적인 것이며, 변화를 위한 전략과 대안뿐만 아니라 과거를 생각할 수 있는 탄탄한 기반을 제공한다.

평화교육의 주제 내용(thematic content)에서 벗어나, 평화교육이 반드시 포함해야 할 다른 요소는 구체적인 기술·가치·체험 학습의 발달과 관련이 있다. 예를 들어, 존슨과 존슨(Johnson & Johnson, 2005: 285)은 평화교육의 필수적인 요소 중 하나는 상호 간의 목표를 강조하는 상호의식과 공동 운명의 확립, 목표 달성에 따른 이익의 정당한 분배, 공동 정체성이라고 주장한다. 이것은 진정한 평화교육은 통일(unity) 기반 세계관의 맥락에서만 가능하다는 주장과 일맥상통한다(Danesh, 2006: 57). 여기서 통일은 일반적으로 동일하거나 더 높은 수준의 통합과 복잡성을 가진 새로운 진화하는 실체를 만들기 위해 조화, 통합, 협력의 상태에서 둘 이상의 고유한 실체가 수렴하는 의식적이고 목적적인 상태를 뜻한다(Danesh, 2006: 149). 통일 지향 세계관은 인간 삶의 주된 목적이 평화의 문화 창조, 즉 평등하고 정의로우며 자유롭고 도덕적이며 다양하면서도 통일된 세상을 만드는 것이라고 규정한다.

전통적으로, 대부분의 교육 분야뿐만 아니라 언론, 가족, 뉴스 등을 통해 우리가 받는 사회에 관한 일반적인 정보의 상당수는 권력과 생존, 분열과 차이를 위한 투쟁과 경쟁에 기초한 세계관을 반영한다. 비록 상호 의존성과 협력이 훨씬 덜 주목을 받기는 하지만, 상호 의존성과 협력이 사회 발전의 핵심이 되어왔다. 이러한 기본적인 신념의 틀을 바꾸는 것은 아마도 평화교육이 직면한 가장 크면서도 근본적인 도전 중 하나일 것이다. 동시에 우리는 학교에서 협력적인 게임이나 활동 추구처럼 상호 의존성과 협력의 가치가 담긴 활동의 실천을 통해 투쟁과 경쟁 중심의 세계관을 바꿀 수 있다. 존슨과 존슨(Johnson & Johnson, 2005: 286)은 평화교육에 필수적인 것으로 여겨지는 다른 세 가지 요소들을 지적한다. 학생들은 어려운 결정을 내리고 정치적 담론에 참여하는 방법을 확실히 하기 위해 건설적인 논쟁 절차를 배워야 한다. 학생들은 갈등을 해결하기 위해 통합 협상과 동료 중재를 하는 방법을 배워야 한다. 학생들은 사회의 장기적인 공동의 이익에 초점을 맞춘 시민적 가치를 내면화해야 한다.

한편, 젠킨스(Jenkins, 2019: 4)는 종합적 평화교육의 관점에서 평화교육의 목적, 목표, 특징을 〈표 5〉와 같이 제시하였다. 종합적 평화교육은 평화교육에 대한 단절된 다양한 접근법에서 파생하는 분열의 문제를 해결하고자 한다. 그것은 폭력을 없애고, 갈등에 대한 부정적인 접근을 거부하며, 폭력의 문화를 변혁하고 초월하기 위해 평화의 문화를 촉진할 필요성을 인정한다. 그것은 변화된 세계 질서를 구상하기 위해 전체론(holism)이 필수적이라는 것을 인식하면서 전체적으로 지식을 추구한다. 따라서 종합적인 평화교육의 학습 내용은 학습자와 관련된 거시적·미시적 맥락에서 도출되어 전체론적으로 추구된다. 평화교육의 내용은 넓고 다양하고, 다학문적으로 연구되며, 평화 지식의 모든 영역에서 도출된다. 또한 종합적인 평화교육은 인간의 번영과 웰빙에 필요한 사회적·문화적 변혁의 과제에 필수적인 정치적·심리적 측면을 모두 다루는 변혁적이고 능동적이며 미래 지향적인 교수법을 중시한다. 이러한 목표와 가장 관련이 있는 혁신적 학습 유형은 페미니스트 접근법과 다양한 형태의 비판적 교육 이론으로부터 도출된 것이다. 여기에는 학습자 중심, 성찰, 통합 및 탐구 기반 학습 접근법이 포함된다. 비판적이고 성찰적인 의식을 발전시키는 것은 사회적 행동과 참여의 가능성과 더불어 선하고 의미 있는 삶을 추구하기 위한 필수적인 근거로 여겨진다.

<표 5> 종합적 평화교육

목적	인간의 웰빙과 번영 및 평화의 문화 구현에 필요한 지식을 습득하고, 기술을 발전시키며, 태도를 형성하고, 관련된 능력을 키운다.
중요한 목표	모든 형태의 폭력(직접적, 구조적, 문화적 폭력)을 감소·제거한다. 적극적인 평화 및 번영하기 위한 인간의 권리에 유리한 상태를 조성한다.
지향/성향	변혁적, 행동 지향적, 유기적·역동적, 미래 지향적, 세계적·생태적 관계, 학습 및 과정 중시
범위	종합적/전체론적, 개인적·대인관계적·사회적·정치적·제도적·생태적 변화와 변혁에 근본적인 학습을 포함, 생애 학습, 공식적·비공식적 학습 기회 포함
변혁적 학습을 위한 교수법	학습자 중심, 성찰적, 통합적, 탐구 기반, 관점 채택 및 세계관 조사, 미래 사고 및 설계, 갈등해결 및 변혁(회복적 관행), 성찰적·참여적·심층적인 경청 관행
내용	다학문적으로 탐색하기, 평화 지식의 모든 영역(연구, 행동, 교육)에서 끌어내기, 인권과 국제 기준에 근거하기, 젠더 평등 및 젠더 감수성 지원하기, 지속 가능한 발전 및 평화 경제, 사회 정의, 군축과 군사주의, 민주주의, 미래 사고 및 비전, 비폭력(원리와 전략), 세계 질서, 갈등 변혁/회복적 정의, 평화 구축, 학습 및 변화에 관한 이론, 갈등 공정(대인관계적, 중재), 문화적 유창성, 세계적 행위자, 세계 시민성/세계주의, 치유 및 화해, 영성, 생태적 지속 가능성/환경 정의

5 평화교육의 도덕 철학적 토대

평화교육에 관한 중요 문헌이나 공식 문서는 평화교육의 도덕 철학적 토대에 큰 관심을 기울이지 않았다. 평화교육자들은 평화교육의 중요성과 가치를 역설하는 데 골몰할 뿐, 정작 그것의 도덕 철학적 토대를 확인하는 데에는 무관심했다. 이에 페이지(Page, 2004: 5)는 덕 윤리학, 결과주의 윤리학, 미학 윤리학, 보수주의 정치학, 배려 윤리학에서 평화교육의 도덕 철학적 토대를 탐색하였다. 그러나 그는 의무론적 윤리학을 제외하는 오류를 범했다. 여기서 나는 페이지의 논거를 참조하는 가운데 의무론적 윤리학을 포함하여 평화교육의 도덕 철학적 토대를 제시하고자 한다. 평화의 문화는 태도, 가치, 행동과 관련된 다면적인 현상으로, 다양한 행동 수칙을 수반한다. 평화 자체가 다면적이라면, 평화교육의 근거를 제시하기 위한 도덕 철학적 접근법도 다양해야 한다.

5.1. 덕 윤리학

덕 윤리학은 인간의 삶에서 덕이 수행하는 중심적 역할을 강조하는 윤리학의 이론 모델이다. 덕은 사람들이 특정한 방식으로 행동해야 하는 성향이다. 덕은 의무를 나타내지는 않지만, 자기 번영과 공동선에 매우 이로운 것이므로 교육과 본보기를 통해 장려된다. 역사적으로, 덕 윤리학은 아리스토텔레스(Aristotle)가 니코마쿠스 윤리학(Nicomachean Ethics)에서 근본적으로 발전시킨 고대 그리스의 도덕 철학에 뿌리를 두고 있다. 덕(인간의 탁월함 또는 도덕적 성품)은 잠재력의 자기실현, 자기 완벽, 행복에 이르는 것을 돕는 탁월한 특질이다. 덕은 실천 지혜에 기여하고 숙고의 중요성을 높인다. 서양의 윤리학은 18세기 칸트의 의무론적 윤리학이 등장하기 전까지 덕 윤리학의 형식을 취하였다. 20세기 중반 이후 덕 윤리학은 부활하기 시작했다. 덕 윤리학의 부활은 일부 사회 체제가 개인에게 아무런 의미가 없는 것처럼 보이는 시기에 개인에게 힘을 주고자 하는 욕구를 반영한다(Page, 2004: 5).

덕 윤리에 대한 교육적 관심의 부활은 사회적 교양에 관한 공덕심 상실, 개인의 공격성과 폭력성의 수준 증가, 그리고 윤리적 행위에 대한 전반적인 헌신의 감소에 대한 우려와 관련이 있는 것으로 보인다. 덕 윤리학이 평화교육의 도덕 철학적인 토대가 될 수 있다는 논거는 덕 윤리학이 성품 발달의 중요성을 강조하는 것과 관련된다. 교육이 성품 발달과 관련이 있다면 성품 발달의 중요한 요소는 개인 간의 화합과 협력을 장려하는 데 있다. 이와 유사하게, 교육은 조화롭고 협력적인 관계를 중요시하는 성품과 성격을 계발해야 한다. 타인에 대한 존중과 적극적인 비폭력이 우리가 중시하는 덕이라면, 교육이 그러한 덕을 장려하고 발달시키는 것을 목표로 삼아야 한다는 논리는 덕 윤리학에서 자연스럽게 비롯한다.

덕 윤리학에서 흥미로운 점은 그것이 비폭력 행동 이론에서 개발된 개인 내적 평화 이론과 많은 공통점을 가지고 있다는 것이다. 이를테면 간디(Gandhi)는 그의 생애와 저술에서 진실에 대한 행위자의 내적 헌신을 바탕으로 한 비폭력적 행동의 중요성을 끊임없이 강조했다. 간디의 사상에서 비폭력은 사티아그라하(satyagraha), 즉 진실의 힘(truth-force)으로 여겨진다. 간디의 영도에 따라서 사티아그라하는 비폭력적인 대중의 반대 의견의 도구이자 권력자에 대항하는 힘없는 사람들의 실용적인 도구로 변모했다(Jahanbegloo, 2019: 74). 평화는 일군의 행동도 아니고 심지어 사건의 상태도 아니다. 그것은 개인의 성품이 지향하는 것이다. 이와 유사하게 덕 윤리학은 행동이 아니라 행위자의 상태를 강조한다. 이런 점에서 덕 윤리학을 행위자 중심의 윤리학이라고 부르기도 한다. 덕 윤리학과 상당수 평화 이론에서 각자가 하는 것은 그가 어떤 사람인지로부터 그 의미와 중요성이 나온다.

물론 덕 윤리학은 폭력을 지지하는 데에도 사용될 수 있으므로 덕 윤리학을 평화교육과 연결하는 것에는 분명히 약점이 존재한다. 예를 들어, 용기의 덕을 지닌 사람이 불의에 맞서기 위해 폭력을 사용할 수도 있기 때문이다. 하지만 덕 윤리학은 개인적 진실성과 자율성의 중요성을 강화한다. 직접적·구조적·문화적 폭력이 지배하는 세상에서 덕 윤리학은 실천과 연결될 수 있다. 덕 윤리학은 평화, 회복탄력성, 정의에 대한 헌신의 안정된 성향을 기르는 데 도움을 준다.

5.2. 의무론적 윤리학

의무론을 뜻하는 영어의 'deontology'는 그리스어로 의무를 뜻하는 'deon'과 학문이나 연구를 의미하는 'logus'의 합성어에서 유래한다. 현대 도덕 철학에서 의무론은 어떤 선택이 도덕적으로 요구되거나 금지되거나 허용되어야 하는지에 관한 규범 윤리학 이론 중 하나다. 다시 말해서, 의무론은 우리가 해야만 하는 것에 대한 우리의 선택을 인도하고 평가하는 도덕 이론의 영역에 속하며, 우리가 어떤 유형의 사람이어야 하고 그래야만 하는지에 대해 인도하고 평가하는 덕 윤리학과 대조를 이룬다. 덕 윤리학이 행위자 중심 윤리학이라면 의무론은 행위 중심 윤리학이다. 그리고 우리의 선택을 평가하는 도덕 이론의 영역 안에서 의무론은 결과주의와 대비된다. 의무론적 윤리학은 행동의 도덕성이 행동의 결과에 기초하기보다는 일련의 규칙하에서 행동 자체가 옳은지 그른지에 기초해야 한다는 사실을 강조한다.

칸트(Kant)는 의무론적 윤리학의 대표자로 손꼽힌다. 칸트는 자율성을 상당히 강조했다. 그는 우리가 자신의 합리적 자율성을 계발할 의무와 타인이 그가 선택한 합당한 목표를 발전시키고 추구하는 것을 도울 의무가 있다고 생각했다(Levine & Higgins-D'Alessandro, 2010: 23). 칸트는 우리가 도덕적으로 올바른 방식으로 행동하려면 도덕 규칙을 준수하고자 하는 의무감에서 행해야 한다고 주장했다. 도덕 규칙에 종속됨은 우리를 자연상태에 있는 단순한 동물과 구분시켜 주는 우리의 고유한 이성적 본성이다(이병덕, 2018: 52). 또한, 그는 어떤 행동을 옳게 혹은 그르게 만드는 것은 행동의 결과가 아니라 그 행동을 수행한 사람의 동기라고 주장했다. 칸트가 격률(maxim)이라고 불렀던 옳은 일을 하는 우리의 이유도 매우 중요하다. 우리는 다른 이유 없이 오직 그것이 옳은 일이기 때문에 우리의 의무를 다해야 한다. 일례로, 우리가 자기 이익을 추구하는 것이 나에게 더 나은 결과를 수반하거나 심지어 그것이 나를 행복하게 만들기 때문에 자기 이익을 위한 규칙을 준수하는 것은 그 행동의 윤리적인 이유가 절대 아니다. 우리는 도덕률 자체에 대한 우리의 존중감에서 동기 부여가 되어야 한다. 따라서 행동의 척도는 그 행동의 결과가 아니라 그 행동의 이면에 놓인 인간 의지의 유형으로서 자유의 질이다. 우리가 자율적인 인간이 되려면, 목표를 자유롭게 선택해야 하고, 그 목표가 합리적이어야 한다. 여기서 합리적이라는 것은 검토된 것, 일관적인 것, 그리고 공적인 정당화가 가능한 것을 뜻한다(Levine & Higgins-D'Alessandro, 2010: 24). 의무론자는 우리가 자신에게 부여한 보편적인 규칙을 따르라고 요구한다. 이러한 규칙은 이성에 따라야 하며, 특히 논리적으로 일관되어 전혀 모순이 없어야 한다.

  칸트에 의하면, 전쟁이란 살육과 약탈을 막아내는 한에 있어서만, 그리고 법에 의한 지배를 누릴 수 있다는 원칙하에서만 허락되어야 한다. 그러므로 전쟁은 누군가에게 벌을 준다는 의미에서, 또는 상대방을 아예 없애 버리거나 상대방 나라를 정복하기 위해 일어나서는 안 된다. 칸트에 의하면, 우리의 양심은 이러한 전쟁 상태를 빨리 끝내도록 명령한다. 모든 민족끼리 평화공동체를 만든다는 것은 인간애의 사상에서 비롯한다기보다, 하나의 법적 원리에 해당한다. 왜냐하면, 우리의 실천적 이성, 즉 양심은 "전쟁이 있어서는 안 된다."는 뜻을 분명히 나타내고 있기 때문이다. 그러므로 영원한 평화의 상태가 현실적으로 가능하든 않든 간에, 우리는 끊임없이 그와 같은 방향으로 행동해야 한다(강성률, 2018: 17-18).

칸트는 영구평화의 수립이야말로 법의 궁극적 목적이며 정치의 최고선이라고 주장했다. 영구평화에 대한 칸트의 접근법은 개인적, 국가적, 국제적 차원에서 정의와 정당한 권리의 문제에 바탕을 두었다. 따라서 자연 상태나 국가 공동체 안에서 자유롭고 평등하면서도 국가의 공통의 법에 함께 복종하는 개인들의 문제에 대한 논의가 국제평화 문제에 대한 논의의 출발점이 된다. 이러한 자유롭고 평등한 개인 간의 원칙은 한 국가의 정치 체제가 공화정일 때 가장 잘 충족될 수 있는데 공화정에 의해 통치되는 국가는 서로 전쟁을 도발하지 않는 경향이 있다고 주장했다. 이러한 자유주의적 공화정을 정체 체제로 운용하는 국가들로 형성된 평화 연맹이 형성되면 국제평화가 가장 잘 이룩될 수 있다(오영달, 2003: 74).

의무론적 윤리 이론은 전쟁을 피하고 평화를 추구하는 것을 인간의 의무로 본다는 점, 특히 칸트의 영구평화 이론에서 영구평화를 위한 진보에의 추진력은 대체로 개인에게서 나오며(오영달, 2003: 57), 그것은 바로 전쟁의 파괴성에 대한 도덕적 분노, 경험으로부터 배울 수 있는 능력, 인류의 점진적 도덕적 향상에서 비롯한다는 점(Hurrell, 1990: 202) 등은 평화교육의 도덕 철학적 토대로서 의무론적 윤리학의 가치를 잘 보여준다. 또한, 칸트의 의무론적 윤리학은 학생의 도덕적 자율성을 중시한다. 평화교육 프로그램은 학생들이 지역, 국가, 세계의 도덕적 이슈에 관해 성찰하는 것을 권면하고, 그들 나름의 견해와 관점을 형성하여 옹호하며, 그 견해와 관점에 따라서 행동하는 것을 촉진해야 한다. 이러한 유형의 도덕적 성찰은 더 많은 양의 지식과 정보에 근거한 것이기 때문에 학생들이 자유롭게 선택하여 그 행동을 자기 것으로 만드는 데 도움이 된다. 이 점에서 볼 때, 콜버그(Kohlberg)의 정의 공동체 접근법(just community approach)은 아주 중요한 사례가 된다.

정의 공동체 접근법은 학교 자체의 조직, 실천, 문화를 통해 학생들의 도덕 발달과 도덕적 책임감을 증진하는 것을 목표로 삼는다. 그것은 학생들의 도덕 발달을 증진하는 것, 학교의 도덕적·민주적 분위기를 도덕 공동체로 변혁하는 것이다(추병완, 2017: 38). 이 접근법에서 공동체 회의(community meeting)는 거의 모든 중요한 결정을 민주적 절차와 과정에 따라서 명시적인 도덕적 토론을 거친 후에 내린다. 이러한 학생들의 자치 경험은 학생들의 자율성, 비판적인 도덕적 추론, 리더십, 집단 소속감, 애정 어린 유대, 책임감 발달에 효과적이다. 정의 공동체에서 학교의 규범과 가치는 공동체의 규칙, 제재, 본래적 가치로 구현된다. 공동체 수준에서 학생 자치에 초점을 맞추는 것은 학생들의 자율성 발달을 촉진한다(Levine & Higgins-D'Alessandro, 2010: 24).

5.3. 결과주의 윤리학

결과주의 윤리학 역시 평화교육의 도덕 철학적 기초를 제공한다. 결과주의는 어떤 행동의 도덕성이 그 행동의 결과로 평가된다는 윤리적 교리다. 결과주의 윤리학은 어떤 행동이 도덕적으로 옳은지는 그 행동의 결과 또는 그 행동과 관련된 것의 결과에만 달려 있다고 본다. 행위 결과주의와 규칙 결과주의와 같은 결과주의의 몇 가지 유형이 있지만, 부인할 수 없는 가장 식별 가능한 형태는 공리주의 철학이며, 이 철학에서 행동의 결과와 가치는 그러한 행동에서 비롯되는 전반적인 행복의 정도에 따라 결정된다

(Page, 2004: 6).

　공리주의 관점에서 도덕적으로 옳은 행동은 가장 선한 행동을 낳는 행동이다. 이 일반적인 주장은 여러 가지로 설명된다. 한가지 주목할 것은 공리주의는 결과주의의 한 형태라는 것이다. 따라서 올바른 조치나 행동은 생성된 결과의 측면에서 전적으로 이해된다. 공리주의와 이기주의를 구분하는 것은 관련 결과의 범위와 연관이 있다. 공리주의 관점에서는 전체적인 선을 극대화해야 한다. 즉, 자신의 선은 물론 타인의 선도 고려해야 한다. 현대 사회의 정치 구조와 의사결정이 주로 최대 다수의 최대 행복에 근거하면서, 공리주의는 현대 대중사회의 윤리로 자리를 잡았다.

　결과주의 윤리학은 여러 면에서 평화교육을 위한 가장 분명한 도덕 철학적 토대를 제공한다. 평화를 위한 교육의 중요성에 관한 대부분 저술은 암묵적으로 결과주의 윤리학을 기반으로 삼는다. 결과주의 윤리학은 우리가 가르치는 것과 가르치는 방식은 우리가 생활하는 모종의 사회를 형성하는 데 많은 영향을 준다고 가정한다. 우리가 교육에 투자하여 어떤 개선이나 효과가 없다면, 교육에 투자할 이유가 없다. 역으로, 우리가 가르치는 데 실패하는 것 그리고 가르치는 방식에서 실패하는 것도 우리가 사는 모종의 사회에 영향을 준다. 평화교육의 관점에서 갈등과 부정의에 대한 대안이 존재한다는 내용과 사례를 가르치는 것이 중요하다. 특히 전쟁과 사회적 부정의로 인한 불필요한 고통에 관해 가르치는 것이 중요하다. 우리가 가르치는 것과 가르치는 방법이 어떤 결과를 낳는다면, 교육의 목표 중 하나는 학생들이 살고 싶은 세상 유형을 생각하고 그런 세상을 만들 수 있도록 격려하는 것이어야 한다(Page, 2004: 7).

　따라서, 지금 핵전쟁의 위험이 있고 이 위험에 대해 가르쳐야 한다고 말할 때, 그러한 제안의 근간이 되는 가정은 결과주의 윤리학이다. 즉, 핵전쟁에 관해 학생들에게 가르쳐줌으로써, 미래에 그들이 핵무기에 의존하지 않는 정치적 결정을 내리거나 핵 무장 해제를 위해 헌신하게 만들 수 있다. 평화교육에 대한 결과주의 윤리학 접근법에서 흥미로운 점은 그것이 교육과정과 교육에 대한 다른 접근법과 일치한다는 것이다. 흔히 재건주의(reconstructionism)라고 알려진 교육 사조는 교육을 통해 사회개혁이 가능하므로 교육은 새로운 사회 문화 건설에 적극적으로 임해야 하고, 사회개혁을 목표로 삼아야 한다는 바탕 위에서 작동한다. 비판적 리터러시에 대한 최근의 강조는 비판적 통찰력을 가진 개인이 정의롭지 못한 사회 구조에 더 도전할 수 있고 궁극적으로 정의로운 사회 구조를 만들 수 있다는 가정에 의해 뒷받침된다. 이에 대한 비판론자들은 이러한 모든 접근법이 매우 정치적이라고 주장할 수도 있다. 하지만 옹호자들은 자신들이 정치적이라기보다는 도덕적이며, 교사는 사회적 위험에 대해 교육할 책임이 있고, 그래서 미래 세대가 그 위험을 회피하기 위해 무언가를 할 수 있게 해야 한다고 반박할 것이다(Page, 2004: 7).

이렇듯 결과주의 윤리학은 기후변화, 정치 참여, 갈등해결, 인권 등 평화교육의 구체적인 내용과 관련하여 교육의 효과를 강조한다. 이를테면, 민주 정부는 참된 공적 욕구를 다루고 자원을 효율적으로 배분해야 한다. 하지만, 우리의 실제적인 민주주의는 매우 불평등한 참여를 조장하고 있으며, 모든 개인의 욕구에 반응적이지도 않다. 따라서 더 공평한 민주적 제도를 구현하기 위해서는 학생들이 시민 생활과 정치 생활에 비판적이고 책임감 있게 참여하는 데 도움이 되는 지식, 기술, 가치, 태도를 가르칠 필요가 있다(Levine & Higgins-D'Alessandro, 2010: 23). 결과주의 윤리학에서 볼 때, 사회의 직접적·구조적·문화적 폭력에 관해 가르치는 것은 장차 평화의 문화 창달에 공헌하는 비판적이고 책임감 있는 시민 양성이라는 긍정적인 결과를 가져온다.

5.4. 미적 윤리학(aesthetic ethics)

평화교육을 위한 도덕 철학적 토대로 미적 윤리학을 빼놓을 수 없다. 전통적으로 미적 윤리학은 도덕적 윤리학과 대비되는데, 그 주된 이유는 칸트가 도덕적 행동은 의무와 관련하여 실행되고, 성향이나 동정심과 같은 다른 동기에서 실행되지 않는다고 주장했기 때문이다. 하지만 최근에는 도덕과 미를 구분하는 것이 도전을 받고 있고, 많은 학자는 미학과 윤리학의 단일성 회복을 강조한다. 미적 윤리학의 전조는 듀이(Dewey), 쉴러(Schiller), 슈바이처(Schweitzer), 비트겐슈타인(Wittgenstein)의 사상에 잘 반영되어 있다(Page, 2004: 7).

현대적 의미에서, 미적 윤리학은 '무엇이 아름답고 바람직한지에 관한 판단'에 기초한 행동이나 더 일반적으로 '가치 있는 것으로 여겨지는 것'에 관한 판단에 기초한 행동과 관련이 있다. 따라서 미학적 판단과 가치 판단의 관계에 관한 담론의 경계가 무색해진다. 어떤 면에서, 우리가 미학에 관해 말할 때, 우리는 가치 및 우리가 가치 있다고 고려하는 것에 관해 말하는 것이다. 이에 우리는 모든 교육이 미적 판단이나 무엇이 아름답고 바람직한지에 관한 판단에 의존한다고 주장할 수 있다. 만약 우리가 평화, 즉 개인과 사회의 조화롭고 협력적인 관계가 그 자체로 아름답고 가치 있는 것이라고 믿는다면, 우리는 이것을 교육과정에서 명시적인 목표로 삼는 것을 부끄러워해서는 안 된다. 다시 말해, 우리는 평화교육의 중요성을 밝히는 데 침묵해서는 안 된다(Page, 2004: 8).

교육에 미적 윤리학을 적용하는 것은 일반적으로 미적 윤리학의 지지자로 여겨지지 않는 피터스(Peters)의 영향력 있는 저작에서 그 반향을 발견할 수 있다. 비록 그가 미적 윤리학을 직접적으로 표방하지는 않았지만, 교육의 미적 차원의 중요성은 그의 교육 사상에서 반복되는 주제였다. 피터스의 교육 사상에서 두드러진 '가치 있는 활동으로의 입문'으로서의 교육에 대한 그의 아이디어는 본질적으로 가치 있는 특정한 활동이 있으며, 무엇인가를 본질적으로 가치 있게 여기는 행위 자체가 중요하다고 가정한다. 피터스에게 교육은 모종의 가치 있는 것을 도덕적으로 온당한 방식으로 의도적으로 전달하는 일이다. 이와 마찬가지로, 평화 또는 평화로운 관계의 실천은 학생들이 입문해야 하는 본질적으로 가치 있는 활동으로 간주될 수 있다(Page, 2004: 8).

교육에 대한 미적 윤리학의 접근법에 반대하는 사람들은 아름다움이나 가치에 대한 관념이 교육에 있어서는 안 되며, 교육에 대한 어떤 합리적이거나 과학적인 접근법에서도 분명히 수용될 수 없다고 제안할 수 있다. 그러나 이러한 반대는 합리성과 과학의 적절한 기능에 대한 오해를 나타낸다. 합리성은 미적 판단과 일치한다. 과학자들은 무엇이 아름답고 바람직한지에 대해 암묵적인 판단을 계속한다. 물리학의 기초가 되는 가장 명백한 미적 판단은 우주가 아름답다는 것이다. 이 가정이 없다면, 물리학, 특히 천문학과 같은 과학을 연구할 이유가 거의 없을 것이다. 현재의 주장은 평화 또한 아름답고 가치 있는 것으로 보아야 한다는 것이다. 궁극적으로 가치 중립 교육과 같은 실체는 있을 수 없다. 문제는 교육 내에서 표현되는 가치들이 과연 방어할 수 있느냐 하는 것이다. 평화는 하나의 가치이자 우리가 미적 윤리학을 근거로 방어할 수 있는 실체다(Page, 2004: 8).

5.5. 보수주의 정치 윤리학

평화교육의 다섯 번째 잠재적인 도덕 철학적 근거는 폭력적 사회 변화를 혐오하고, 다른 한편으로는 강력하고 안정적인 국민국가의 중요성을 강조하는 보수주의적인 정치 이론과 윤리학이다. '보수적인 지적 전통'이라고 할 수 있는 저자들이 그러한 정치 이념에 적대적인 경향이 있으므로, 보수주의적 정치 이론의 개념은 표면적으로는 모순된 개념이다. 이 전통에서 가장 영향력 있는 사상가는 영국의 버크(Burke)다. 최근에는 오크쇼트(Oakeshott)와 퀸튼(Quinton)의 사상이 주목을 받았다. 그들은 사회 변화에 절대적으로 반대하지 않고 점진적이고 질서 있는 변화에 대한 헌신 의지를 보인다. 그러한 비전은 평화교육이 구상하는 사회변혁과 전적으로 일치한다(Page, 2004: 8).

보수주의적 사고의 세 가지 강조점, 즉 폭력적 사회 변화에 대한 혐오, 선험적 추론에 대한 혐오, 강력하고 안정적인 국민국가 강조를 살펴보면, 우리는 평화에 대한 개념 및 평화교육 프로젝트와의 강한 연관성을 확인할 수 있다. 폭력적인 사회 변화에 대한 보수주의자의 혐오는 평화 이론과 교육에서 분명한 반향을 발견한다. 실제로, 평화 옹호자와 보수주의자 모두 평화적인 사회 변화에 대한 공통의 관심을 표명한다고 말할 수 있는데, 이는 평화적인 사회 변화는 (항상 그렇지는 않지만) 보통 질서정연한 사회 변화를 의미하기 때문이다. 보수주의적인 정치 이론이 대체로 과거와의 연속성, 과거 경험과의 연속성을 강조하는 것도 이런 연속성이 없으면 사회 변화가 질서정연할 수 없기 때문이다. 마찬가지로, 국민국가의 질서와 구조처럼, 사회에 질서와 구조가 없다면 폭력의 잠재력은 더 커진다. 개인과 사회가 폭력적일 필요가 없다. 하지만, 인류는 불완전하게 남아 있는 상태이기에 질서와 구조가 필요하다(Page, 2004: 8-9).

보수주의적 정치 윤리학의 세 가지 측면은 각각 매우 문제가 많다. 폭력적인 사회 변화에 대한 혐오는 모든 사회 변화에 대한 반대와 현상 유지에 대한 헌신, 즉 보수주의에 대한 대중의 이해를 반영하는 것이라고 할 수 있다. 선험적 추론에 대한 혐오와 인간의 불완전성에 대한 관념은 모든 이념과 비전을 싫어하는 것으로 받아들여질 수 있다. 보수주의적인 정치 이론에서는, 비록 이 비전을 이행하는 것이 질서정연해야 하지만, 평화로운 사회에 대한 유토피아적인 비전을 가질 수 있다. 전쟁이 국민국가와 연결되어 있음을 고려할 때, 그리고 평화교육에서 강조되는 것 중 하나가 민족주의와 국민국가에 대한 대안을 제시하는 것이라는 사실을 고려할 때, 보수주의적 정치 이론에서의 국민국가에 대한 헌신은 평화교육의 목적과 일치하지 않을 수 있다(Page, 20004: 9).

그러나 이것이 반드시 모순은 아니다. 보수주의적인 정치 윤리학에서 국가 통제주의자(statist) 관점은 전체주의적인 국민국가보다는 더 안정된 국가이다. 이러한 강조는 교육과 같은 조치를 통해 국제협력이나 심지어 국제 정부 측면에서도 더 큰 집단의 수용을 개시하는 변화를 배제하지 않는다. 우리가 보수주의적 정치 이론과 윤리학을 제대로 이해한다면 정치적 보수주의가 반드시 변화에 반대하는 것은 아님을 알 수 있다. 무엇보다도 가장 중요한 것은 변화가 평화롭다는 것이다(Page, 2004: 9).

5.6. 배려 윤리학

평화교육의 도덕 철학적 토대로서 배려 윤리학은 윤리학에 대해 여성주의 관점을 취했던 길리건(Gilligan), 나딩스(Noddings), 러딕(Ruddick)의 연구와 관련된다. 그러나 배려 윤리학을 특정한 여성 윤리에 국한하는 것이 아니라 그것의 보편성을 명확히 하는 것이 중요하다. 자연스럽게 배려하는 주체는 비단 여성뿐만이 아니다. 우리가 배려를 적절하게 이해하면, 남성과 여성 모두 배려의 주체가 될 수 있다. 그런 점에서 육아(parenting)의 중요성을 언급하는 것이 좋다. 그것은 아버지로서 자녀 돌보기와 어머니로서 자녀 돌보기라는 양육의 차원을 포함한다. 그렇지만, 배려 윤리학의 중요한 점은 양육이나 배려가 우리가 타인과 어떻게 관계를 맺고, 타인에게 어떻게 행동해야 하는지를 안내하는 지배적인 원칙이어야 한다는 것이다.

러딕의 연구는 특히 평화교육과 관련이 있는데, 그 이유는 러딕이 모성 사고(maternal thinking)의 개념과 실천을 통해 평화 정치학의 철학적 근거를 개발하려고 시도했기 때문이다. 러딕의 모성 사고 개념은 여성이 출산과 양육을 통해 생명과 평화, 지구와의 조화로운 공존에 대한 생각을 발전시킬 수 있었으며 그렇기 때문에 평화적이라는 주장이 아니다. 러딕은 생물학적 운명으로서 모성이 아니라, 사회적인 활동으로서 모성 특징을 사유의 한 방법으로 사용할 것을 제안한다. 러딕에 따르면, 양육은 평화롭고 즐거운 과정만은 아니며, 아이의 고통과 어머니의 혼란 속에서 어떻게 해야 둘 모두에게 편안한 상태가 올 것인지를 끊임없이 사고하는 과정이다. 러딕은 경쟁과 배제를 만드는 이분법적 힘의 논리에 담겨있는 남성적 주체가 아니라, 공존을 위한 어머니 노릇에 담겨있는 "비폭력적인 고투" 과정에 주목할 때 평화를 위한 여성주의 정치학이 실현될 수 있다고 주장했다(권김현영, 2007: 25-26).

한편, 나딩스는 배려적 만남 안에서 대화를 통해 상호 협력하고 신뢰하는 관계로서 평화를 설명한다(박보람·신중섭, 2020: 11). 나딩스는 평화의 토대로서 배려하는 관계, 그리고 그 배려하는 관계를 지탱하는 대화는 젠더, 계급, 인종, 민족의 수직적 질서와 지배를 재배치하면서 사회의 다른 부분들이 변화할 것을 요청한다는 점에서 배려 윤리학이 평화주의의 토대가 될 수 있다고 주장한다(김하연, 2021: 168). 나딩스는 전사의 미덕으로 구성된 군사주의적인 문화 환경이 학교에서 평화교육을 어렵게 만든다고 주장하면서(추병완 외, 2019: 14), 학교에서 평화교육의 한 방식으로 참된 애국심 교육의 필요성을 제안한다. 그는 애국심을 국민이 지지하는 선에 대한 헌신이라고 생각한다. 이러한 애국심은 훌륭한 역사를 확인하는 것뿐만 아니라, 역사적 과오 역시 주의 깊게 성찰하는 것을 포함한다. 이러한 애국심을 지닌 국민은 자국이 '옳거나 그른지' 변호하는 것이 아니라, 옳은 나라가 되도록 역사적 과오를 분석하고 인정하며 비판한다(박보람·신중섭, 2020: 15).

배려의 윤리학에서 중요성은 공정한 것에 관한 원칙과 지각보다는 관계에 근거한 것으로서 행동에 주어진다. 따라서, 우리는 권리와 의무보다는 동정심과 친절에 집중해야 한다. 권리와 의무에 관한 담론은 그러한 권리와 의무가 어떻게 집행되어야 하는지의 질문을 중시하기에, 권력과 강제에 관련된다. 어떤 면에서, 배려의 윤리학은 타자를 위해 아가페적 사랑이나 이타적 관심에서 행동할 것을 강조하는 상황주의 윤리학을 연상시킨다. 간디의 사상에서 상대방에 대한 이러한 관심은 아힘사(ahimsa) 또는 사랑의 힘 개념을 통해 표현된다. 상대방에 대한 이러한 우려와 관심은 도덕적인 것 혹은 옳은 것에 대한 모든 결정보다 우선하는 지침 원칙이 될 것이다.

배려의 윤리학과 평화를 위한 교육의 잠재적 연관성을 찾는 것은 그리 어렵지 않다. 평화는 궁극적으로 관계에 관한 것이다. 여기에는 개인 간의 관계와 국민국가와 같은 집단 사이의 관계가 포함된다. 좀 더 깊은 차원에서 평화는 인류와 자연환경과의 관계와도 관련이 있다. 그러나 그 연결은 여기서 끝나지 않는다. 전쟁과 갈등의 원인 중 중요한 차원은 국가 권리와 국가 정의를 고집하는 것이다. 배려 윤리학은 국가 권리와 국가 정의를 주장하는 것이 중요한 것이 아니라 개인을 돌보는 것이 더욱 중요하다는 것을 시사한다. 평화교육 그 자체도 관계에 관한 것이다. 쉽게 말해, 우리는 관계의 맥락 안에서 그리고 관계로부터 배운다. 평화교육은 양육과 지원

관계를 구축하는 것에 관심을 가진다. 가장 중요한 것은 모든 교육 수준에서 교사와 학생 그리고 기관과 학생의 관계다. 결국 개인이 평화를 배우는 것은 양육과 지원 관계를 통해서이다(Page, 2004: 10).

참고문헌

강성률(2018), "세계시민주의와 칸트의 영구평화론", 『국제이해교육연구』, 13(2), 1-38.
고병헌 외 4인(2007), 『평화교육의 개념과 내용 체계에 관한 연구』, 서울: 통일부 통일교육원.
권김현영(2007), "평화의 정치학을 위한 모성적 사유: 남성중심적 안보 개념에 대한 비판", 『한국여성철학』, 7, 1-30.
김하연(2021), "나딩스의 평화교육론이 도덕과 통일교육에 갖는 함의 연구", 『초등도덕교육』, 71, 153-186.
박보람·신중섭(2020), "나딩스의 평화교육 관점 고찰", 『초등도덕교육』, 69, 1-21.
오영달(2003), "칸트의 영구평화론: 개인, 국가 그리고 국제적 분석 수준", 『평화연구』, 11(4), 45-79.
이병덕(2018), "도덕 법칙의 보편성과 인간 가치 체계의 상대성", 『철학적 분석』, 39, 29-56.
추병완(2017), 『도덕교육탐구』, 서울: 한국문화사.
홍용표(2018), "평화문화와 지속가능한 평화", 『문화와 정치』, 5(2), 5-30.
Danesh, H. B. (2006), "Towards an integrative theory of peace education", *Journal of Peace Education*, 3(1), 55-78.
Danesh, H. B. (2008), "Unity-based peace education", In M. Bajaj (Ed.), *Encyclopaedia of peace education* (pp. 147-156), Charlotte: Information Age Publishing.
Galtung, J. (1964), "Editorial", *Journal of Peace Research*, 1(1), 1-4.
Galtung, J. (1969), "Violence, peace, and peace research", *Journal of Peace Research*, 6(3), 167-191.
Galtung, J. (1976), "Three approaches to peace: Peacekeeping, peacemaking and peacebuilding", In J. Galtung (Ed.), *Peace, war and defence: Essays in peace research* (Vol. 2, pp. 282-304), Copenhagen: Christian Ejlers.
Galtung, J. (2008), "Form and content of peace education", In M. Bajaj (Ed.), *Encyclopaedia of peace education* (pp. 49-57), Charlotte: Information Age

Publishing.
Galtung, J. (2015), "Peace", In J. D. Wright (Ed.), *International Encyclopedia of the Social & Behavioral Sciences* (pp. 618−623), 2nd ed., Vol. 17, Burlington: Elsevier.
Haavelsrud, M. (2008), "Conceptual perspectives in peace education", In M. Bajaj (Ed.), *Encyclopaedia of peace education* (pp. 58−66), Charlotte: Information Age Publishing.
Harris, I. (2009), "A select bibliography for peace education", *Peace and Change*, 34(4), 571−576.
Hurrell, A. (1990), "Kant and Kantian paradigm in international relations", *Review of International Studies*, 16(3), 183−205.
Jahanbegloo, R. (2019), "Gandhism and peace", A. Kulnazarova and V. Popovski (Eds.), *The Palgrave handbook of global approaches to peace* (pp. 69−85), New York: Springer.
Jenkins, T. (2019), "Comprehensive peace education", In M. Peters (Ed.), *Encyclopedia of teacher education*, Singapore: Springer.
Johnson, D. W. & Johnson, R. T. (2005), "Essential components of peace education", *Theory into Practice*, 44(4), 280−292.
Kertyzia, H. (2021), "Peace education", In K. Standish et al. (Eds.), *The Palgrave handbook of positive peace* (pp. 1−29), New York: Springer.
Levine, P. & Higgins-D'Alessandro, A. (2010), "The philosophical foendations of civic education", *Philosophy & Public Policy Quarterly*, 30, 21−27.
Morrison, M. E. (2011), "Peace education", In D. K. Chatterjee (Ed.), *Encyclopedia of global justice* (pp. 820−824), New York: Springer.
Noddings, N. (2012), *Peace education*, Cambridge: Cambridge University Press. 추병완 외 공역(2019), 『평화교육』: 서울: 하우.
Page, J. S. (2004), "Peace education: Exploring some philosophical foundations", *International Review of Education*, 50(1), 3−15.
Reardon, B. (2000), "Peace education: A review and projection", In B. Moon, S. Brown & M. Ben Peretz (Eds.), *International companion to education* (pp. 397−425), New York: Routledge.
Rinehart, M. (1995), "Understanding the concept of peace", *Peace & Change*, 20(3), 379−396.
UNICEF. (1999), *Peace education in UNICEF*, New York: UNICEF.

2장
평화교육의 역사

한은영(춘천교육대학교 시민교육사업단 객원연구원)

    다음 3장의 첫 문단에 나오는 것처럼, 평화교육은 갈등을 비폭력적으로 해결하고, 더 조화로운 미래를 상상하고 구축하기 위한 지식, 기술, 가치·태도 성향을 지닌 사람을 육성하고자 하는 하나의 철학인 동시에 과정이다. 평화교육은 중요한 사회적 목적을 갖는데 평화교육은 사회 부정의를 제거하고, 폭력을 거부하며, 전쟁의 종식을 목적으로 삼는다(Navarro-Vastro & Nario-Galace, 2010: 29). 평화교육이 필요한 이유는 크게 두 가지로 보는데 하나는 평화교육이 실용적인 대안이기 때문이고, 또 다른 하나는 평화교육이 윤리적인 명령이기 때문이다(Navarro-Vastro & Nario-Galace, 2010: 30-31). 평화를 위한 교육은 장기적으로 우리가 추구하는 실용적인 이득을 가져다준다. 평화교육은 평화와 관련된 많은 문제를 비폭력적이고 인간적이며 생태 지향적인 대안이나 해법으로 변혁하는 개인적·구조적 변화를 가져온다. 평화교육은 모든 형태의 폭력에 의해 야기된 생명과 복지의 거부를 고려하는 윤리적 명령이기 때문에 모든 세계의 주요 종교와 토착적인 영성, 인도주의적인 윤리는 평화를 위한 추구 활동을 고무한다. 그러한 윤리적 원칙은 통일성, 생명의 가치, 인간 존엄성 존중, 비폭력, 정의, 사회 윤리로서 사랑을 포함한다.

이렇듯 평화를 추구하고, 평화를 구현하기 위해 타인을 교육하려는 시도는 인류의 역사만큼이나 오래된 것이다. 기록된 역사를 고려할 때 이 문제에 대한 최초의 가르침은 세계의 위대한 종교의 등장 및 그 지도자들의 철학에서 분명하게 드러난다. 이를테면 고대 그리스에서 아리스토텔레스(Aritstole)는 인간의 완전한 잠재력을 실현하기 위해서는 평화가 필요하고, 법률에 근거한 국가 주도의 교육은 정념에 반대되는 것으로서 이성에 의해 영향을 받는 행동을 촉진하는 데 도움이 된다고 주장했다. 유대교, 힌두교, 불교, 기독교, 도교, 이슬람교와 같은 세계의 주요 종교는 모두 평화를 중요한 사명의 하나로 여겼다. 이들 종교는 지상에 신성한 왕국을 건설하는 데 평화가 충분하지는 않지만 그래도 필요하다고 인식했다(Harris & Morrison, 2013: 40). 이에 2장에서는 평화교육의 역사를 다음의 세 가지 측면에서 살펴보고자 한다. 첫째, 세계 주요 종교의 평화 개념을 살펴볼 것이다. 둘째, 평화와 평화교육의 중요성을 역설했던 주요 학자들의 사상과 국제연합의 활동을 소개할 것이다. 끝으로, 우리나라에서 평화교육의 역사를 살펴볼 것이다.

1 세계 종교와 평화 개념

종교는 인간의 완성과 평화로운 세계를 이상으로 지향하는 공동체적 가치와 실천체계이다. 평화학자인 갈퉁은 『평화적 수단에 의한 평화』에서 그리스도교와 불교 등 종교에서 갈등의 이해와 이를 극복할 지혜를 찾았다. 그는 동서양의 종교 문명이 갈등과 불화를 부조화(disharmony)에서 찾았고 이에 대한 계명이나 계율을 두어 이를 경계했다고 파악한다. 종교는 부조화를 극복하는 수행법을 제공하며 갈등해결이 종교의 본질이라고 그는 주장했다(이재봉 외, 2000: 187). 사실상 세계의 주요 종교는 성스러운 전쟁과 성스러운 평화 교리(doctrine)를 풍부하게 담고 있는데, 유대교는 유일신 야훼(Yahweh)를 믿는데, 야훼가 전한 사회 조직 원칙으로서 십계명은 구약성경에서 중심적인 위치를 차지한다. 구약성경에서 평화에 관한 직접적인 언급은 제한적이지만, 평화를 의미하는 샬롬(shalom) 개념을 포함한다. 샬롬 개념은 유대문화에 깊이 뿌리박은 풍부한 개념이다. 샬롬은 신의 명령에 따라 사는 것을 의미하며, 서로에 대한 배려의 책임을 공유하는 것을 뜻한다. 샬롬은 사적 평화가 아니라 이웃과 함께 살고 이웃을 자기 자신처럼 사랑하는 사회적·공적 질서에서 나온다. 샬롬은 조화, 번영, 복지, 행복, 안전을 내포한다(Lord, 1968: 29).

불교는 비폭력 원칙에 기초로 하는데 부유한 왕자였던 붓다(Buddha)는 자신의 물적 소유와 사회적 의무를 포기하고 정신적 탐색을 추구했다. 궁극적으로는 자신이 평화의 상징이 되었으며, 일반적으로 불교에서 평화는 수단이자 목적으로, 수단으로서 평화는 비폭력적으로 살면서 자신의 삶을 조직하는 원칙을 의미하고, 목적으로서 평화는 불교의 궁극적인 목적이 지혜와 명상을 통하여 평화와 평정을 찾는 것이라는 점이다. 전쟁과 갈등은 탐욕, 증오, 악의, 폭력, 무지가 밖으로 드러난 모습이다. 평화를 추구하는 참된 불교도는 재산을 버리고, 살생하지 않으며, 사랑을 실천하고, 육식하지 않으며, 독신을 지키고, 미움을 갖지 않으며, 적의를 극복하고자 노력한다(Ferguson, 1977: 48).

도교도 불교와 유사한 원칙에 기초로 하는데, 공격을 금지하고, 무기를 악의 수단으로 간주한다. 노자는 야심, 정치 권력, 세속적 권위에 반대하였다. 그는 정부를 하나의 필요악으로 보았으며 도교는 보편적 형제애, 비무장, 인간성의 근본적 선성을 설파한다. "세상의 모든 것은 평화를 열망한다. 그런데도 제국을 통치하지 못해 안달하는 사람이 있는 것은 왜일까?" 도교를 추종하는 사람들은 삶을 존중하고, 살아 있는 생명을 죽이는 것을 잘못으로 여기며, 부와 재산의 추구를 경멸한다(Ferguson, 1977: 73).

힌두교의 평화 개념은 고대와 현대 개념으로 분류할 수 있다. 고대 힌두교의 평화 개념은 기원전 수 세기 경의 경전인 우파니사드(Upanishads)와 바가바드 기타(Bhagavad Gita)에 나타나 있고, 현대적 개념은 간디의 비폭력 사상에 잘 나타나 있다. 힌두교는 진리에 대한 정신적 통찰을 강조하며, 정신적 평화가 정신의 진리로 이끈다고 믿는다. 증오는 인간이 진리를 깨닫게 하는 마음의 평화와 정반대되는 개념이다. 사람은 모두 내적인 평화를 달성할 타고난 신성한 본성인 아트만(atman)을 지니고 있으며, 이 내적 평화를 밖으로는 자비, 관용, 연민으로 표출하게 된다. 힌두교도는 모든 인간을 존중하는데, 그 이유는 각자가 그 내부에 진리와 평화의 정신인 아트만을 담고 있기 때문이다. 전쟁은 내적인 혼란의 징표다. 독실한 힌두교도는 전쟁을 초래하는 힘인 자기중심주의, 이기심, 물욕, 탐욕을 통제한다. 인간이 내적인 정신을 실현하는 정도에 따라 전쟁을 유발하는 경향에서 벗어날 수 있다(Harrison & Morris, 2013: 44).

기독교 또한 평화주의 뿌리가 깊다. 예수는 비폭력을 실천하고 적에 대한 사랑을 설파했다. 그는 폭력을 옹호하는 것을 거부했고, 기독교도라면 폭력에 직면했을 때 다른 쪽 뺨마저 내놓아야 한다고 말하였다. 예수 사후 첫 3세기 동안 교회는 이 원칙을 준수하였고 로마제국에 대해 평화적으로 저항하였다. 그러나 기원후 4세기경 콘스탄티누스 대제가 기독교로 개종한 이후 이 평화주의 원칙에 변화가 생겼다. 중세에는 아우구스티누스, 아퀴나스와 같은 신학자들이 전쟁을 정당화하는 이론을 개발하였고, 기독교인들이 전쟁에 참가할 수 있는 조건을 규정하였는데, 이것이 정의로운 전쟁 이론(just war theory)의 시발점이다.

정의로운 전쟁 이론에 따르면, 전쟁을 개시하는 것은 항상 비도덕적이다. 갈등을 해결하고 침략을 막기 위해서 외교적인 조치를 먼저 사용해야 한다. 이런 비폭력 수단이 실패하고 한 나라가 다른 나라를 공격할 경우, 침략을 당한 나라는 최종수단으로 자신을 지키기 위해 폭력을 사용할 권리와 의무를 갖게 되는데, 그것도 일정한 도덕적 한계 안에서 가능하다. 공격에 대한 군사적 대응은 합당한 자위의 한계를 넘지 않아야 한다. 정의로운 전쟁 이론에 의하면, 대규모 인구 조밀 지역에서 민간인에 대한 무차별적인 학살은 비도덕적이다.

유성석(2008)은 '기독교인의 평화윤리'라는 제목의 기고문에서 기독교에서 평화의 특징을 세 가지로 제시한다. 첫째, 기독교의 평화는 정의로운 평화다. 사회정의가 실현되는 곳에 하나님의 평화가 있고, 기독교 교리는 정의와 평화가 서로 입을 맞춘다고 말함으로써 정의가 평화와 서로 밀접하게 연관되어 있음을 강조한다. 평화는 정의의 결과이고, 정의가 평화를 창조한다. 둘째, 기독교의 평화는 주어진 상태가 아니라 실현되어가는 과정이다. 평화는 만들어가는 것이고, 교회는 평화를 건설해가는 평화 수립의 공동체가 되어야 한다. 그리스도인은 평화를 증언하고 평화를 만드는 자가 되어야 한다. 예수님은 평화를 위해 일하는 사람만이 하나님의 아들이 된다고 하였다. 셋째, 기독교의 평화는 소유가 아니라 공동의 길이다. 평화를 건설하기 위해 평화를 위협하는 전쟁준비, 테러, 폭력을 제거하고 서로 신뢰할 수 있는 공동 적 평화 건설의 길을 함께 만들어가는 길이다. 그리스도인은 평화를 증언하고 평화를 만드는 자가 되어야 한다. 평화를 실천하는 것은 오늘 기독교인과 교회에 맡겨진 책임이며 세상을 향한 기독교의 의무이며 과제이다.

이슬람교는 정치와 종교를 구분하지 않으며, 종교적인 것이 정치적이고 정치적인 것이 종교적이다. 모하메드(Mohammed)sms 가난한 자에게 보시하고 부를 나누도록 설교했다. 그와 추종자들은 알라신을 모시는 하나의 공동체를 만들려고 하였다. 이슬람교의 핵심적인 목표는 세계에서 평화와 형제애의 증진이며, 여러 인종·종교·부족 사이의 상호 이해를 발전시키는 것이다. 이슬람교의 보편적인 인사는 '평화를 빕니다(Peace be with you.).'이다.

2001년의 9·11 테러 이후 이슬람은 종종 성전을 뜻하는 지하드(Jihad)와 결부되었다. 하지만 이슬람 신학자들은 이것을 비판한다. 테러 공격 이후 전 세계의 이슬람 지도자들은 테러 공격을 비판하고, 이슬람 신앙의 토대로서 평화 추구의 중요성을 설파하였다. 지하드는 알라의 방식으로 사는 것을 의미하며, 지하드는 삶의 모든 면에서 알라를 따르며 알라의 뜻을 실천하기 위해 노력하는 것을 뜻한다. 그러나 가장 중요한 지하드는 각 개인의 내부에서 전개되는 것이며 탐욕·착취·폭력·불의와 투쟁하는 것이 진정한 지하드라는 것이다. 이슬람교는 모든 사람의 복지에 관심을 두며 코란의 원칙에 따라 운영되는 신의 왕국을 지상에 건설하는 것을 목표로 삼는다(Harrison & Morrison, 2013: 46).

끝으로, 한국인의 평화 사상은 가장 오래된 천부경, 단군조선의 건국이념인 홍익인간, 신라 원효의 화쟁 사상, 의상의 화엄 사상, 율곡의 대동 평화 사상, 안중근의 동양 평화 사상 등에서 찾을 수 있다. 우리나라의 평화 사상은 고조선의 건국이념이자 대한민국의; 건국이념이기도 한 홍익인간에 집약되어 있다. '널리 인간 세계를 이롭게 한다.'는 의미로 해석되는 홍익인간은 조화를 이루면서 더불어 사는 대동의 삶을 함축한다(김강녕, 2014: 95).

❷ 주요 학자의 평화교육 사상 및 국제연합의 기여

서구 문명에서 평화 개념의 발전에 기여한 인물은 수없이 많지만, 여기서는 대표적인 인물 몇 명에 한정하여 논의를 전개할 것이다. 평화에 관한 아리스토텔레스의 주장에도 불구하고, 합리주의와 인본주의가 평화와 관련되기 시작한 것은 르네상스(renaissance) 시대이다. 이 시기에 에라스무스(Erasmus, 1466~1536)는 보편적 평화를 촉진하기 위한 교육의 중요성을 강조했다. 에라스무스는 중세의 유혈 투쟁에 책임이 있는 정의로운 전쟁 이론을 강력하게 비판했다는 점에서도 중요한 인물이다. 그는 1492년에 사제로 서품을 받았으나 교회에 반기를 들었고, 그는 전 생애 대부분을 영국에서 보냈으며, 정당한 전쟁이란 결코 있을 수 없으며, 전쟁은 그 성격 자체가 인간성의 타락을 대변한다고 강력하게 주장했다. 그는 이렇게 말했다. "평화는 모든 선한 것의 어머니이자 유모다. 전쟁은 즐겁고 공정한 모든 것을 순식간에 타도하고 파괴하며, 인간 사이에 모든 불행의 악마를 가지고 온다."(Harris & Morrison, 2013: 47에서 재인용). 에라스무스에게 전쟁은 내적 탐욕과 야심, 고삐 풀린 권력의 남용, 모종의 정신적 이상 증세에서 비롯한다. 그는 특히 예수의 이름으로 전쟁을 미화했던 교회를 비판했고, 교회가 온유함과 관대함의 상징이었던 예수의 평화주의적인 가르침으로 회귀할 것을 주장했다.

유럽에서 평화교육은 체코의 유명한 교육학자였던 코메니우스(Comenius)의 영향에 힘입은 바가 크다. 수 세기 동안 평화는 주로 종교 지도자의 가르침 속에서 논의되었는데, 코메니우스는 평화에 대한 논의를 종교에서 교육으로 확장한 대표적 인물이다. 그는 보편적으로 공유된 지식이 사회를 평화를 향해 이동시킬 것이라고 믿었기 때문에 유럽 최초의 평화교육자 중 한 명으로 여겨진다. 그는 보편적인 사상(범지학)을 보편적인 언어(국제어)에 의해 보편적인 교육(범교육)을 통해 모든 사람에게 가르치는 교육이야말로 이상세계를 실현하는 길이라 믿었고, 학교 교육을 평화로운 세계국가를 건설하기 위한 인간적 조건을 만들어내는 곳으로 인식했던 평화교육자였다(정훈, 2010: 164). 코메니우스는 당시의 종교적 불관용, 종파적 갈등, 전쟁을 정당화하는 교리, 재산 소유의 법칙, 널리 퍼져있는 사회 부정의와 불평등을 사랑과 자유의 기독교 전통에 반목하는 대표적인 것으로 보면서 기독교적 가치를 강조하였다. 그는 이 중에서도 특히 모든 것을 포용하는 사랑의 가치를 중시하면서, 그것이 모든 교육하는 과정의 중심을 이루고, 모든 것이 사랑의 실천 속에 종속되어야 함을 강조했다. 코메니우스 평화 사상의 핵심적 가치를 구성하는 기독교의 '사랑'의 정신은 타인을 향한 관용의 정신, 비폭력 절대 평화주의, 정의와 평등이라는 세 가지 원리를 그 토대로 삼는다(정훈, 2010: 166).

가장 위대한 철학자 가운데 하나인 칸트는 만년에 평화를 구현하는 방법에 전념했다. 칸트는 '영구평화론'에서 전쟁이 인간 사회의 자연적 상태를 대표한다고 보면서도 제도로서의 평화가 모든 사회의 본질적인 부분이 되어야 한다고 밝혔다. 그는 이렇게 주장했다. "사람과 사람 사이의 평화 상태는 자연적인 상태가 아니며 오히려 전쟁 상태로 보아야 한다. 항상 공개적 적대감이 존재하지 않는다 하더라도 공개적 적대감이 발생할 지속적인 위험이 존재한다. 이 때문에 평화 상태가 수립되어야 하는 것이다"(Harrison & Morrison, 2013: 48에서 재인용).

칸트의 영구평화론은 전쟁, 지배, 위협, 군비 경쟁의 회피에 대해 다룬다. 그는 각 국가의 입헌 정치는 공화정이 되어야 한다고 주장했다. 국가 간의 평화를 수립하기 위해 그는 상이한 국가들 간의 분쟁을 조정할 틀로써 국제법을 제시하였다. 칸트는 국가들 사이의 평화가 쉽게 달성되지 않을 것이라고 보았지만, 그럼에도 각국 시민과 국가는 평화를 달성하기 위해 노력해야 한다고 보았다. 그는 이성이나 힘에 의해 지배되는 단일 국제정보를 믿지 않았고, 시민들이 평화롭고 조화롭게 살 수 있도록 국제법을 지지하는 국가들의 자유로운 연합체를 신뢰했다. 그는 평화 구현과 관련하여 인간은 진보할 수도 퇴보할 수도 있지만, 최선의 길은 법의 지배에 자발적으로 복종하는 것이라고 보았다. 칸트의 영구평화론은 제1차 세계대전 후의 국제연맹과 제2차 세계대전 후의 국제연합의 사상에 많은 영향을 주었다.

톨스토이(Tolstoy)는 평화에 관한 이해에서 20세기의 주요한 기여자 가운데 하나다. 톨스토이는 전쟁이란 상류 계층이 경제적·사회적으로 지배를 유지하기 위해 사용하는 수단이라고 하면서 기존 사회의 현상 유지를 공격하였다. 그에 따르면, 정부가 범하는 가장 큰 범죄는 전쟁을 정당화하려고 기독교의 가르침에 호소하는 것이다. 기독교의 가르침은 전쟁에만 반대하는 것이 아니고 살인이나 모든 형태의 폭력에 반대하는 것임에도, 각국의 정부가 이 가르침을 왜곡한다는 것이다. 자신의 주변에 있는 사람이 억압받고 있는 것을 목격한 톨스토이는 기독교인들에게 이에 저항할 것을 요청하였다. 톨스토이의 위대한 기여 가운데 하나는 정부가 수행하는 전쟁과 상관없이 모든 정부가 사람을 억압한다는 점에서 평화에 대해 파괴적이라는 신념을 가졌다는 사실이다. 그는 이 억압에 대한 저항을 요청하였다. 모든 종류의 폭력을 반대한 톨스토이는 사랑의 힘이 정부와 제도의 악을 정복할 수 있기를 희망하였다. 현대 평화운동의 아버지로 자주 언급되는 톨스토이는 비폭력적 수단을 통해 전쟁을 지원하는 억압 세력에 저항할 것을 촉구하였다(Harris & Morrison, 2013: 49).

이탈리아의 여성 의사이자 평화교육자인 몬테소리(Montessori)는 평화교육의 기틀을 마련했다. 몬테소리가 '교육은 평화의 무기'라고 언급한 것은 평화를 어떤 정치적 요소로 보려는 관점이 아니라 교육적인 요소로 생각했기 때문이다. 그는 평화학에 대한 교육이 지속적으로 이루어져야 함에도 불구하고 전쟁학에 대한 연구보다 소극적으로 연구되고 있는 것에 의문점을 가지고 아동을 위한 평화교육 운동을 시작하였다(조성자, 2012: 16).

몬테소리의 평화 개념은 ① 평화교육을 위한 인지적 영역: 자아 인식, 환경 인식, 문화 인식, 공동체 인식, ② 사회적 인식: 빈곤 퇴치, 문맹 퇴치, ③ 우주에 대한 인식: 우주 안에서 모든 인간과 사물의 역할과 위치, ④ 평화교육 실제 프로그램: 영아들을 위한 실제 활동, 어린이들을 위한 실제 활동이라는 네 가지 요소를 포함한다. 이 네 가지 요소들은 실제적으로 순환적으로 작용하면서 아동을 위한 조화롭고 평화로운 세상을 만들어간다(조성자, 2012: 17).

몬테소리는 진정한 평화를 정의의 승리이며, 모든 사람을 사랑하는 것으로 보았다. 그리고 유아기는 사회의 해로운 영향을 받기 전이므로 인간 본성을 발견할 수 있고, 교육은 유아 인격의 본래적인 가치를 인식하여 더 나은 세계에 공헌할 수 있는 '새로운 유아'로 자라나도록 영적인 성장에 적합한 환경을 제공해 주는 것으로 보았다(신화식, 2002: 300). 이렇듯 몬테소리는 유아를 매우 능동적인 학습 주체라고 생각하였으며, 동시에 발달에서 유아의 본성과 환경의 영향을 강조하였다. 환경이 신체 성장에 영양분을 공급하듯이 정신의 구조와 성장에도 영양분을 제공한다고 생각했다. 유아는 자신의 성장과 발달을 위해 환경 자극을 이용할 뿐만 아니라 성장하는 가운데 특정한 환경에 스스로 적응하고 자신을 수정해 나간다(신화식·김명희, 2008: 52).

몬테소리는 성인들이 아동에게 갈등을 어떻게 비폭력적으로 해결할 것인지를 가르쳐야 하고, 아동이 전쟁에 매혹되지 않도록 주의해야 한다고 주장했다. 파시스트 국가인 이탈리아에 살면서 이 위대한 교육자는 예수의 가르침을 인용하여 어린이가 성인들에게 하나님의 왕국에 이르는 길을 인도한다고 선언하였다. 그는 지상에 하늘나라를 건설하고자 한다면 성인들이 좀 더 어린이처럼 되어야 한다고 믿었다. 어린이는 어른보다 훨씬 더 남을 잘 믿고 개방적이며, 지상에서 평화 공존의 토대가 되는 남에 대한 사랑을 보여준다는 것이다. 몬테소리는 교육자들이 자신의 정신적인 면을 개발하여 어린이가 평화를 지지하는 삶의 방식을 갖추도록 준비시켜야 한다고 믿었다. 몬테소리는 영구적으로 평화를 수립하는 것은 교육의 몫이며, 정치는 다만 우리를 전쟁에서 벗어나게만 하면 된다고 생각했다. 그는 교육자의 임무는 생명을 존중하고 평화적 공존으로 이끌 인간성을 발전시키도록 인간 정신을 해방하는 데 있다고 보았다(Harris & Morrison, 2013: 50). 그는 명시적이고 의도적인 도덕교육과 영적 교육이 없다면, 인류는 필연적으로 전쟁의 습관으로 되돌아갈 것이라고 믿었다. 몬테소리는 세계 시민성, 개인적 책임, 다양성 존중과 같은 가치가 모든 아동과 성인 대상 교육의 암묵적이고 명시적인 부분이어야 한다고 주장했다. 몬테소리 교육의 이러한 가치는 수학, 언어, 과학 과목만큼 중요하다. 그는 도덕적 자아의 촉진을 거부하고 억압하는 모든 교육은 일종의 범죄라고 생각했다.

끝으로, 몬테소리는 권위주의적 교육자와 권위주의적 가족에 대해 회의적이었는데, 그에 따르면 바로 이들이 스페인의 프랑코, 독일의 히틀러, 이탈리아의 무솔리니와 같은 파시스트 지배를 가져왔다는 것이다. 몬테소리 교실에서 교사는 권위주의적 인물이 아니다. 조성자(2012: 51)는 몬테소리 교실에서 평화의 문화 창조를 위한 교사의 역할을 다음과 같이 요약했다. 첫째, 교사와 아동 사이에 평화 문화 확산은 비폭력적 의사소통의 방법을 통해 만들어가야 한다. 둘째, 몬테소리 교실에서 평화 문화 창조를 위해서는 교사와 아동 사이에 상호작용을 돕는 의사소통이 되어야 한다. 셋째, 아동의 평화문화를 창조하는 데 있어서 예술 활동은 아동의 정신적 욕구를 충족한다. 넷째, 아동의 세계에서 음악은 상당히 관계적이고 표현적으로 인간에게 평화로운 마음속에 내포되어 있다. 다섯째, 세계어로 된 평화 기도문을 세계의 어린이들과 함께 이야기해야 한다. 여섯째, 아동은 평화의 욕구를 갖고 있기 때문에 교사는 이 욕구를 충족시켜 주어야 한다.

간디는 정의로운 사회를 건설하기 위해 투쟁했고, 정의가 없으면 평화도 없다고 믿었다. 간디는 인도의 카스트 제도를 강력하게 비난했고, 계급 적대감을 줄이고 평화를 증진하는 최선의 길은 학생들이 다른 사람들과 협력하는 것이라고 생각했다. 간디는 학생들이 인류 공동의 운명에 대한 인식을 하도록 손, 마음, 정신, 신체를 모두 활용하는 전체론적 교육관을 가졌다. 평화와 관련하여 무엇보다 중요한 것은 간디의 비폭력에 대한 헌신이다. 비폭력에 대한 헌신은 진리를 더 잘 이해하게 한다. 간디는 진리의 기원은 한 가지만 있는 것이라기보다 각자가 진리에 대한 중요한 통찰력을 가질 수 있다고 가르쳤다. 비폭력은 이러한 통찰력을 갖는데 도움이 된다. 간디는 이렇게 말했다(Harris & Morrison, 2013: 158에서 재인용). "비폭력의 길 외에는 진리를 발견할 수 있는 길이 없다. 나는 진리나 신을 희생하고 인도를 위해 봉사할 마음이 없다. 진리를 버리는 사람은 자기 조국과 가장 가깝고 소중한 사람도 버린다는 것을 내가 알기 때문이다."

비폭력은 공감하게 하고, 역지사지의 태도를 취하게 하며, 이를 통해 타인의 진실을 볼 수 있게 한다. 하지만 폭력은 진리에 대해 절대주의적 접근을 따르며, 이 절대주의적 접근에 의하면 관점은 이분법으로 나누어지고 타자에 대해서는 적의 이미지를 갖게 된다. 비폭력은 본질적으로 정신적인 진리에의 헌신을 요구한다. 진리는 모든 사람의 내부에 존재하므로, 비폭력교육은 모든 인간과 각자의 내부에 있는 신성한 영감의 근원에 대한 존중을 장려해야 한다. 간디는 착취적인 경제 관계를 통해 농촌 공동체와 자연 생태계를 파괴한 부당한 식민 체제를 타파하는 데 일생을 바쳤다. 그는 모든 불행과 갈등을 야기하는 여러 형태의 억압을 극복하기 위한 비폭력 운동을 주도하였다(Harris & Morrison, 2013: 158).

미국의 진보주의 교육학자인 듀이도 평화의 대의를 주장하였다. 진보주의는 아동의 흥미와 개성을 중시하는 교육철학이다. 듀이에 의하면 교육은 장래 생활을 위한 준비가 아니요, 생활 그 자체로서 생의 시초부터 종말까지 계속되는 생활 과정 그 자체이다. 다시 말해 교육은 아동의 매일 매일의 생활을 통한 성장이고, 아동의 생활 경험이 계속적으로 재구성되는 과정이다. 교육은 생활의 과정이지 성인 생활의 준비가 아니므로 교사의 논리적·체계적 설명보다는 아동 스스로 주체가 되어 자발적 학습으로 지식과 태도를 종합적으로 획득하는 방법이 더 중요하다.

비록 제1차 세계대전에 미국의 참전을 지지한 것으로 많은 비판을 받기는 했지만, 듀이는 학교에서의 군사 훈련을 계속해서 반대하였고, 제1차 세계대전 동안의 그의 경험은 애국심 양성소로서 학교를 세계 이해를 위한 수단으로 변혁할 필요성을 자각하도록 이끌었다(Howlett & Cohan, 2017:

456). 민주주의를 위해 세계를 안전하게 만들기 위한 전쟁(제1차 세계대전)에 참전하는 것에 대한 그의 우려는 학교가 애국심이나 극단적 민족주의의 도구가 아니라 평화적 기구가 되어야 한다는 그의 신념을 더 강하게 만들었다. 그의 진보적 교육관은 민주주의를 위한 교육이 독창적이고 자유로운 개인의 훈련을 요구한다고 보았다. 듀이에 따르면, 아동의 마음과 경험 그리고 평화 추구 사이에는 긴밀한 관계가 있다.

듀이에게 민주주의는 인간의 사회적·도덕적 성장의 구현이다. 사람들을 민주 시민으로 양성하기 위해 학교는 협력과 상호 이해를 가르쳐야 한다. 외부에서 주입된 어떤 형태의 엄격한 기율도 진보주의 교육에 대한 그의 견해와 충돌한다. 그는 다음과 같이 말했다. "가르침에 있어 모든 교조주의를 배격해야 한다. 왜냐하면, 교조주의는 모든 것이 이미 규정되어 있고, 독창적으로 발전할 수 있는 것은 아예 없다는 인상을 주기 때문이다."(Howlett, 1974: 50에서 재인용). 듀이는 자유롭게 사고하는 개인을 키우고자 하는 교육자는 모든 형태의 군사주의를 반대해야 한다고 믿었다.

1930년에 태어난 노르웨이의 갈퉁은 평화교육과 평화연구에서 왕성한 활동을 보여주었다. 1959년 노르웨이 오슬로에 국제평화연구소를 설립하고 1964년 국제평화 연구 학회를 설립한 이래 그는 평화연구를 선도하는 연구자가 되었다. 그의 초기 저술은 구조적 폭력 개념에 초점을 맞추었다. 이 개념은 빈곤, 차별, 억압, 저발전, 문맹 등이 세계의 폭력적인 상태를 초래한다는 것에 주목한다. 이 주제들을 다루는 것은 평화교육에 관심을 가진 사람들과 발전 교육에 관심을 가진 사람들 사이에 아이디어와 프로그램 및 전략을 교환하는 활동을 촉진하였다. 또한, 제 1세계의 선진국 사람들에게 제 3세계의 저발전이 어떻게 폭력에 기여하는지를 이해할 수 있는 계기를 마련했다.

평화교육의 형식과 내용에 관한 갈퉁의 입장은 그가 생각하는 평화교육의 이미지를 단적으로 잘 보여준다. 그는 평화교육은 평화의 개념과 양립해야 하므로 직접적 폭력만이 아니라 구조적 폭력을 다루어야 한다고 생각했다. 그는 평화교육이 내재하는 폭력을 제거하는 시도를 해야만 하며, 다음과 같은 기준을 충족하는 것이 되어야 한다고 보았다(Galtung, 2008: 51). 피드백이 허용되는가? 그것이 사람들을 떼어놓기보다는 공동의 노력으로 뭉치게 하는 것인가? 일반적인 참여를 허용하고, 교육의 전체 형태가 스스로 변화를 일으킬 수 있는가? 요컨대 단순히 교육 환경에서 전달하는 메시지가 아니라 학습자를 참여시키는 대화가 있는가? 이에 갈퉁은 평화를 평화적으로 가르치는 것이 중요하다고 생각했다. 그는 교실에서의 폭력을 비판하였고, 학생들이 평화교육에 기여할 수 있는 능력을 인정해주며, 전쟁과 평화에 대하여 열린 대화를 허용하는 것을 포함하여 평화적인 방법과 기법을 사용해야 한다고 주장했다. 갈퉁을 비롯한 유럽의 평화교육자들은 교사가 학생들에게 자신의 의견을 주입하고 학생들에게 구체적인 민주적 경험을 허용하지 않는 전통적 교육 방법을 사용할 때 평화교육은 효과적일 수 없다고 주장했다. 평화교육은 그 교육 방법을 통해서 평화교육자가 지향하는 세계를 모델로 하는 새로운 길을 제시해야 한다.

또한, 평화교육의 내용과 관련하여 갈퉁은 평화연구의 프로젝트의 다섯 가지 국면에서 평화교육의 내용을 도출할 수 있다고 주장했다(Galtung, 2008: 53). 다섯 가지 국면은 분석, 목표 설정, 비평, 제안 작성, 행동이다. 첫째, 우리의 현재와 실세계에 대한 분석은 평화 문제와 관련이 있고 동시에 주요 추세를 가리키는 정도까지 기본적인 사실을 설명한다. 분석은 시간적 관점을 제시한다는 의미에서 역동적이고 전쟁 체제와 전쟁 준비와 같은 주요 요인의 이미지를 제공한다는 의미에서 정적이다. 둘째, 목표 설정은 평화교육에 없어서는 안 될 부분이다. 평화라는 개념에는 구체적이고 분명한 것이 있어야 한다. 다시 말해, 우리가 보고 싶은 세상의 모습이 들어 있어야 한다. 평화란 무엇인가의 부재라고 말하는 것만으로는 충분하지 않다. 훨씬 더 구체적인 이미지를 제공해야 한다. 셋째, 현실 세계에서 유토피아로 이동하는 투쟁을 더 잘 이해하려면 현실 세계를 악화하고 심지어 현실 세계가 디스토피아로 추락하는 것을 예방하는 것이 무엇인지를 이해해야 한다. 넷째, 제안 작성은 현실 세계에서 선호하는 세계로 이동하는 방법을 다룬다. 전환 경로를 찾는 것은 무엇을 해야 하는지, 누가 해야 하는지, 언제, 어디서, 어떻게, 왜 해야 하는지에 대한 제안의 문제이다. 끝으로, 그 제안을 평화 행동으로 실천해야 한다.

1970년대 브라질의 교육자 프레이리(Freire, 1921-1997)는 농민들에게 자신들에게 가해지는 억압의 기원을 잘 인식하도록 돕는 교육 방법을 개발했다. 프레이리는 20세기에 가장 유명하고 영향력 있는 급진적인 교육 이론가 중 한 사람이다. 평화교육, 성인 교육, 비공식 교육 및 비판적 문해력에 대한 그의 영향력은 헤아릴 수 없을 정도다. 1921년 브라질 북동부의 헤시페(Recife)에서 태어난 프레이리는 대공황 동안 힘든 시기를 겪은 중산층 가정에서 자랐다. 그 결과, 그의 전체 경력을 얼룩지게 만든 방식으로 교육 기회에 대한 빈곤의 영향을 직접 경험했다. 프레이리가 헤시페의 대중문화 운동에 참여하고 헤시페 대학교의 문화 확장 학과에서 활동한 것은 교육 불평등에 대한 그의 비판과 그의 뛰어난 교육학 접근법에 큰 영향을 미쳤다(Bartlette, 2008: 39).

프레이리의 초기 경력은 라틴 아메리카와 카리브해 지역에서 발생한 엄청난 정치적·문화적 변화의 영향을 받았다. 쿠바 혁명(1959-1961)은 이 지역 전체의 사회주의 운동에 영감을 주었다. 더욱이 제2차 바티칸 공의회

(1965) 이후 가톨릭교회는 점점 더 해방 신학과 가난한 사람들에 대한 헌신을 받아들였다. 프레이리 사상의 형성 시기는 브라질 북동부에서 급진적 정치의 전반적인 비등과 일치했다. 농민 연맹은 농촌 노동자에게 노동권을 요구했다. 가톨릭교회는 평신도를 성경 해석과 교회 사업의 관리에 참여시키기 위해 지역 차원에서 기초 공동체를 형성했다. 문화계는 지역 전체에 형성된 대중문화와 사회적 비평을 촉진하는 데 초점을 맞추었다. 좌파 지도자들이 시, 주, 연방 차원에서 선출되었다. 그 당시(실제로 브라질에서는 1988년까지) 문해력이 투표의 요건이었기 때문에 좌파는 포퓰리스트(populist) 정치 기반을 구축하기 위해 문해력을 가르치는 데 에너지를 집중했다.

이러한 맥락에서 프레이리는 급진적인 인본주의 교육학으로 유명해졌다. 1963년에 그는 교육 프로젝트를 개발하기 위해 북동부 개발 위원회에서(Northeast Development Board)에서 일하기 위해 연방 교육부에 고용되었다. 지역 정치인의 초청으로 프레이리와 그 동료는 안지초스(Angicos)에서 대화적(dialogical) 문해력 캠페인을 벌였다. 얼마 지나지 않아 구라트(Goulart) 대통령의 포퓰리스트 국가 행정부는 프레이리를 초청하여 국가 문맹 퇴치 캠페인을 조정했다. 이 계획은 1964년 군사 쿠데타로 인해 중단되었다. 쿠데타 지도자들이 프레이리를 추방했을 때, 그들은 아이러니하게도 프레이리의 아이디어가 국제적인 주목을 받을 수 있는 조건을 마련했다. 칠레에서 일정 기간을 보내고 하버드대학교 교육대학원에서 더 짧은 기간을 보낸 후 프레이리는 제네바에 소재한 세계 교회 협의회의 교육부에 합류했다. 그 자리에서 그는 라틴 아메리카와 아프리카의 프로젝트에 적극적으로 참여했다.

15년간의 망명 생활 후, 군사 독재 정권이 점차 민주화되기 시작했을 때 프레이리는 그가 사랑하는 브라질로 돌아왔다. 그는 노동당에 입당했는데, 이는 좌파의 공식적인 정치 개입을 활성화하고 제도화하기 위한 새로운 노력이었다. 프레이리는 이 시기에 적극적으로 글을 쓰고 가르쳤다. 이론과 실천에 동참하겠다는 특유의 각오로 1988년부터 1991년까지 상파울로(Sao Paulo) 교육부 장관이라는 막중한 임무를 수행했다. 1997년 사망 당시 프레이리는 30년 넘게 20여 권의 책을 저술하거나 공저했는데, 이 책들의 내용은 학교 교육의 목적과 가망에 대한 사고방식을 크게 바꾸어 놓았다(Bartlette, 2008: 39-40). 프레이리의 개인적인 경험은 그의 개념적인 발전에 깊이 영향을 미쳤다.

『억눌린 자를 위한 교육학』에서 프레이리는 전통적인 교육방식을 "은행식 교육(banking education)"이라 비판하고 "문제 제기 교육(problem posing education)"으로 전환할 것을 제안하였다. 그는 교육이 '설명병'을 앓고 있다는 문제의식에서 시작한다. 학교 교육은 현실과 유리되고 학생들의 삶과도 동떨어진 학습 내용을 교사가 일방적으로 학생들에게 주입하는 형식으로 이루어진다. 이런 상황에서 학생은 교사의 설명 내용을 담을 '빈 그릇'에 불과하다. "이렇게 해서 교육은 예탁 행위가 된다. 학생은 예금 통장, 교사는 예금주가 된다. 양측이 서로 소통하는 것이 아니라, 교사가 지침을 발표하고 예탁금을 발행하면, 학생은 끈기 있게 그것을 수용하고, 암기하고, 반복적으로 익힌다. 이것이 은행식 교육의 개념이다."(Freire, 1970: 58). 은행식 교육은 현실을 신비화하여 인간이 세상에 존재하는 방식을 설명하는 어떤 사실들을 숨기려 한다. 은행식 교육은 대화를 거부한다.

은행식 교육은 반(反)대화적이고, 교사는 전지(全知)하지만 학생은 절대적 무지(無知)이고, 교수만 있고 학습은 없으며, 교사는 생각의 주체이지만 학생은 객체이고, 창조성을 위축시키거나 소멸시키고, 사실만 중요하게 취급하며, 인간성을 향한 존재론적 소명을 부정하고, 주입식·설명식 교육에 의존하고, 현실의 신비화에 초점을 맞춘다.

이와는 달리, 문제 제기 교육(problem-posing education)에서 대화는 현실을 드러내는 인식의 행위에 없어서는 안 되는 것이라 여겨진다. 은행식 교육은 학생들을 도움의 대상으로 취급한다. 문제 제기 교육은 학생들을 비판적으로 사고하는 사람으로 만든다. 문제 제기 교육은 창의성에 바탕을 두고 현실에 대한 진정한 성찰과 행동을 자극하여 탐구와 창조적 변혁에 종사할 때만이 진정한 존재로서의 인간의 소명에 대응한다(Freire, 1970: 71). 은행식 교육은 교사가 수동적인 지원 대상인 학생들의 머릿속에 예치하는 지식을 갖는 지배의 관계다. 은행식 교육은 학생들을 침묵의 문화에 몰두하도록 유지하고, 역사와 행위자의 주도성을 벗어나 대상물로 자리매김하도록 만든다.

은행식 교육과는 대조적으로, 프레이리는 문제를 제기하는 교육을 제안한다. 문제 제기 교육은 학생들이 자신의 세계에 대해 생각하고 행동하는데 적극적인 사람이 되도록 장려한다. 문제 제기 교육은 대화와 비판 의식, 민주적인 교사-학생 관계, 상호작용을 통한 지식의 공동 구성, 그리고 학생들의 흥미와 경험에 바탕을 둔 교육과정에 의존한다. 그러므로 문제 제기 교육은 대화적이고, 교사가 모르는 것을 학생이 알 수 있으며, 교사와 학생이 서로 가르치고 배우고, 교사와 학생의 이분화를 거부하고 공동의 탐구자로 여기며, 창조성을 신장하고, 비판적 현실 개입을 유도하며, 비판적 교육과 인간화 교육을 중시하고, 일방적 주입을 거부하고 의사소통을 도모하며, 현실의 탈신비화에 초점을 맞춘다.

지금까지 서구에서 평화 및 평화교육의 사상에 공헌한 대표적인 사상가들의 입장을 살펴보았다. 이제 우리의 논의를 국제기구를 통한 평화교육 분야로 바꾸어보자. 유엔(UN)과 유네스코(UNESCO)의 탄생으로 평화교육은 국제 의제에서 평화 증진의 중요한 요소가 되었다. 유엔은 평화 증진을 위한 세계 기구 가운데 가장 중요한 기구다. 유엔은 1946년 첫 회의를 런던에서 개최하였고, 1952년 뉴욕으로 본부를 이전하였다. 유엔은 영토 분쟁을 해결하기 위한 조약을 추진해 왔고, 전 세계의 많은 식민지가 독립 국가로 이행하는 것을 지원했으며, 세계 문제를 해결하기 위한 민주적 포럼을 제공하였고, 세계의 여러 분쟁 지역에 평화유지군을 배치하였다. 유엔 산하의 유네스코는 인종, 성, 언어, 종교의 구별 없이 전 세계 사람들을 위해 유엔 헌장이 인정하는 정의와 법의 지배, 인권과 기본적 자유를 증진하기 위하여 교육, 과학, 문화를 통하여 국가들 사이의 협력을 제고 함으로써 평화와 안보에 기여하는 것을 목표로 만들어졌다.

유네스코는 설립 이래 주된 활동의 하나로 교육을 통한 평화, 빈곤 철폐, 지속적인 문화 간 대화 체제를 구축하는 데 기여해 왔다. 특히 세계적 수준에서 교육을 통한 국가 간 간극을 줄이고 개인 간 교육 격차를 줄이기 위한 노력에 주력하면서도 교육을 통한 인권과 평화의 문화 증진에 매진해 왔다. 보편적 가치로서 평화는 국가적 차원에서뿐만 아니라 국제적, 글로벌 차원에서 인류가 함께 추구해야 할 목표이며, 유네스코가 관용과 비폭력적 방법을 통해 도달하려는 포용 교육의 방향이기도 하다(앨런 스미스, 2020: 70).

「유네스코 헌장」은 다음과 같이 평화교육의 목적을 분명히 하고 있다. "전쟁은 인간의 마음속에서 생기는 것이므로 평화의 방벽을 세워야 할 곳도 인간의 마음속이다. …(중략)…부의 정치·경제적 조정에만 기초를 둔 평화는 세계 사람들의 일치되고 영속적이고 성실한 지지를 확보할 수 있는 평화가 아니다. 따라서 평화를 잃지 않기 위해서는 인류의 지적·도덕적 연대 위에 평화를 건설하지 않으면 안 된다. 이러한 이유에서 이 헌장의 당사국은 교육의 기회가 모든 사람에게 충분하고 평등하게 주어지고 객관적 진리가 구속받지 않고 탐구되며, 사상과 지식이 자유로이 교환되어야 함을 확신하면서, 국민들 사이의 소통 수단을 발전시키고 증가시키는 동시에, 서로를 이해하고 서로의 생활을 더욱 진실하고 더욱 완전하게 알기 위하여 이 소통 수단을 사용할 것을 동의하고 결의한다."라고 밝히고 있다. 이 같은 평화 기반의 설립 이념에 근거하여 유네스코는 전쟁을 반대하는 평화의 방 벽을 마음에 심도록 교육하는 평화교육의 방향을 처음부터 설정하고 있다. 나아가 정치적, 경제적 조정에 의한 평화 유지는 냉혹한 국제 정치 현실 앞에서 불안정하다는 점을 분명히 하고, 지속 가능한 평화를 위해 지적·도덕적 연대 위에 평등·진리·자유·상호 이해와 소통 등이 제도화된 평화의 문화를 건설해야 한다는 것이 유네스코 평화교육의 본질이다(앨런 스미스, 2020: 71).

1974년 유네스코는 인권과 기본적인 자유와 관련된 국제이해, 협력, 평화 및 교육에 관한 권고안을 발표했다. 이 문건은 국제적 이해, 협력, 평화라는 용어를 사용하여 사회 · 정치체계가 다른 민족과 국가 간의 우호 관계 원칙, 인권과 기본적 자유 존중의 원칙에 근거해 분리할 수 없는 전체로 간주해야 한다는 사실을 강조하였다. 또한, 이 문서는 세계인권 선언의 요구를 강화하면서 각국이 국제교육을 실행해야 한다는 것을 강조했다.

유엔과 유네스코는 2000년과 2001~2010년의 10년을 각각 '세계 어린이를 위한 평화와 비폭력 문화를 위한 해'와 '세계 어린이를 위한 평화와 비폭력 문화의 10년'으로 지정하였다. 이것을 지정한 목적은 1989년 유네스코의 선언에 따라 '비폭력과 기본권 및 자유에 대한 존중에 기초한 가치, 태도, 행동 양식과 일치하는 활동을 증진하기 위한 것'이었다. 유네스코는 새로운 중요한 계획을 다음과 같이 포함한다(Harris & Morrison, 2013: 26).

- 적극적 비폭력으로 규정되는 힘
- 공동의 적을 쳐부수기 위해서가 아니라 이해를 증진하기 위해 동원되는 사람들
- 수직적이고 세계적인 권력 구조와 권위를 대체하는 민주적 과정
- 비밀주의를 대체하는 자유로운 정보 유통
- 남성 지배적 문화 대신 여성, 남성, 아동의 힘이 공유되는 문화
- 전쟁을 미화하는 전통적 문화 대신 평화 구축 센터로서 여성주의 문화
- 환경 착취와 전쟁을 대체하는 협력적인 지속 가능성

유네스코는 평화교육에서 평화권을 강조한다. 평화권이란 생존권이 위협받지 않고 인간답게 기본적 권리를 보장받으며 살 수 있고 분쟁이 생겼을 때 무력이 아닌 방법으로 해결하면서 공존할 수 있는 평화롭게 살 권리를 말한다. 이를 위해 식민주의나 제국주의적 지배는 부정되며 자본주의적 착취 구조, 전제적 국가통치, 가부장적 남성 지배 구조, 정보의 독점, 인권 유린, 자연에 대한 인간의 지배, 그리고 힘에 의한 평화 유지 등 어떤 것도 정당화되지 않는다. 마찬가지로 평화적 수단에 의한 문제해결이 아닌 어떠한 형태의 테러리즘도 용인되지 않는다. 유네스코 헌장이 말하듯, 세계 공동체 윤리를 기반으로 "인류는 전쟁과 폭력의 문화가 아닌 평화의 문화를 향유 할 권리를 가진다."라는 인권으로서 평화권은 유네스코 평화교육의 기본 전제다(앨런 스미스, 2020: 77-78).

3 우리나라에서 평화교육의 역사

국외의 평화교육은 대체로 평화를 촉진하려는 종교적 가르침에 그 시원이 있으나 공식적으로는 두 차례 세계대전을 경험하면서 무력에 대해 반대하는 정치적 배경에서 시작되었다. 세계적인 추세로 볼 때, 평화교육은 크게 세 흐름으로 나누어 볼 수 있다(조정아 외, 2019: 21).

첫 번째는 전통적 평화교육이다. 2차 세계대전 이후 전쟁이 다시 일어나는 일이 없도록 예방해야 한다는 차원에서 평화교육의 필요성이 대두되었다. 대표적으로는 1950년대~1960년대에 실시된 유네스코의 국제이해교육과 반핵교육을 들 수 있다. 전통적 평화교육에서 평화란 전쟁이 없는 상태를 의미했으므로, 교육의 내용은 주로 전쟁 방지를 위한 것이었고 국가 간의 평화 증진을 위한 것이었다. 그러나 전통적 평화교육은 사람의 심성에 초점을 두어 도덕성을 바탕으로 한 개인의 생각을 변화시키는 데 중점을 두다 보니 갈등을 야기하는 사회 구조에 대한 이해가 부족하다는 비판을 받기 시작했다.

두 번째 흐름인 비판적 평화교육은 1970년대 신 사회운동과 비판이론, 평화학 이론의 영향을 받으며 등장했다. 그동안 평화는 국제 관계에서 국제질서를 잡고 통합을 이루는 데 초점을 맞추면서 오히려 현재의 불평등한 체제를 지속시키는 효과를 냈다는 인식에서, 비판적 평화교육은 전통적 평화교육과 선을 그으면서 등장했다. 평화는 전쟁이 없거나 물리적 폭력을 제거하는 것만이 아니라 빈곤과 차별 등 구조적 폭력을 바로잡는 것이라는 근본적인 이해가 대두되었다. 비판적 평화교육은 개인의 심성에서 나아가 비평화적인 구조적 요인을 다각적으로 인지하고 이를 변화시키려는 비판적 의식을 갖고 실천하는, 그리고 그 실천을 상상하는 능력에 관심을 두었다(조정아 외, 2019: 22).

세 번째는 서구의 평화 이론과는 다르게 아시아와 남미 등의 식민화된 역사적 맥락에서 바라보는 평화교육이다. 여기서 평화는 민족과 계급 모순에 의해 일어나는 반평화적 요소를 제거하고 민중의 생존과 삶을 보장하는 사회정의라는 측면이 강조된다. 빈곤의 문제, 식민지 유산인 민족 갈등과 비민주적인 정치 체제, 문맹 등 지역의 특성과 문화에 따라 특정한 평화교육이 필요하다는 입장이다. 특히 프레이리의 영향을 받은 의식화 교육이 대표적이다(조정아 외, 2019: 21).

한국의 역사적 형성 과정을 볼 때 평화는 상당히 복합적이고 중층적이다. 한국 사회에는 식민지적 폭력뿐 아니라, 6·25전쟁의 후유증 역시 큰 영향을 미치고 있다. 그 때문에 전쟁 없는 세상에 관한 이슈가 강하게 나타난다. 한국에서 평화교육의 역사는 세 가지 시기를 통해 식별이 가능하다.

3.1. 평화교육의 모색과 싹틈의 시기인 1980년대 – 1990년대 초반

이 시기의 특성은 다음과 같다. 첫째, 서구의 평화교육을 소개하고 한국의 평화교육을 모색하는 연구가 시작되었다. 둘째, 한국의 평화교육은 반평화적인 요인으로서 분단 구조를 주요하게 보고 처음부터 분단 극복과 민족 화해를 포괄하는 내용으로 구성되었다. 셋째, 평화교육은 독립적 영역으로 현장에서 실행되는 정도는 약하나, 일부 학교 교사들의 의식적 노력과 시민 평화운동을 토양으로 싹텄다.

3.2. 평화교육의 구체화와 발돋움 시기인 1990년대 중반 – 2000년대 중반

이 시기는 다음과 같은 특성을 갖는다. 첫째, 평화교육을 지속적으로 실행하는 시민단체들이 출현했다. 시민단체들은 평화교육만을 활동의 목적으로 표방하지는 않지만, 평화운동을 하면서 동시에 평화교육도 실시했다. 무엇보다 뚜렷한 특징은 평화교육의 지속성이다. 둘째, 평화교육의 내용이 구체화 되었다. 비록 총론적이고 일반적인 성격이 여전히 강하지만, 시민단체들의 평화교육은 평화에 관한 지식과 태도, 기술, 실천을 고려한 다양한 영역을 섭렵하고 개인에서 글로컬까지 관통하며 다차원으로 접근하였다. 셋째, 평화교육의 필요성과 내용은 민주·민중·민족문제로 환원되는 거대 담론에서 글로컬 사회에서의 안전한 삶을 보장하는 생활 정치로 확장되고 이동했다. 일상에서의 비 폭력성, 상생적 관계 형성, 다문화, 생태 보전, 젠더 평등 등 다양한 관점을 살린 평화교육이 다원적으로 기획되고 실행되었다. 넷째, 기존의 안보·통일교육을 비판적으로 성찰하고 평화적 관점에서 통일교육을 재구성해야 한다는 목소리가 커지면서 평화교육에 대한 관심이 증대되었다. 결론적으로 이 시기는 평화교육이 구체적인 내용성을 갖추어가면서 성장한 시기라 말할 수 있다.

3.3. 평화교육의 세분화와 비균질적인 활성화 시기인 2000년대 후반 - 현재

이 시기는 다음과 같은 특성을 지닌다. 첫째, 평화교육을 목적으로 설립된 시민단체들이 출현하면서 평화교육의 전문성이 강화되는 시기이다. 둘째, 프로그램 내용은 세분화되고 그 지향은 복합성을 띤다. 평화교육의 주제들은 평화에 관한 총론에서 더 세밀하게 들어가 특정 분야별로 나뉘거나 심화되고, 프로그램 유형이 확대된다. 또한, 평화교육 프로그램의 지향성에 있어, 다양한 가치와 비전들이 서로 어울려 중첩되거나 융합되고 있다. 주체성, 자아 성찰, 인권 의식, 생명 존중, 다문화주의, 남북관계, 사회 정의 등과 같은 가치와 지향들은 프로그램의 성격에 따라 부분적으로 혹은 다중적으로 결합된다. 셋째, 평화교육의 학습모델이 구상되고 교육 매뉴얼이 생산되기 시작한다. 평화교육 시민단체들은 프로그램을 특정한 맥락과 사회적 관계, 주체에 따라 세밀하게 구분하고 상황에 따라 적실성을 갖는 평화역량 프로그램을 기획한다. 넷째, 시민단체들의 평화교육은 점차 학교, 공공기관, 지역 등으로 확산되고 적용된다. 평화교육에 대한 관심을 넘어 평화교육을 실제 적용하고 실행하는 정도가 커지고 있다. 다섯째, 평화 지향적 통일교육의 필요성을 논하는 정도는 증폭되었으나, '평화'의 개념과 범위를 둘러싼 상이한 입장들이 경합하면서 평화교육은 비균질적으로 활성화되는 경향을 띤다. 이를테면, 회복적 정의와 같은 갈등전환교육은 '평화'라는 개념을 반드시 사용하지 않으면서도 다양한 현장에서 활용된다. 반면, 사회정의와 군사주의, 군축과 같은 내용을 포괄하는 평화교육은 부분적으로 제한되거나 덜 활성화되는 경향이 있다.

　이렇듯 국내의 평화교육, 특히 학교에서 평화교육은 통일교육과 밀접하게 연결되었다. 한국 사회의 역사적 배경에서 평화교육 연구자들은 분단의 고착이 아닌 통일을 평화로 설정하기 때문에 통일역량 함양을 위한 통일교육을 평화교육으로 간주하는 경향이 있다. 평화교육에서 분단과 통일의 문제가 핵심적인 주제가 되는 것은 한반도의 평화는 가장 근본적인 구조적 폭력의 원인이자 반평화의 근원이 되는 분단을 극복함으로써만 완성될 수 있기 때문이다. 또한, 통일교육은 평화교육과 결합됨으로써 북한이해교육, 통일정책 홍보, 안보교육 등에 머무르지 않고, 사회통합과 평화·통일의 구현을 위한 새로운 삶의 가치와 사회문화의 혁신을 이끌어내는 데 기여할 수 있기 때문이다. 통일부는 2018년 8월에 『평화·통일교육: 방향과 관점』이라는 제목으로 통일교육 지침을 새로이 제시하였으며, 교육부에서도 2018년 11월에 평화와 민주시민 양성에 방점을 둔 '학교 평화·통일교육 활성화 계획'을 발표하였다.

하지만 한국의 통일교육이 제대로 된 형태의 평화교육이 되려면 몇 가지 해결해야 할 과제가 있다(앨런 스미스, 2020: 6). 첫째, 평화·통일교육의 목표로 한반도 평화의 문화 조성이 최우선적으로 설정되어 평화 지향 시민성(peace-oriented citizenship) 함양이 변화된 교육 목적으로 설정되도록 해야 한다. 그래야만 평화의 문화 조성이라는 세계적 흐름에 한반도 평화를 위한 노력이 결합하면서 평화·통일교육의 특수성이 평화교육의 보편적 개념과 접목될 수 있다. 둘째, 평화·통일교육은 통일을 이루는 데 필요한 가치와 태도를 기르는 도덕윤리 교육적 성격을 넘어서 한반도 분단 상황에 대한 비판적 사고를 도모하도록 하게 하여 글로벌 정의라는 적극적 평화를 구현하는 내용이 들어가도록 해야 한다. 즉, 한반도 평화를 포괄적이고 적극적으로 해석하여 평화 부재의 상황인 분단과 전쟁의 역사와 미래에 대한 올바른 인식과 태도를 기를 수 있도록 교육해야 한다. 이를 통해 다시는 전쟁에 의해 평화가 깨지지 않도록, 미래 세대를 준비시켜야 한다. 셋째, 유네스코 평화교육의 주요 담론인 관용·다양성·비폭력은 평화·통일교육 중점 방향으로 설정되어 북한 이해와 사회적 소수자로서 탈북민들에 대한 교육에서 핵심적으로 적용될 수 있어야 한다.

참고문헌

김강녕(2014), "평화의 개념·사상의 발전과 과제", 『평화학논총』, 4(1), 75-114.
김숙이(2002), "몬테소리의 유아교육사상: 유아교육원리와 교육방법에 대한 고찰 및 현대적 의의", 『한국교육사학』, 24(2), 133-158.
신화식(2002), "유치원 교사의 평화교육 프로그램에 대한 인지도 분석: 몬테소리 평화론을 중심으로", 『열린유아교육연구』, 7(2), 297-314.
신화식·김명희(2008), "몬테소리 교육의 재조명", 『Montessori 교육연구』, 13, 39-61.
앨런 스미스 외 2인(2020), 『한국 평화교육의 비판적 검토』, 서울: 유네스코 아시아태평양 국제이해교육원.
유성석(2008), "기독교인의 평화윤리", 『한국성결신문』, 2008년 3월 8일자.
이재봉 외 공역(2000), 『평화적 수단에 의한 평화』, 서울: 들녘.
정훈(2010), "평화교육이 지향하는 가치 내용의 탐색: Comenius를 중심으로", 『교육철학』, 47, 159-184.
조성자(2012), 『몬테소리 평화교육의 이론과 실제』, 서울: 파란마음.
조정아 외 4인(2019), 『평화교육의 실태와 쟁점』, 서울: 통일연구원.
Barlett, L. (2008), "Paulo Freire and peace education", In M. Bajai (Ed.), Encyclopedia of peace education (pp. 39-45), Charlotte: Information Age Publishing.
Ferguson, J. (1977), *War and peace in the world's religions*, London: Sheldon Press.
Freire, P. (1970), *Pedagogy of the oppressed*. New York: Continuum Press.
Galtung, J. (2008), "Form and content of peace education", In M. Bajai (Ed.), *Encyclopedia of peace education* (pp. 49-58), Charlotte: Information Age Publishing.
Harris, I. M. & Morrison, M. L. (2013), *Peace education*, 3rd ed., London: McFarland & Company.
Howlett, C. F. (1974), "A dissenting voice: John Dewey against militarism in education", *Peace and Change*, 3., 49-60.
Howlett, C., & Cohan, A. (2017), "John Dewey and the significance of peace education in American democracy", *The Journal of the Gilded Age and Progressive Era*, 16(4), 456-472.
Lord, J. W. (1968), "Inaugural papers", In H. Jack (Ed.), World religions and world peace, Boston: Beacon Press.
Navarro-Vastro, L. & Nario-Galace, J. (2010), *Peace education: A pathway to a culture of peace*, Quezon City: Center for Peace Education, Miriam College.

3장
평화교육의 다섯 가지 유형

추병완(춘천교육대학교)

평화교육은 듣기, 성찰, 문제해결, 협력, 갈등해결을 포함한 기술을 수반하는 과정인 동시에 철학이다. 이 과정은 비폭력적으로 갈등을 해결하고 지속 가능한 환경을 구축하기 위한 기술, 태도 및 지식을 사람들이 갖추게 하는 것을 포함한다. 평화교육을 철학으로 언급하는 것은 이 분야의 규범적 측면과 행동 지향성을 강조한다(Harris & Morrison, 2013: 11). 해리스와 모리슨(Harris & Morrison, 2013: 34)은 평화교육이 평화의 개념을 풍부하게 파악하기, 공포를 다루기, 안보에 관한 정보를 제공하기, 전쟁 행위를 이해하기, 문화 간 이해를 증진하기, 미래 지향성을 갖기, 과정으로서 평화를 가르치기, 사회정의를 수반하는 평화 개념을 정립하기, 생명 존중을 자극하기, 갈등을 비폭력적으로 관리하기와 같은 10가지 주요 목적을 포함해야 하고, 이들 목적은 평화교육의 철학과 과정을 모두 포함한다고 말한다.

20세기 동안 핵무기, 종족 근절, 홀로코스트, 환경 피해로 인한 대규모의 살육에 대한 반응으로 진보적인 교육자들은 폭력적인 갈등의 파괴력에 관한 정보와 평화를 위한 전략을 제공하는 일군의 평화교육 이론을 개발하였다. 평화교육자들은 폭력의 문제를 지적하고, 그러한 문제를 다룰 수 있는 전략에 관해 학생들을 교육하여, 학생들이 폭력적인 갈등으로 이어질 수 있는 상황을 시정할 수 있는 역량을 갖추게 한다. 학교와 지역사회에서 그들은 평화교육의 세 가지 핵심 가치인 지구 관리(planetary stewardship), 세계 시민성, 인간적인 관계의 가치를 학생들에게 전달한다(Harris, 2004: 5). 지구 관리 개념은 우리가 지구를 보살피는 관리자라는 생태학적 개념에 근거한다. 세계 시민성은 지구적 정의, 해외 원조, 환경위기, 인권과 평화 등 인류 공동의 과제 해결에 적극적으로 참여하려는 세계 시민으로서 자질과 역량을 의미한다. 인간적인 관계는 모든 살아 있는 존재의 타고난 존엄성을 인정하고 존중하는 것을 뜻한다.

처음에 전쟁의 원인과 그 예방에 관한 연구로 시작했던 평화교육은 그 이후 모든 징후에서 폭력을 연구하고 구조적·국제적 차원에서 평화 체제의 창설을 통해 전쟁 체제에 대응하기 위한 교육으로 발전해 왔다(Ardizonni, 2003: 430). 평화교육 프로그램과 그 프로그램이 적용되는 맥락이 매우 다양하므로, 평화교육의 개념을 정의하는 것에 상당한 논란이 발생한다. 각 국가나 지역마다 다른 것에 초점을 맞추지만, 공통으로 세상을 어떤 방식으로든 더 나은 곳으로 만들려고 한다. 평화교육 프로그램의 초점은 그 지역에 가장 심각하게 영향을 미치는 폭력과 부정의의 문제 및 그 수준에 달려 있다.

<표 6> 평화교육과 관련된 교육 유형

교육 유형	초점
군비 축소	• 군사화 및 국가 주권의 장단점 평가 • 대안적인 안보 체제, 인간 안보
갈등해결	• 비폭력적인 갈등해결 • 더 큰 사회적 갈등과 화해 • 대인관계 갈등에서 행동 변화
시민성	• 사회에 참여할 준비 • 좋은 시민 양성: 정부 과정 이해 및 전통적 가치에 대한 충성심 함양 • 문제해결 관점에서 사회에 참여하려는 비판적 책임감
다문화	• 관용, 차이 존중, 다양한 세계관 이해 • 민족이나 종교에 근거한 인종 차별 및 억압의 역사
세계	• 국제 관계 및 그것의 영향 • 세계 사건의 국내 파급력 및 국내 사건의 세계 파급력 • 대안적인 세계관과 비판적인 자기 성찰 • 지구 의식의 건강
도덕	• 전통적으로 인본주의나 종교적 규범과 연결됨 • 배려 윤리 관점에서 사람들을 배려 관계에 관여하는 것을 목표로 함 • 도덕적 추론 능력 향상
인권	• 국제 인권법 • 인권 침해의 실상과 원인
환경	• 인간과 환경의 관계 • 각 부분이 상호 의존하는 살아 있는 체계로서 지구
발전	• 삶의 질에 영향을 주는 사회적·국제적 구조에 대한 비판적 조사 • 지구 수준에서 기본 욕구 충족
지속 가능성	• 체계적인 거주 세계에 대한 개인적, 조직적, 사회적 분석 • 건강하고, 내구력 있고, 지속 가능한 세계 구축

여기서는 학교의 안팎에서 나타나는 폭력의 여러 형태를 다루려는 이 새로운 교육 개혁의 이론적 근거를 살펴보고자 한다. 이론은 실천을 안내하는 일군의 원칙이나 신념이다. 평화교육은 평화 실천과 역동적인 관계를 맺고 있다. 평화교육에 관한 여러 이론은 평화운동 활동가들이 세계, 생태,

지역사회, 개인 수준에서 폭력의 여러 형태를 다루고자 노력하면서 등장하였다. 여기서는 평화교육의 5가지 이론을 제시하고, 5가지 유형의 평화교육이 토대로 삼는 가정이 무엇인지를 검토할 것이다. 국제교육, 인권교육, 개발교육, 환경교육, 갈등해결교육은 폭력의 다른 유형을 설명하고, 폭력에 대한 대안에 관한 정보를 제공한다는 점에서 공통점이 있다. 하지만 평화교육이 다루는 내용은 맥락에 따라 상이하다. 여기서는 평화교육에 대한 여러 접근법의 역사적 뿌리와 목표를 검토하고, 평화를 실현하려는 여러 교육적 전략 이면에 놓인 기본 가정을 서술할 것이다.

평화교육은 평화에 관한 교사의 가르침을 언급한다. 즉, 평화교육은 평화가 무엇이고, 평화가 존재하지 않는 이유, 평화를 실현하는 방법에 관한 교사의 가르침을 의미한다. 평화교육은 평화를 실현하는 것, 비폭력 기술을 함양하는 것, 평화적인 태도를 증진하는 것에 관하여 교육하는 것을 포함한다. 평화교육학자인 해리스에 따르면, 평화교육은 5가지의 중요하면서도 자명한 원리를 갖고 있다(Harris, 2004: 6-8).

첫째, 평화교육은 폭력의 뿌리를 설명한다.
둘째, 평화교육은 폭력에 대한 대안을 가르친다.
셋째, 평화교육은 폭력의 여러 형태를 다루도록 조정한다.
넷째, 평화 그 자체는 맥락에 따라 달라지는 하나의 과정이다.
다섯째, 갈등은 동시에 어디에나 존재한다.

첫 번째 원리는 폭력의 위험에 대해 경고하는 명쾌한 목소리의 역할을 한다. 이 원리에 따라서 평화교육 수업에서 학생들은 적의 이미지를 해체하기 위해 '타자'에 대해 배운다. 두 번째 원리는 첫 번째 원리에서 강조한

폭력의 문제를 다루는 데 사용될 수 있는 여러 가지 평화 전략을 제시한다. 평화교육자는 폭력 수준을 감소시키기 위해 사용될 수 있는 타협, 화해, 비폭력 투쟁, 조약과 법규의 사용과 같은 평화 공정(peace processes)을 가르친다. 세 번째 원리는 평화교육이 다루는 폭력의 유형에 따라서 평화교육의 강조점이 달라진다는 의미에서 평화교육의 역동적인 특징을 설명한다. 네 번째 원리는 평화교육의 이론과 실천이 특정한 문화적 규범 속에 자리를 잡게 한다. 다섯 번째 원리는 평화교육자는 갈등을 억압하거나 제거하는 것이 아니라, 학생들에게 갈등을 관리하는 유용한 기술을 제공할 수 있다는 사실을 말한다. 첫 번째와 두 번째 원리는 평화교육의 사명이 무엇인지를 밝혀주고, 세 번째와 네 번째 원리는 평화교육자가 다룰 주제의 다양성을 함의한다. 예를 들어, 20세기 초반에 미국의 평화교육자들은 전쟁의 위험을 교실에서 제시하고, 국제 연맹과 같은 국제 제도를 찬성하는 논리를 펼쳤다. 20세기 말에 평화교육자들은 아동이 약물 남용, 성적 괴롭힘, 가정 폭력의 위험을 피하도록 돕기 위해 폭력 예방 교육을 실시했다. 평화교육은 나라마다 실천 방식이 다른데 그 이유는 사람들이 평화에 대해 다른 이해를 하고 있기 때문이다.

평화는 문화마다 의미가 다를 뿐만 아니라, 평화로운 과정이 적용되는 영역에 대한 함축도 다르다. 예를 들어, 내적 평화와 외적 평화는 차이가 난다. 내적 평화는 존재 상태와 타자에 대한 사고(예: 타자에 대한 존경심을 갖는 것)에 관련되지만, 외적 평화 과정은 자연환경, 문화, 국제 관계, 시민 공동체, 가족, 개인에 적용된다. 이러한 각 영역 안에서 외적 평화는 다른 의미를 나타낸다. 국제적 영역에서 외적 평화는 평화 협정, 정전 명령이나 힘의 균형으로 해석될 수 있다. 사회학자들은 비폭력을 정당화하는 문화적 규범을 연구하고, 폭력을 규탄한다. 상호문화적인 평화는 신앙 간 대화, 다문화적 커뮤니케이션 등을 포함한다. 시민 사회 안에서의 평화는 완전 고용, 살 수 있는 집, 건강 보호에 대한 즉각적인 접근, 양질의 교육을 이수할 기회, 공정한 법적 조처에 좌우된다. 대인 간 갈등에 관심이 있는 심리학자들은 차이를 해결하는 데 사용되는 긍정적인 대인관계적 커뮤니케이션 기술에 대한 인식을 제공한다. 환경주의자들은 수천 년 동안 토착 문화가 사용해 왔던 지속 가능한 실천을 지시한다.

다섯 번째 원리는 인간의 삶에서 갈등이 가진 복잡한 역할을 생각나게 한다. 갈등은 개인 수준과 사회 수준 모두에 존재한다. 사회학자들은 갈등이 사회 변화에 필수적인 요인임을 강조하였다. 다렌도르프(Dahrendorf, 1959)와 같은 일부 사회 이론 연구자들은 사회적 갈등은 사회 조직과 구조의 본질에 내재하므로 갈등해결은 하나의 신화라고 믿었다. 평화교육자들은 갈등의 가치와 위험 모두를 지적한다. 방치된 갈등은 1994년 르완다에서 발생한 것처럼 커다란 재앙이 될 수 있지만, 비폭력적으로 관리된 갈등은 1948년 인도에서 행해진 간디의 소금 행진 사례처럼 성장과 긍정적인 변화의 원천이 될 수 있다.

평화교육자들은 다른 사회적 상황에서 폭력의 여러 형태를 다루고자 시도하기 때문에 평화교육은 다른 모습을 보인다. 히로시마와 나가사키에 투하된 원자폭탄의 파괴적인 효과에 대한 우려 때문에 1950년대에 일본의 교사들은 현지에서 폭탄이 없는 교육(Abomb education)으로 알려졌던 평화교육을 위한 캠페인을 주도하였다. 높은 수준의 빈곤이 폭력을 유발하는 남반부 국가들에서 평화교육은 발전교육(development education)으로 종종 언급되는데, 이를 통해 학생들은 구조적 폭력의 문제를 다루기 위한 여러 전략에 관해 배운다. 수백 년 동안 지속되어 온 적대 관계를 없애기 위해 가톨릭과 프로테스탄트가 교육적 전략을 사용하는 아일랜드에서 평화교육은 상호 이해를 위한 교육으로 정의된다. 해리슨과 모리스(harrison & Morrison, 2013: 70)은 평화교육의 유형을 다음과 같은 다섯 가지로 제시한다.

① 국제교육(international education)

평화교육은 전쟁에 관한 우려에서 비롯하였다. 20세기 초반에 유럽인과 미국인은 평화학회를 조직하여 궁극적으로 1차 세계대전으로 이어졌던 무력을 내세운 위협(sabre rattling)에 반대하여 정부에 로비 운동을 하였다. 1912년에 미국의 학교 평화 연맹(School Peace League)은 거의 모든 주에 지회를 둔 가운데 학교를 통해 국제정의와 우애에 관한 관심을 증진하려는 시도를 하였다. 1차 세계대전과 2차 세계대전 사이의 기간에 사회과 교사들은 학생들이 외국과의 전쟁을 수행하는 것을 바라지 않도록 만들기 위해 국제 관계를 가르치는 활동을 시작하였다.

이러한 유형의 평화교육은 코메니우스(Comenius)의 연구에 근거한 것이다. 17세기 체코의 교육자인 코메니우스는 30년에 걸친 종교전쟁을 바탕으로 인류 전체의 평화를 염원하고 이를 위한 교육을 중시하였다. 근대국가에서는 국가에 대한 충성심의 양성에 치중하여 국가 간의 대립 속에서 평화교육보다는 전의고양(戰意高揚)을 촉진하는 교육이 진행되었다. 코메니우스는 평화로 가는 길은 보편적으로 공유된 지식을 통해서 가능하다고 주장했다. 이것은 교육이 평화의 비결이라는 것, 즉 타인에 관한 이해와 공유된 가치가 갈등으로 치닫는 적대 행위를 극복하게 해 줄 것이라는 사실을 가정한다. 여기서 강조점은 시민의 마음속에 평화로운 행동에 기여할 관용의 관점을 계발하도록 다른 문화에 관해 가르치는 것에 있다. 그 시기의 많은 교육자는 학교가 진실을 희생하면서 학생들에게 민족주의를 주입하여 전쟁을 권장하고 전쟁을 가능하게 했다는 사실을 확신하고 있었다. 평화교육자들은 진보주의 교육 개혁에 기여하였다. 진보주의 교육 개혁에서 학교는 학생들이 문제를 해결하도록 교육하여 사회 진보를 증진하기 위한 하나의 수단으로 여겨졌다.

2차 세계대전의 공포는 세계 시민성을 위한 교육에 대한 새로운 관심을 조성하였다. 리드(Read, 1949)는 사람들이 평화를 촉진하도록 동기를 부여하는 이미지를 제공하는 것을 돕기 위해 예술과 평화교육을 결합할 것을 촉구하였다. 그는 인간이 파괴적인 폭력의 함정에서 벗어나는데 인간의 창의적인 역량을 활용할 수 있다고 주장하였다. 1960~1970년대 동안 베트남 전쟁에 관심을 가졌던 학자들은 대학 캠퍼스에서 토론회를 열었고, 일부 대학에서는 이것을 제국주의에 특별하게 초점을 맞춘 평화연구 프로그램으로 전환하였다. 1980년대에 핵전쟁의 위협은 전 세계의 교육자들이 임박한 참화에 대해 경고하도록 자극하였다. 핵무기에 의한 인류 절멸의 우려는 대학 캠퍼스에 평화연구 강좌 개설을 이끌었고, 산업화 된 북반구 국가의 초등 및 중등학교에서 평화로운 갈등해결 프로그램을 가르치는 데 충실한 교육과정의 증식으로 이어졌다. 이러한 평화운동 물결의 창시자인 리어든(Reardon)은 평화교육의 전반적인 목적은 우리가 세계 시민으로서 기능할 수 있도록 해 주는 참된 지구 의식의 발달을 마련하고, 현재의 인간 조건을 만들어 낸 사회 구조와 사고방식의 변화를 통해 현재의 인간 조건을 변혁하는 것이라고 주장하였다(Reardon, 1988: x).

히터(Heater, 1984)는 영토를 둘러싼 전쟁으로 흔히 귀결되는 국제적인 국가 간 체제를 학생들이 이해할 수 있게 하는 것이 평화연구에서 매우 중요하다는 사실을 지적했다. 세계 평화교육자들은 국민국가가 자국의 시민을 위한 안전을 구축하는 방식에 관한 이해를 제공하였다. 이러한 유형의 평화교육은 세계 질서 연구라고도 알려져 있다. 21세기 초에 그것은 세계화의 긍정적인 측면과 부정적인 측면을 학생들이 이해하도록 돕는 것을 포함하였다. 3가지 유형의 세계화, 즉 초국적 기업을 특징으로 하는 경제적 세계화, 환경 문제와 같은 공동 문제해결을 위한 정부 간의 협력을 특징으로 하는 공공질서의 세계화, 그린피스와 같은 민초 조직의 캠페인을 특징으로 하는 대중적 세계화가 존재한다. 세계화가 진행되고 있고, 세계화를 되돌릴 수 없다는 것이 엄연한 현실이다. 평화교육자들은 세계화가 더 많은 사람에게 이득이 될 수 있도록 보장하기 위해 모든 당사자를 결합하는 방식이 무엇인지를 탐구해야만 한다(Harris, 2004: 9).

국제교육은 하나의 다양한 분야이다. 이 분야의 일부 연구자들은 국가 간의 갈등을 판결할 수 있는 법률과 법원을 갖춘 연방 세계 국가를 만드는 것을 모색한다. 다른 연구자들은 세계 경제를 구조화하는 대안적인 방식을 모색한다. 이들은 부채가 구조적 폭력의 어려운 조건과 분투하고 있는 개도국을 더 빈곤하지 않게 하는 세계 경제를 모색한다. 이러한 세계 평화 운동 시도에 관여하는 교육자들은 세계 제도가 집단 안전을 제공하는 방법에 관해 가르친다.

평화에 대한 이러한 접근법은 전 세계에 걸쳐서 평화교육 시도를 요구하고 그것을 지원해 왔던 국제연합 체제로부터 상당한 지원을 받았다. 이를테면 1975년 유네스코의 '세계 교육 정책을 위한 목적 진술'은 다음의 내용을 포함하였다.

모든 교육 수준에서 국제적 차원: 모든 사람, 그들의 문화와 가치, 생활방식에 관한 이해와 존중, 문화를 가로질러 소통하는 인간 및 국가의 능력 간의 상호 의존성, 국가적·국제적 수준에서의 문제에 대한 개인의 비판적 이해가 가능하게 하는 것(Deutsch UNESCO Kommission, 1975: 8).

이러한 지침을 따르는 교사들은 학생들의 마음속에 세계 정체성과 지구를 둘러싼 문제에 대한 인식을 자극하고자 노력한다. 그들은 학생들이 평화를 위해 분투하는 전 세계의 사람들과 자신을 동일시하는 자비심이 풍부한 세계 시민으로 자신을 생각하기를 바란다. 평화교육 수업에서 교사는 시민의 안전을 제공하고 국익 보호를 위해 정부가 군사력에 상당한 자원을 쏟아붓는 곳에서 갈등해결에 대한 힘 접근법의 가치를 평가한다. 평화에 대한 이러한 접근법은 폭력을 중지시키거나 국익을 보호하기 위한 힘에 의존한다. 국제 평화교육자들은 국제연합과 같은 법과 제도가 전쟁의 공포를 피하도록 어떻게 도울 수 있는지 그리고 어떻게 도와 왔는지에 대해 가르친다(Harris, 2004: 10).

최근에 전쟁은 국가 간에서 국가 내로 이동하고 있다. 경쟁 분야의 통제를 위해 서로 경쟁 중인 민족 집단들이 대량 살상을 서슴지 않는 싸움을 벌이는 중이다. 이러한 갈등에서 인권의 문제는 힘을 통한 평화에 근거한 정부 정책과 뒤얽혀 있다. 군사력을 사용하는 정치 지도자들은 소수자의 권리를 보호하는 테러리스트를 제지할 수 있는가? 무장 개입의 필연성을 피하는 다자간 평화 협정에 어떻게 도달할 수 있는가?

2 인권교육

인권에 관한 관심은 폭력적인 문화에서 성장한 시민의 상처를 치유하기 위한 시도로서 폭력의 시민적·국내적·문화적·민족적 형태를 다루는 국제 사법 재판소와 같은 국제 조직을 설립하려는 20세기 동안의 시도에서 나온 것이다. 평화교육의 이러한 국면은 글자 그대로 및 폭넓은 해석을 담는다. 이러한 전통에 속하는 평화교육자들은 '인권에 관한 보편적 선언'을 지침으로 삼는다. '인권에 관한 보편적 선언'은 경제적·사회적·정치적 정의를 실현하기 위해 추구해야 할 가치에 대한 진술을 제공한다(Harris, 2004: 10-11).

인권에 관한 여러 진술은 자연법 개념에서 파생한 것이다. 좁은 의미로 해석할 경우, 인권에 관한 연구는 조약, 세계 제도, 국내 법원, 국제 법원에 관한 연구이다. 평화에 대한 이러한 접근법은 칸트의 영구평화 이론에 기반을 둔다. 칸트는 법원, 재판, 감옥에 근거하여 견제와 균형을 갖춘 법률 체제를 구축하여 시민의 폭력을 조정할 수 있다고 생각하였다. 평화에 대한 이러한 접근법은 정의를 통한 평화로 알려져 있고, 인간은 서로를 공정하게 대우할 수 있는 법을 제정할 능력을 소유한 합리적인 존재라는 생각에 근거한다. 정치적 신념 때문에 자국 정부로부터 박해를 당하는 사람은 자신의 대의에 대한 지지를 얻기 위해 국제법 조항에 호소할 수 있다. 권리의 남용과 그러한 남용을 제거하려는 분투는 많은 폭력적 갈등의 중심에 자리를 잡고 있다. 인권 법령은 젠더, 장애, 성적 지향에 근거한 차별에 반대할 권리를 보장한다.

인권교육은 모든 인간의 기본적인 존엄성을 존중하는 방식에서 폭넓게 해석된다. 그러므로 평화교육의 이러한 측면은 집단 간의 고정관념과 적대 행위를 감소시키는 것을 목표로 삼는 다문화적 이해라는 하나의 목표를 갖고 있다. 리어든(Reardon, 1997: 27)이 비판한 바와 같이, 교차 문화적 무지 및 그것이 유지되고 악화되는 것을 돕는 적대 행위는 다문화교육이 평화를 위한 교육의 본질적인 요소가 되어야 한다는 것을 강력하게 주장한다. 팔레스타인과 이스라엘을 비롯하여 사람들이 민족적·종교적·인종적 증오를 변혁하려는 시도를 하는 곳에서 이러한 유형의 교육은 적대적인 마인드세트를 제거하기를 희망한다. 이것은 적 이미지를 제거하기 위해 고정관념에 도전하는 것 그리고 다른 집단에 대한 지각 및 다른 집단과 관계하는 방식을 바꾸는 것에 의해 가능해진다.

평화교육에 대한 이러한 접근법은 타인을 적으로 규정하려는 경향성 그리고 타인에게 반대하고 타인을 배제하려는 경향성에 관심을 보인다. 여기서 갈등은 정체성에 기반을 둔 것이다. 사람들은 자신과는 다른 집단에 속한 타인을 증오하고 적이라고 여긴다. 이러한 상황에서 평화교육자는 적이미지를 공통의 유산에 관한 이해로 대체하고, 다룰 수 없는 갈등에서 범했던 잔인함에 관한 마비와 부정의 과정을 돌파한다. 그들은 공통의 이해를 탐색하는 대화에 갈등 집단의 성원들을 참여시켜서 민족적·종교적 증오를 감소시킬 것을 희망한다. 목표는 타인을 수용하는 것, 모든 인간에게 내재하는 타고난 인간성을 존중하는 것, 나와는 다른 사회 집단에 속한 타인을 보살피려는 성향을 갖는 것이다.

중국, 미얀마, 르완다와 같은 국가에서 인권 남용에 관한 연구는 학생들이 폭력의 문제에 관한 국제적인 안목을 발달시키는 데 도움을 준다. 국제 비정부 조직은 국가에 의해 탄압을 받는 사람들의 인권 보호에 도움을 주고, 여러 평화운동에 교차하는 연대감의 공동체를 구축하는 데 도움을 준다. 국제 비정부 조직은 탄압을 받는 사람의 권리를 지원하려고 폭력적인 갈등의 중간에 개입한다. 평화교육자들은 세계의 먼 곳에서 벌어지는 이러한 분투에 관해 가르칠 수 있을 뿐만 아니라 학생들이 그들의 학교 공동체 안에서 소수 집단이나 또는 소수 집단의 권리에 초점을 맞추게 할 수 있다.

3 발전교육

20세기의 마지막 10년 동안 남반부 국가에서의 저개발에 대한 우려는 인권의 보호를 억압하는, 불공평한 경제 발전을 이끄는, 환경의 본래 모습을 파괴하는 구조적 요인을 조사하는 여러 유형의 평화교육 접근법의 생성으로 이어졌다. 지적 탐구의 진지한 분야로서 평화연구는 1960년대 노르웨이의 갈퉁의 주도로 시작되었다. 갈퉁은 소극적 평화와 적극적 평화를 구분하였다. 소극적 평화에서 전쟁을 피하거나 폭력을 중지하는 것은 직접적이고 개인적인 폭력의 부재를 의미한다. 적극적 평화는 비폭력, 생태적 지속 가능성, 사회 정의가 폭력의 근원을 제거하는 상태를 의미한다. 적극적 평화는 개인들이 일련의 신념을 채택하는 것 그리고 자원의 공평한 분배와 평화로운 갈등해결을 제공하는 사회 제도의 현존을 필요로 한다. 갈퉁은 구조적 폭력, 자원의 불공평한 거부가 폭력의 원인이 되는 방식을 지적한다. 그는 평화 연구의 분야를 전쟁으로 이어지는 국가 간 체제에 관한 연구를 넘어서서 문화적 폭력, 인권과 개발에 관한 연구로까지 확장하였다.

동시에 브라질의 교육학자인 프레이리(Freire, 1970)는 사람들이 자신에 대한 억압의 원인을 다룰 수 있도록 도와주는 교육 방법론을 개발하였다. 그는 인간이 완전히 자유롭게 되기 위해서는 압제 조건을 극복하는 방법을 이해할 필요가 있다고 주장하였다. 이러한 이해 혹은 의식화(conscientization) 과정은 구조적 폭력의 여러 형태를 연구하는 것, 비폭력적 대안을 개발하는 것, 폭력의 황폐함을 감소할 수 있는 사회 제도를 발전시키기 위한 행동을 취하는 것으로 이끌어 준다. 프레이리는 인간이 정의롭고 민주적인 사회에서 자유를 실현하도록 도와주는 인간의 사랑을 위한 역량을 칭송했다. 그는 올바른 유형의 교육이 사람들을 구조적 폭력에서 벗어날 수 있게 한다고 보았다.

평화교육자들은 학생들에게 구조적 폭력의 여러 국면을 이해하기 위한 통찰력을 부여하기 위해 발전연구를 사용한다. 이때 평화교육자는 지배와 압제를 위한 위계와 성향을 가진 사회 제도에 초점을 맞춘다. 평화교육 수업에서 학생들은 빈곤층의 곤경에 대해 배우고, 구조적 폭력의 문제를 다루기 위한 개발 전략을 구성한다. 목표는 세계의 자원을 공평하게 나누는 데 관심이 있는 민주적 시민을 육성하여 평화로운 공동체를 건설하는 것이다. 이러한 형태의 평화교육은 인간 공동체를 개선하기 위해 비폭력을 활용하는 평화 구축 전략을 가르친다.

발전교육자들은 근대화로의 쇄도 및 그것이 인간 공동체에 미치는 영향을 우려한다. 보통 사람을 무지하다고 여기는 조합적 엘리트가 부과하는 하향식의 개발 전략을 장려하기보다는 평화교육자들은 개발 도식을 계획, 실행, 통제하는데 가난한 사람들의 참여를 높이고자 한다. 그들은 자원을 엘리트에 의해 통제되는 것이 아니라 공평하게 통제는 것이라고 본다. 평화교육자들은 사람들이 부정의에 맞서 싸우도록 동기를 부여하는 적극적 평화의 비전을 장려한다. 평화교육에 대한 이 접근법은 사회 정의 개념에 근거하고 있으므로 상당히 논쟁적이다.

평화교육자는 수천 년 동안 서양을 점유했던 개발의 지배적인 유형을 문제 삼는다. 그들은 선진 자본주의 경제 질서가 만들어낸 빈곤과 비참함을 비난한다. 그 경제 질서에서는 지상의 대다수 사람의 고통으로부터 이득을 얻는 소수의 엘리트가 존재한다. 그들은 평화로 향하는 길은 사람들을 운동으로 동원하는 것부터 인권과 환경을 보호하는 것까지다. 킹 목사와 간디, 그리고 비폭력 활동가로부터 고무된 평화교육자들은 폭력을 유발하는 사회적 조건에 대한 장기적인 해결 방안을 모색한다(Harris, 2004: 13).

4 환경교육

　역사적으로 전쟁의 위험에 관심을 가졌던 평화교육자들은 환경 위기를 무시하였다. 지구 온난화, 급격한 종 소멸, 오염의 부작용이 증가하면서 평화교육자들은 외부 위협에서 자국민을 보호하는 군사적 안전에 대해서만 말하고 있다는 것을 깨달았다. 그래서 그들은 인간이 보호를 받고 양육되는 곳에서의 생태적 안보에 근거한 평화 개념을 증진하는 것이 필수적임을 인식했다(Harris, 2004: 13).

　바우어스(Bowers, 1993)는 자연환경이 환경 약탈의 결과를 고려하지 않은 채 인간 마음대로 사용할 수 있는 무한한 자원이라고 가정하는 서구의 진보 개념에 대해 신랄한 비판을 가하였다. 합리적인 문제해결 양식에 근거한 과학적 성장은 많은 피조물이 소멸되어 사라지는 손상을 입은 지구를 만들어내었다. 우주의 중심에 자율적인 개인이 존재한다는 인간중심주의 문화 대신에, 자연 체계의 파괴로 유발된 폭력의 문제를 우려한 교사들은 자연 세계를 파괴하는 것이 아니라 존중하도록 권면하는 전통적인 토착 문화의 중요한 가치를 인정하는 생활방식을 장려한다. 환경적 평화교육은 자연 자원의 착취에 근거한 무제한적인 소비자 문화보다는 생태학적으로 건전한 대중의 관행에 더 많은 강조점을 둔다(Harris & Morrison, 2013: 72).

　환경적 평화교육의 목표는 환경 이해를 가르치는 것을 포함한다. 평화를 읽고 쓸 줄 아는 사람은 지구의 곤경, 지구의 사회적·생태적 문제를 인식할 수 있고, 그것에 관해 어떤 것을 실천할 공약을 갖고 있다. 환경 리터러시는 환경에 관해 읽는 능력 이상의 것이다. 그것은 장소 정신 의식을 발달시키는 것을 포함한다. 이러한 장소감은 각 장소를 분별하고, 한 장소를 특별하고 기억할 수 있는 것으로 만든다. 그러므로 환경교육에서 학생들은 보살핌의 감정과 자연 세계의 웰빙에 대한 관심을 발전시킨다.

환경 파괴를 우려하는 평화교육자들은 보존, 적절한 기술, 환경 리터러시에 관해 가르친다. 그들은 도쿄 의정서와 같은 조약의 역할을 강조한다. 해답은 지속 가능한 개발에 있다는 많은 주장은 다음과 같이 표현된다(Ahearn, 1994: 121).

지속 가능한 발전은 정책과 관행이 인간의 물질적 욕구(신체적 필요)와 비물질적 욕구(깨끗한 환경에의 접근, 정치적·영적 자유, 의미 있는 일, 좋은 건강)를 충족하고자 마련된 사회 변화의 과정이다. 이러한 맥락에서 사회 변화는 사회가 의존해 있는 자원 기반을 희생해서 발생해서는 안 된다.

환경에 관한 연구는 자연과 인간 세계가 상호 관련된 방식에 관한 홀리스틱(holistic) 사고로 이어진다. 그러한 연구는 환경에 대한 기본 지식을 담고 있고, 자연 자원을 보호하는 것에 대한 강한 개인적 확신을 발달시키고, 자연자원을 보존하는 역동적인 경험을 제공한다. 평화교육자들은 학생들이 놓여 있는 거주지의 보전을 강조하기도 한다. 이때 환경교육자는 생명 지역주의의 중요성을 설명한다. 특정한 종교의 사람들이 그 종교의 힘 안에서 존재하는 것을 일컬어 생명 지역주의라고 부른다. 예를 들어, 중동에 거주하는 사람들은 선진국의 대기업에 의존하지 않고 자기 지역의 장점을 살리는 것을 배울 수 있다(Harris, 2004: 14).

5 갈등해결교육

갈등해결교육자들은 포스트모던한 세계에서 생존에 필수적인 기본적인 커뮤니케이션 기술을 제공한다. 평화교육에 대한 이 접근법은 몬테소리(Montessori, 1974)의 연구에 근거한다. 몬테소리는 학교는 건강한 가족의 양육 특징을 반영해야만 한다고 주장하였다. 몬테소리는 2개의 세계대전 사이 기간에 유럽 전역을 여행하면서 교사들이 권위주의적인 교수법을 버리고, 그것을 학생들이 공부할 것을 선택할 수 있는 구조화된 교육과정으로 대체해야 한다고 촉구하였다. 몬테소리는 권위주의적인 교사를 자동적으로 따르지 않는 아이는 전쟁을 독려하는 독재자를 반드시 따르지 않을 것이라고 추론하였다. 몬테소리는 평화 건설은 아동의 정신을 자유롭게 하고, 타인에 대한 사랑을 증진하며, 강제적인 제한 풍토를 제거하는 교육에 달려 있다고 보았다. 몬테소리는 이탈리아의 빈민가에 학교를 세웠고, 그것에서 교사는 극단적인 빈곤의 한 가운데서 학생이 번영하도록 돕기 위해 사랑의 능력을 활용하도록 권장되었다. 평화교육 수업에서 가르쳐져야만 하는 것을 강조한 다른 평화교육자들과는 다르게 몬테소리는 평화로운 세계를 세우는 데 기여할 수 있는 교사의 방법이나 교수법을 강조하였다(Harris, 2004: 14).

학교에서 갈등해결교육은 베트남 전쟁 기간에 시작되었다. 1974년에 뉴욕의 공동체 갈등에 관한 퀘이커 프로젝트(the Quaker Project on Community Conflict)는 '작은 지구를 위한 우호적인 교실'을 출판하였다. 이것은 학생이 자존감을 계발하고, 공동체를 구축하며, 창조적인 갈등해결 기술을 습득하길 바라는 유아 교사를 위한 교육과정이다. 그 이후로 이 교육과정은 25쇄나 팔렸고, 7개 국가의 언어로 번역되었다. 그것은 엘살바도르를 비롯한 여러 나라에서 활용되고 있다. 1쇄의 서문은 그것의 철학을 요약하고, 초등학교에서 많은 현대 평화교육 프로그램의 목표를 진술한다.

우리의 특별한 프로그램은 교실에서 3가지 목표를 갖고 있다. 첫째, 아동이 열린 커뮤니케이션을 할 수 있고 바라는 공동체를 향한 성장을 촉진한다. 둘째, 아동이 인간의 감정의 본질에 대한 통찰력을 갖고 자신의 감정을 공유하도록 도와준다. 셋째, 학생들이 문제에 반응하고 갈등을 예방하거나 해결하는 것을 시작할 수 있는 고유한 개인적 방식을 학생들과 함께 탐색한다(Prutzman et al., 1988, p. vii).

이 교육과정은 학생들에게 열린, 공유하는 협동적인 학생이 되는 것을 가르치는 것을 통해 어린 학생의 심리 안에 있는 갈등의 뿌리를 다루려고 시도한다. 갈등해결교육은 개인이 갈등 역학을 이해하도록 도울 수 있고, 평화로운 관계를 관리하기 위한 커뮤니케이션 기술을 사용할 수 있게 도와준다. 여기서 초점은 논쟁 당사자 두 사람이 제3자의 도움으로 그들의 차이를 해결하도록 돕는 대인관계적 관계와 체제에 맞추어져 있다. 미국의 학교 가운데 대략 10%가 모종의 또래 중재 프로그램을 운영한다.

갈등해결교육자는 분노 관리, 충동 통제, 정서적 인식, 공감 계발, 단호함, 문제해결과 같은 인간관계 기술을 아이들에게 가르친다. 미국에서 갈등해결교육을 실행한 결과 연구에 의하면, 갈등해결교육은 학교 풍토, 학업 성취에 긍정적인 영향을 준다. 연구 결과는 공격성, 폭력, 낙제 비율, 학생 정학, 괴롭힘 행동의 저하를 보고하였다. 갈등해결교육 결과는 학업 수행 개선, 협동 증가, 학교에 대한 긍정적 태도를 포함한다(Harris, 2004: 15).

평화교육에 대한 이 접근법의 최근 변화는 폭력예방교육이다. 이것의 목표는 분노가 긍정적으로 다루어질 수 있는 정상적인 정서라는 것을 학생들이 이해하게 하는 데 있다. 더 큰 문화에서 학습한 적대 행동에 맞서기 위해 평화교육자들은 분노 관리 기술을 가르친다. 분노 관리 기술은 학생들이 학교에서 싸움을 피하고, 그들의 즉각적인 삶에서 성난 논쟁을 해결하는 것을 돕는다. 매스 미디어에서 폭력의 문화적 이미지는 폭력적인 가정에서 자란 많은 아이에게 혼란스럽고 호기심을 자아낸다. 그들은 유색 인종 공동체에 특히 부정적인 영향을 준다. 폭력예방교육은 학생들에게 싸우는 것에 대한 대안을 제공하는 것이다. 폭력예방교육을 사용하는 평화교육자들은 학생들이 분노를 관리하는 방법, 가해자나 피해자가 되는 것을 피하기 위해 단호해지는 방법을 가르친다.

갈등해결교육은 학생들의 폭력에 관심을 갖는다. 이러한 유형의 평화교육에서 강조점은 안전한 학교를 만드는 데 있다. 학생들이 조정자가 되도록 가르치는 것은 논쟁자들이 상호 수용할 수 있는 타협에 도달하고, 서로를 지배하지 않는 협동적인 맥락을 만드는 것을 포함한다. 학생들은 학교에서 이러한 역할을 이행하기 위해 분노 관리, 사회적 관점채택, 의사결정, 사회적 문제해결, 또래 타협, 갈등 관리, 다양성 존중, 사회적 저항 기술, 능동적 청취, 효과적인 의사소통에서 공식적인 훈련을 받아야 한다. 갈등해결교육은 학생들에게 조정 기술을 가르친다. 학생들은 이 기술을 대인관계 갈등을 관리하는 데 사용할 수 있다.

지금까지 살펴본 평화교육에 대한 5가지 접근법은 상호 배타적이지 않다. 사실 5가지 접근법은 서로를 보완할 수 있다. 그러므로 아마존의 열대 우림 파괴를 우려하는 교사는 그곳에 사는 토착민들의 권리, 살기 위해 나무를 베어야 하는 사람들의 구조적 빈곤의 문제에 관해 가르칠 수 있다. 교사는 이러한 문제를 정치 지도자와 관련 기관이 인식할 수 있게 하는 데서 국제 비정부 조직의 역할을 지적할 수도 있을 것이다. 5가지 접근법은 교육을 통해 인간은 평화로운 행동으로 이어지는 사고와 성향을 발달시킬 수 있다는 희망을 공유한다. 이러한 성향의 핵심 국면은 친절, 비판적 사고, 협동을 포함한다. 그러한 덕목을 계발하는 것은 평화교육의 중요한 부분이다. 그러나 그것은 완전한 그림이 되지 못한다. 평화를 실현하려는 노력은 개인과 사회 수준 모두에서 발생한다. 폭력 문제의 기원을 개인에게 있다고 보는 보수주의자와는 다르게, 평화교육자들은 폭력 문제의 뿌리를 더욱 커다란 사회적 힘과 제도에 있다고 본다.

학교에서의 폭력은 사회에서 폭력의 거울이다. 그것은 총기, 도시와 시골의 빈곤, 약물과 알코올 남용, 교외의 아노미, 미디어의 폭력 예찬을 통해 더욱 악화한다. 폭력을 종식하고자 한다면 이들 각각을 모두 다루어야만 한다(Burstyn, 2001: 225).

따라서 효과적인 평화교육은 미시적 수준과 거시적 수준에서 평화를 달성하기 위한 시도를 모두 설명할 수 있어야 한다. 그러므로 평화교육에서 교사의 역할은 아무리 강조해도 지나치지 않는다. 카터(Carter)는 평화교육에서 교사가 다음과 같은 기술을 보여주어야 한다고 제안했다(Harris & Morrison, 2013: 250-251). 그는 이것을 '교사를 위한 기준'이라고 불렀다.

- 학생들의 집단적 경험과 새로운 정보로부터, 평화의 개념과 평화를 증가하는 적극적인 과정에 관한 학생들의 구성 활동을 촉진한다.
- 잘못된 정보와 고정관념을 극복하기 위해 지역과 다양한 문화에 대한 정보뿐만 아니라 긍정적인 접촉을 통합한다.
- 학생들의 다양한 학습 양식을 포함한 문화적 규범을 수용한다.
- 가족을 포함한 다문화 학교의 참가자들과 문화 교차적인 소통에 관여함으로써 다원주의를 통해 수용, 조절, 다양성 축하를 시범 보인다.
- 설령 학생들이 잘못된 행동을 하더라도, 가치 있는 소중한 사람으로서 무(無)

조건적인 배려와 존중을 그들에게 전달하기 위해 긍정적이고 적극적인 관심을 보여준다.
- 학급 경영에서 대화를 촉진하기 위해 동정적이고 공평한 의사소통을 활용한다.
- 갈등 이전과 갈등 중에 비폭력 실천을 포함하여, 평화를 발전시키는 성향과 기술을 모델링(modeling)을 통해 학생들을 훈련한다.
- 폭력과 관련된 우려에 대해 안전한 소통의 장소를 제공하고 양육하는 '학교-가정'(school-home) 환경을 조성한다.
- 교실과 학교에서 평화가 어떻게 발전할 수 있는지에 대한 가족들의 생각을 듣고 그들의 제안에 따라 그들과 협력한다.
- 갈등 후 상황에서 회복적 실천을 포함하여, 자신과 모든 사람이 평화적인 상호작용을 하는 전략을 활용한다.
- 캠퍼스 안팎의 평화 발전을 위한 모범적인 행동을 통해 사회 정의와 환경관리의 공동체 규범을 시범 보인다.
- 학생의 욕구를 인식하고 그것에 반응하는 동안 학생들 나름의 평화적 해결에 대한 학생들의 책임감을 함양하고 지원한다.
- 과거, 현재, 미래의 평화 발전 및 전략에 관한 여러 과목 영역에 걸쳐 통합한다.
- 현재와 미래의 평화 발전을 표현하기 위한 장을 만들고 지원한다.
- 평화를 염원하는 모든 학생의 성취에 감사를 표한다.
- 지속 가능한 자원 활용을 포함하여, 물리적 환경의 생태적 관리에 관심을 기울이도록 가르친다.
- 사회적·환경적으로 책임 있는 소비자 보호주의 그리고 생산자와 노동자의 착취에서 기인하는 갈등에 관해 가르친다.
- 학생들이 구조적 폭력의 원천을 이해하도록 역사와 현재 사건에서 권력관

계에 관해 가르친다.
- 군사주의 및 그것이 사회 질서에 미치는 영향에 관한 학생들의 조사 활동을 촉진한다.
- 구두 발표 및 문서로 된 발표에 관한 학생들의 명확한 이해를 발달시키기 위해 학생들에게 필요하지만 지금 그들이 갖고 있지 않은 정보의 유형을 인식하도록 하는 가운데, 그들이 접한 정보에 담긴 원천·관점·증거를 비판적으로 평가하도록 학생들을 가르친다.
- 지역적·세계적으로 논쟁과 미해결 문제에 관한 학생들의 토론을 활성화하여, 학생들이 갈등을 분석하기 위한 지적 기술과 소통 기술을 함양하게 한다.

이런 의미에서 4장에서는 학생들이 논쟁을 통해 문제에 대한 해결책을 협동적으로 모색하는 건설적 논쟁을 상세히 살펴볼 것이다. 그리고 이 책의 5장부터는 인권, 기후변화, 갈등해결을 소재로 하여 초등학교에서 평화교육을 실행하는 구체적인 방법에 대해 살펴볼 것이다.

참고문헌

Ahearn, S. (1994), "Educational planning for an ecological future", In B. Reardon & E. Nordland (Eds.), *Learning peace: The promise of ecological and cooperative education* (pp. 121–148), Albany, NY, State University of New York Press).
Ardizonni, L. (2003), "Generating peace: A study of nonformal youth organizations", *Peace & Change*, 28(1), 420–445.
Burstyn, J. (2001), "The challenge for schools: to prevent violence while nurturing democracy", In
Deutsch UNESCO Kommission (1975), *Recommendation concerning education for international understanding, cooperation and peace and education related to human rights and fundamental freedoms*, Köln: Deutsche UNESCO Kommi.
Harris, I. M. & Morrison, M. L. (2013), *Peace education*, 3rd ed., London: McFarland & Company.
Harris, I. M. (2004), "Peace education theory", *Journal of Peace Education*, 1(1), 5–20.
J. Burstyn et al. (Eds.), *Preventing violence in schools: A challenge to American democracy* (pp. 225–234), Mahwah: Lawrence Erlbaum Associates.
Prutzman, P., Stern, L., Burger, M. L. & Bodenhamer, G. (1988), *The friendly classroom for a small planet*, Gabriola Island, Canada: New Society Press.
Reardon, B. (1988), *Comprehensive peace education*, NY: Teachers College Press.
Reardon, B. (1997), "Human rights as education for peace", In G. J. Andreapoulos & R. P. Claude (Eds.), *Human rights education for the twenty-first century* (pp. 21–34), Philadelphia: University of Pennsylvania Press.

4장
건설적 논쟁과 평화교육

최윤정(남양주 백봉초등학교)

　오늘날 많은 학자는 우리가 전대미문의 도덕적 위기 시대에 살고 있다는 진단을 내리고 있다. 도덕적 위기는 어느 한 나라의 문제가 아닌 인류 전체의 문제로 인식되고 있으며, 그러한 위기의 원인은 바로 현대 사회의 정신(ethos)과 밀접하게 연관되어 있다. 물론 다소의 차이는 있으나 현대 사회를 풍미하고 있는 정신적 조류인 이성주의(과학지상주의), 개인주의, 쾌락주의(상업주의)는 각 개인의 도덕성에 커다란 악영향을 미치고 있으며, 동시에 사회적으로는 도덕적 일치를 계속적으로 위협하고 있다(추병완, 2011: 101에서 재인용, Brezinka, 1986).

　이 중에서도 개인주의는 공동체와 그 규범들에 대한 결속을 희생시키는 가운데 개별 인간과 그의 자유권 및 이해관계를 과도하게 강조하는 것을 의미한다. 개인 및 고유 가치와 그의 기본권만이 강조되고 공동체와 그 생존 질서의 가치 및 개인이 공동체에 대해 지니는 의무는 강조되지 않기 때문에 개인주의는 매우 일방적인 특성을 갖는다. 이것은 공동체에 적응하고 권위의 요구를 인정하려는 용의를 약화시키는 결과를 초래했다. 또한 원자론적 개인주의는 공정 철학(public philosophy)과 공동체에 대한 연관성을 파괴하였으며, 가치에 대한 개인의 선택만을 중시하는 그릇된 교육 경향을 초래했다(추병완, 2011: 101에서 재인용; Keat, 1990).

이 가운데 오늘날 도덕교육에서는 그동안 무시되어 왔던 두 가지 중요한 개념들이 다시 새롭게 등장하고 있음을 볼 수 있다. 그러한 두 가지 개념은 인격(character)과 공동체(community)라고 말할 수 있다. 행동이나 경험에 중점을 두는 인격 교육은 도덕교육의 초점이 개인적인 도덕 선택이나 자율성으로부터 기본적 혹은 중핵적 가치들과 공동체로 옮겨져 가고 있음을 보여준다(추병완, 2011: 269). 리코나(Lickona)는 인격 발달에 있어서 공동체의 중요성을 강조하면서 인격의 발달은 좋은 도덕적 환경 속에서 가능하다는 것을 지적하고 있다. 이에 따라 성숙한 도덕적 인격의 소유자는 그가 자유로이 서약한 도덕적 가치 체계들에 일관되게 행동하며, 나아가 그가 속해 있는 사회, 문화, 그리고 자연환경과의 상호작용 속에서 도덕적 가치의 실현에 창조적으로 기여하는 사람이라고 정의할 수 있다(추병완, 2011: 273).

이와 같은 사조 가운데 공동체 그리고 대인관계에 확실하게 초점을 맞추는 교육의 개념은 평화교육(Peace education)이다. 평화교육은 개인에게 폭력 없이 갈등을 해결하고 상호 유익하고 조화로운 관계를 구축하고 유지하는 데 필요한 정보, 태도, 가치, 행동 역량을 가르치는 것을 목적으로 한다. 평화는 두 개의 차원으로 개념화할 수 있다(Johnson & Johnson, 2006). 첫 번째 차원은 전쟁이나 폭력의 부재 시에 평화가 존재한다고 가정한다. 두 번째 차원은 지배와 차별적 이익(즉, 승자와 패자)을 목표로 하고 사회적 불의로 특징지어지는 적대적인 상호작용과 상호 목표를 달성하고 사회 정의로 특징지어지는 호혜적이고 조화로운 상호작용이 존재하는 차원이다. 이 차원에서는 긍정적인 관계, 상호 이익, 그리고 정의로 이루어진 관계를 통해 평화가 이루어진다고 가정한다. 따라서 평화는 집단 구성원 간 상호 간에 이익이 되고 조화로운 관계에서 전쟁이나 폭력이 없는 상태로 정의될 수 있다. 평화에는 여러 가지 특징이 있지만, 그중에서도 평화는 갈등의 부재가 아니라 갈등이 건설적으로 관리되는 되는 것으로 특징지어진다. 갈등이 끊임없이 발생하는 상황 속에서 평화를 유지하는 것은 갈등을 회피하거나 억압하거나 부정하는 것이 아니라 갈등이 일어날 때, 그것을 건설적으로 해결하는 것이다(Johnson & Johnson, 2006).

평화교육은 평화를 정의하는 데 관련된 두 가지 차원을 바탕으로 폭력 없이 갈등을 해결하고 상호 이익이 되는 조화로운 관계를 구축하고 유지하는데 필요한 정보, 태도, 가치 및 행동 역량을 가르치고 있다(Johnson & Johnson, 2003c, 2005c, 2006). 평화교육의 궁극적인 목표는 개인들이 그들 자신(외교적 평화), 개인(개인 간 평화), 집단(집단 간 평화), 국가, 사회, 문화(국제 평화)의 측면들 사이에서 평화를 유지할 수 있는 것이다. 그러기 위해, 평화교육은 무엇보다도 모든 관련 당사자들 간의 경쟁 관계가 아닌 협동적인 대인관계를 구축하는 데 초점을 맞출 필요가 있다.

건설적 논쟁이 도덕적인 문제해결 및 대인관계에 있어서 긍정적인 결과를 낳는 과정에는 다음과 같은 가정이 포함된다(Johnson & Johnson, 1979, 1989, 2000a, 2003a, 2007).

---

① 개인에게 문제나 결정이 제시되었을 때, 그들은 현재의 정보, 경험, 관점을 분류하고 정리하는 것에 기초해 초기 결론을 내린다. 그들은 자신의 결론에 대한 높은 신뢰도를 갖는다.

---

② 개인이 자신의 결론과 근거를 다른 사람들에게 제시할 때, 그들은 인지적 예행연습을 하고, 그들의 입장에 대한 이해를 깊게 하며, 더 높은 수준의 추론 전략을 사용한다. 그들이 다른 사람들이 그들과 동의하도록 설득하려고 할수록, 그들은 그들의 입장에 더 전념하게 될 수 있다.
③ 개인이 다른 사람의 정보, 경험, 관점에 따라 다른 결론에 직면할 때, 그들은 그들의 관점의 정확성에 대해 불확실해지고 개념적 갈등이나 불균형 상태가 야기된다. 이때, 그들은 인식 과정의 동결을 해제한다.
④ 불확실성, 개념적 충돌 또는 불안정성은 인식론적 호기심, (a) 더 많은 정보와 새로운 경험(특정 내용 증가)에 대한 적극적인 탐색, (b) 불확실성 해결을 위한 희망에서 더 적절한 인지적 관점 및 추론 과정(유효성 증가)을 유발한다.
⑤ 타인의 관점과 추리를 이해하고 수용함으로써 인지적 관점과 추리를 조정함으로써, 개인은 새롭고, 재인식되고, 재구성된 결론을 도출한다. 이때, 질적으로 더 나은 새로운 해결책과 결정에 도달한다. 개인이 함께 문제에 대한 해결책을 만들면서 느끼는 긍정적인 감정과 헌신은 서로에게 확대되며, 대인관계의 매력은 높아진다. 그들의 갈등 관리 역량은 건설적으로 향상되는 경향이 있다. 이 시점에서 절차가 다시 시작될 수도 있고, 현재 결론을 동결하고 결론의 타당성에 대한 신뢰를 높이고 불협화음을 해결함으로써 종료될 수도 있다(Johnson & Johnson, 2014: 229-230).

건설적 논쟁의 긍정적인 대인관계에 대한 효과성을 입증하는 연구에서 건설적 논쟁은 동의 추구(효과 크기=0.80), 토론(효과 크기=0.67), 개별 시도(효과 크기=0.90)보다 참가자 사이에 더 큰 호감을 유도하는 것으로 밝혀졌다(Johnson & Johnson, 2009b). 토론은 개별 시도보다 대인관계적 매력을 높이는 데 효과가 큰 것으로 나타났다(효과 크기=0.46). 따라서 모종의 갈등 유형, 즉 건설적 논쟁은 참가자 간 관계의 질을 크게 향상하여 도덕 발달을 도모한다(Johnson & Johnson, 2015: 105). 이에 본 장에서는 긍정적인 관계를 형성함에 있어서 효과성이 입증된 평화교육 방법의 하나인 건설적 논쟁에 대해 제시하고자 한다.

1 건설적 논쟁의 개념과 기본 현상

건설적 논쟁(constructive controversy)은 갈등해결에 초점을 맞춰 논쟁적인 이슈를 다루는 교수·학습 방법이다. 즉 한 사람의 아이디어·정보·결론·이론·의견이 다른 사람의 그것과 양립할 수 없는 갈등 상황에서 문제의 해결책이나 행동 방안에 대한 합의를 모색하는 갈등해결 교육이다. 건설적 논쟁에 참여하게 되는 학생들은 갈등의 상황에 존재하는 논쟁적인 문제에 대해 자신의 입장을 옹호하기 위해 조사하고 준비하며, 자신의 견해를 다른 참가자들 앞에서 제시하고 옹호하며, 자신의 의견에 가해지는 비판을 반박하면서 동시에 자신과 다른 견해와 관점을 비판적으로 분석·평가·논박한다. 또한 관점을 반전시켜서 모든 관점에서 발생하는 사안을 객관적으로 바라볼 수 있는 의사소통에 참여하게 된다. 정보를 통합하고 종합하는 과정을 통해 궁극적으로는 양측이 모두 동의할 수 있는 공동의 입장으로 요약되는 사실적이며 비판적인 결론에 이르게 된다.

건설적 논쟁의 가장 기본적이면서도 중요한 현상은 협동(cooperation)과 갈등(conflict)이다. 건설적 논쟁은 갈등의 상황에서 발생하는 다양한 문제를 해결해 가는 일련의 과정이다. 그러므로 갈등은 건설적 논쟁을 하고자 하는 근본적인 이유이며, 건설적 논쟁을 통해 최종적인 해결 방안에 이르기 위한 과정에서 참가자 내, 그리고 참가자간에 겪게 되는 현상이다. 이처럼 갈등은 최종적으로 합리적인 문제해결을 위해 필수적인 현상이자 과정이지만, 갈등만으로는 평화에 도달하기 어렵다. 우리는 오늘날의 사회 내에 존재하는 갈등의 현상을 쉽게 찾아볼 수 있다. 갈등은 다양한 사회구성원들이 함께 살아가는 곳에서 지속적으로 발생하는 현상이다. 사회·문화적으로 다양한 배경을 가진 구성원들은 자신의 관점을 가지고 조직·국가·사회 활동에 참여하기에 사회·문화적인 차이는 갈등으로 이어진다. 이와 같은 갈등을 건설적으로 해결하지 못한다면, 이는 분열과 파괴로 이어진다. 그러므로 갈등을 건설적으로 다루고 갈등에 대해 긍정적으로 받아들이며 그것을 통해 창의적인 종합에 이르기 위해서는 모든 참여자들이 다함께 다양한 관점에서 문제를 바라보는 협동적인 맥락이 요구된다.

건설적 논쟁은 이와 같은 갈등의 문제를 협동적인 맥락에서 해결해 가는 과정을 구조화한 방법이다. 따라서 건설적 논쟁을 이해함에 있어서 갈등과 협동의 개념을 이해하는 것이 필수적이다. 두 개념 중 어떤 것이 선행 개념인지는 명확하지 않지만, 건설적 논쟁이라는 구조적인 방법론을 적용함에 있어서는 갈등의 상황이 선행되기에 갈등의 개념과 의미를 살펴보고 난 후에 협동적인 맥락을 이해하는 과정을 통해 건설적 논쟁에 대해 알아보고자 한다.

1.1. 갈등

'칡 갈(葛)'과 '등나무 등(藤)'으로 이루어진 합성어인 갈등의 의미에는 칡과 등나무의 특성이 반영되어 있다. 칡은 사물의 왼쪽으로 감고 올라가면서 성장하는 반면, 등나무는 사물의 오른쪽으로 감고 올라간다. 이와 같은 칡과 등나무의 특성은 두 입장에서의 갈등이 서로 다른 의견을 하나로 모으고 문제를 해결하기에 매우 어려운 상태라는 것을 보여준다. 그러나 갈등은 인간이 서로 어우러져 살아가는 사회에서는 필연적인 현상이며, 이는 사회가 더욱 새롭게 변화하고 발전할 수 있는 원동력이 되어왔다. 갈등은 관심을 목표와 가치를 가지고 있는 관계에서 개인에게 빈번하게 발생하는 경험이다. 많은 드라마와 소설에서는 갈등의 요소를 포함함으로써 극의 재미를 더한다. 인지심리학자들은 인지적인 발달을 위해서는 개념 갈등이 필수적이라고 하였으며 조직 이론가들은 집단 성원 간의 건설적인 갈등에 의해 양질의 문제해결이 가능하다고 하였다. 이처럼 갈등의 필연적이고도 긍정적인 측면에도 불구하고 여러 학문 분야의 학자들은 갈등을 부정적인 측면에 초점을 맞추어 왔다. 예를 들어 마치와 사이먼(March & Simon, 1958: 112)은 갈등이 의사 결정의 메커니즘을 파괴하여 대안 선정 과정에서 어려움을 겪게 한다고 하였다. 그 밖에 많은 사람들이 갈등이 정신 병리를 유발하거나 절교, 이혼, 전쟁과 같은 부정적인 결과를 유발하기 때문에 피해야 하며 갈등이 없는 삶을 추구해야 한다고 하였다.

갈등은 두 사람 혹은 그 이상의 사람들, 그리고 집단 간에서 양립 가능한 행위가 발생함에 따라 생긴다. 갈등이 발생하는 원인을 더 구체적으로 살펴보면, 첫째, 한정된 자원으로 인해 갈등이 발생한다. 자원이 한정되어 있는 반면, 인간은 기본적으로 생존, 소속, 권력, 자유, 재미의 욕구를 충족하고자 하는 심리적 욕구를 가지고 있다. 한정된 자원으로 말미암아 욕구의 충족이 제한되고 이로 인해 갈등이 발생하게 되는 것이다. 둘째, 서로 다른 가치를 가지고 있을 때 갈등이 발생한다. 서로 다른 가치를 가진 인간 사이에서 갈등은 당연한 결과이다. 그러나 상이한 가치로 발생하는 갈등은 인간의 신념과 삶의 행위 양식과 목적을 포함하기에 문제를 해결할 수 있는 합의에 이르기가 어렵다. 이는 갈등의 문제를 해결함에 있어서 합의가 곧 최선의 결과임을 의미하는 것이 아님을 시사한다. 그러므로 가치의 차이로 인해 발생하는 갈등에서는 가치의 차이를 인정하는 것이 문제해결을 위한 첫걸음이 된다. 셋째, 의사소통의 부재이다. 가치의 차이로 인해서 발생하는 갈등은 서로 다른 입장을 이해하는 것만으로도 문제를 해결할 수 있다. 그러므로 갈등 발생 시의 의사소통은 서로의 가치를 이해하고 인정하는 데 중요한 역할을 한다.

이와 같은 갈등의 발생 원인을 통해 우리는 갈등 그 자체가 긍정적인 것도 부정적인 것도 아니며 자연스럽게 발생하는 하나의 현상임을 알 수 있다. 이에 사회과학 분야에서는 사회적 갈등을 '조화 혹은 합의 관점'과 '갈등 관점'으로 파악한다. 조화 혹은 합의 관점에 의하면 갈등은 조화와 합의를 이루지 못한 기형(anomaly)적 현상이다. 이에 반해 갈등 관점은 갈등을 자연스러운 사회 현상이자, 사회 질서가 변화·발전·수정되기 위한 기제로 파악한다. 이러한 갈등 관점에서 도이치(Deutsch, 1994: 13-14)는 갈등을 개인과 사회 변화의 근원이자, 문제해결을 위한 매개체로 규정하며 파괴적인 갈등과 건설적인 갈등으로 구분하였다. 즉 갈등 상황에 놓인 당사자들이 협동을 지향하는 것은 건설적인 갈등에 해당하지만, 경쟁을 지향할 때에는 파괴적인 갈등에 해당한다.

갈등 상황에서 협동을 지향할 때, 당사자들은 갈등을 일으키는 이해관계를 함께 해결해야 할 상호 문제로 규정한다. 따라서 그들은 상대방 입장의 정당성을 인정하고, 서로의 욕구를 반영할 수 있는 해결책을 모색한다. 그 과정은 긍정적인 분위기 속에서 이루어지기에 서로가 가지고 있는 능력은 상대방을 파괴하는 것이 아닌 서로를 강화하는 것이 된다. 이에 따라 도달하게 된 해결책은 어느 하나의 입장에 대한 승리의 산물이 아닌 서로의 아이디어가 수용되고 모든 구성원들의 기여로 인해 이르게 될 결과물이기에, 모든 구성원들은 그것에 만족하고, 보다 쉽게 수용하며 의무를 다하게 된다.

이와는 반대로 갈등 상황에서 경쟁을 지향할 때 당사자들은 의사소통하는 것이 불가능해진다. 서로 유리한 고지를 점하기 위해서 서로를 오도함에 따라 의사소통에서 주고받는 것들을 신뢰할 수 없게 되며, 의사소통 자체를 축소하고 그것을 불필요한 과정으로 인식하기에 이른다. 이와 같은 의사소통의 부재는 다시 갈등 이슈의 범위를 확장함으로써 원활한 해결책에 도달하는 것을 어렵게 한다.

그러므로 갈등을 건설적으로 다룰 수 있는 능력을 기르는 것은 평화교육에 있어서 중요한 문제이다. 갈등을 부정적인 것만으로 인식하지 않고 개인과 사회 발전의 기제로 인식하는 것은 개인에게 내적인 평화를 준다. 또한 갈등의 상황을 객관적이고 다양한 관점에서 바라볼 수 있는 여유를 부여하며 이에 따라 당사자들은 해결책에 한 걸음 더 가까이 다가갈 수 있게 된다. 이와 같이 건설적으로 다루어진 갈등은 여러 가지 긍정적인 결과를 수반한다(추병완·김영은, 2000: 38-39). 갈등해결의 과정에서 추론 및 문제해결 능력이 향상되며, 자신을 화나게 하거나 두렵게 하는 것, 또는 자신에게 중요한 것과 같이 자기 자신에 관해서 많이 배운다. 갈등은 누구에게나 불쾌하고 불편한 감정을 유발하지만, 건설적으로 다루어질 때는 우리에게 문제를 해결할 기회를 제공하고, 필요한 변화를 유발하며, 우리와 타인에 대해 더 많이 배우는 기회가 되고, 관계를 더욱 강화하며, 우리가 기존에 알고 실행하던 것을 넘어선 혁신을 가능하게 한다(Coleman, 2012: 57).

1.2. 협동

많은 동물 종은 상호 공생 관계(mutual symbiosis)로 협동한다. 한 가지 예는 말미잘의 촉수 사이에서 서식하는 흰동가리이다. 말미잘은 촉수를 가지고 포식자로부터 흰동가리를 보호하는 반면, 흰동가리는 말미잘을 먹이로 하는 나비 고기로부터 말미잘을 보호한다. 동물과 마찬가지로 인간 역시 생존하고 번영하는 이익을 누리기 위해 서로 도우며 살아간다.

이처럼 2명 이상의 사람이 어떠한 목표를 공유하고 함께 힘을 합해 활동하는 것을 협동이라고 한다. 유전 메커니즘에 의해 고정된 분업형태로 협동을 하는 동물과는 달리 인간은 좀 더 세분화되고 다양한 형태로 협동을 한다. 협동은 인간의 사회적 성질을 나타내는 기본적인 행동양식이다. 피아제(Piaget, 1950)는 협동이 자신의 감정과 관점을 타인의 감정과 관점에 비추어 조율하면서 공동의 목표를 달성하기 위해 노력하는 것이라고 하였다. 사회심리학에서의 협동에 대한 관점에 의하면, 협동 행동은 친사회적 행동(prosocial behavior)의 한 형태이며 소속에 대한 강한 욕구를 가진 인간이 다른 사람들과 긍정적인 상호작용을 하고자 하는 동기를 기반으로 하고 있다. 특히 사회적 상호의존성 이론에서는 협동을 긍정적 상호의존성으로 규정하고 있다. 목표를 달성함에 있어 타인의 행동에 영향을 받을 때 사람들은 서로 의존적인 관계를 형성한다(Johnson, 2015: 7에서 재인용; Deutsch, 1949, 1962; Johnson, 1970, 2003; Johnson & Johnson, 1989, 2005b). 개인이 다른 개인이 목표에 도달할 때 자신의 목표도 함께 달성할 수 있다고 인식하는 것은 긍정적 상호의존성에 해당한다. 그렇기 때문에 참가자는 상대방이 목표를 달성할 수 있도록 도우며 서로의 노력을 촉진한다. 이처럼 긍정적 상호의존성은 촉진적인 상호작용으로 나타난다.

또한 긍정적 상호의존성은 집단 내의 구성원들의 심리적 과정에 미치는 영향, 즉 3가지 구인을 통해 이해할 수 있다. 3가지 구인은 대체성(substitutability), 심적 부착(cathexis), 유도성(inducibility)이다. 대체성이란 한 그룹 구성원의 작용이 다른 그룹의 작용을 대체하는 정도이다. 긍정적으로 상호작용하는 협동적인 상황에서 참가자의 행동은 서로를 대신한다.

심적 부착이란 자신 이외의 대상에게 긍정적인 심리적 에너지를 투자하는 것이다. 협동적인 상황에서 참가자는 서로의 행동에 더 관심을 기울인다. 유도성이란 다른 대상에 영향을 미치고 영향을 받는 개방성이다. 긍정적으로 상호작용할수록 참가자들은 서로에게 더 많은 영향을 주고받는다.

이와 같은 심리적 구인 외에도 긍정적 상호의존성은 경쟁과 같은 부정적 상호의존성에 비해 많은 긍정적인 영향을 끼친다. 첫째, 협동은 성취를 위해 더 많은 노력을 하게 함으로써 더 높은 성취와 더 많은 생산성을 산출한다. 둘째, 협동은 서로에 대해 헌신하고, 배려하며 지지하는 긍정적인 관계를 증진한다. 셋째, 협동은 심리적인 건강을 증진한다. 협동적인 시도 후 개인은 자아에 대한 강도, 자신감, 스트레스와 역경에 대처하는 능력, 독립성, 행복감의 결과를 보였다. 이처럼 상호 목표를 성취하기 위해 노력하는 것은 사회적 역량을 증진하고, 지지적이고 헌신하는 관계를 형성하고 유지하는 능력을 증진시키며, 서로를 존중하는 결과를 가져온다(Johnson, 2015: 9).

갈등은 인지적 도덕적 발달을 위한 동기로 작용하며, 성취를 증진시키는 등의 긍정적인 결과를 수반한다. 또한 어떤 목표를 정하고 이를 함께 성취하고자 할 때, 서로의 관점의 다양성으로 말미암아 갈등이 필연적으로 발생한다(Johnson, 2015: 12-13).

협동은 갈등을 건설적으로 관리하는 데 있어서 필수적이다. 갈등을 협동적으로 다룰 때, 그 결과는 성장의 기회를 제공하는 건설적인 도전이 된다. 왜냐하면 협동을 지향할 때, 당사자들은 효과적으로 의사소통하며 다른 사람의 입장을 이해하는 데 어려움을 느끼지 않는다. 또한 타인의 향상이 곧 목표 달성을 위한 것이 되므로 서로를 방해하거나 타인에게 영향을 주려는 시도를 확장하지 않는다. 오히려 그들은 타인의 욕구에 민감하게 반응하고 타인과 타인이 가진 의견을 존중하며 갈등을 일으키는 이해관계를 해결해야 할 상호 문제로 인식하면서 모든 사람의 욕구를 충족시킬 수 있는 해결책을 모색하고자 노력한다. 이 과정에서 개인은 다른 구성원을 신뢰하고 자신 역시 다른 구성원들이 신뢰할만하도록 행동한다. 이러한 신뢰감과 책임감은 개인의 발전에 도움이 될 뿐만 아니라 팀을 하나로 묶어주는 접착제 역할을 한다. 협동은 본질적으로 내가 그렇듯 다른 사람들 역시 나에게 기대하는 바가 있다는 것을 알기 때문에 개인들로 하여금 더 나은 사람이 되기 위해 노력하도록 동기 부여 한다. 이는 높은 수준의 비판적 사고와 추론 전략의 향상으로 이어진다. 또한 개인들로 하여금 학습한 내용을 더 오랜 시간 동안 기억하고 더 어려운 과제를 수행할 수 있게 한다. 즉 갈등을 협동적으로 다루어 보는 기회는 개인에게 다양한 통찰력과 관점을 가질 수 있는 기회를 제공한다. 긍정적 상호의존적인 집단 내에서의 갈등은 개인에게 더 적은 불안과 스트레스를 주며 갈등에 대한 긍정적인 태도와 같은 긍정적인 결과를 낳는다. 다시 말하면 협동은 신념과 태도에서 유사성을 지각하는 것, 도움을 주려는 준비 태세를 갖추는 것, 열린 의사소통을 하는 것, 공통의 이해관계에 민감해지는 것, 대립적인 이해관계를 덜 강조하는 것, 권력 차이보다는 상호 권력의 향상을 지향하는 것을 촉진해 줌(추병완·박보람·김하연, 2019: 24)으로써 갈등의 긍정적인 결과를 이끈다.

2. 갈등해결 교육으로서의 건설적 논쟁

갈등은 인간 사회에서는 필연적으로 발생하는 현상이며, 이는 아직 미성숙한 발달 단계에 있는 초등학교 교실에서도 쉽게 찾아볼 수 있다. 그러나 초등교사는 학생 간에 발생하는 갈등들을 자연스럽게 받아들이기보다는 해결해야 할 문제로 인식하며, 이를 해결하기 위해 고심한다. 특히 오늘날 학생들은 핵가족화, 저출산으로 말미암아 더 쉽게 갈등에 관여되며 이와 같은 갈등은 과거보다 더 해결하기 어려운 복잡한 문제가 되었다. 심지어 동급생 간의 갈등 문제는 학교폭력으로 이어지고 학교나 동급생, 교사, 상대 부모를 상대로 소송을 일으키기도 한다. 이로 인해 학교폭력에 관여된 학생뿐만 아니라 더 많은 범위에 이르는 이들이 갈등의 상황에서 고통을 겪으며, 이로 인해 교사의 사기는 커다란 영향을 받는다.

따라서 초등교육 현장에서는 이전보다 더 갈등을 해결할 수 있는 교육적인 조치가 필요하게 되었다. 또한 많은 교육자들은 갈등해결 기술이 학생의 성공과 행복에 본질적인 것이라는 사실을 공유하기 시작했다(추병완·박보람·김하연, 2019: 30에서 재인용; Cohen, 2005: 3). 예를 들어 독일의 보이텔스바흐(Beutelsbacher) 협약은 상반되거나 혹은 다양한 의견을 이해하고 다룰 줄 아는 시민의 능력과 태도를 기르는 교육의 중요성을 강조한다. 보이텔스바흐 협약은 정치교육을 위한 세 가지 원칙을 다음과 같이 제시하였다. 첫째, 스스로 판단할 준비가 되지 않은 학생을 교화(indoctrination)해서는 안 된다. 둘째, 정치적으로 대립적이고 논쟁적인 주제를 가르칠 때는 교실에서도 균형을 유지하며 논쟁적 내용을 있는 그대로 가르쳐야 한다. 셋째, 논쟁이 되는 내용이 학생 자신의 개인적 이익에 어떠한 영향을 미치는지 판단할 수 있도록 해야 한다(박성춘, 2016: 145). 이와 같은 세 가지 원칙을 포함하고 있는 보이텔스바흐 협약은 정치 사회적으로 갈등을 심각하게 겪고 있는 모든 민주주의 사회에서 갈등 조정과 합의 모델로 수용될 수 있다. 보이텔스조약, 크릭 보고서에서 제시하는 형식의 정치교육은 오늘날의 학교 교육에도 적용할 필요가 있다. 왜냐하면 정치교육에서 추구하는 갈등해결 교육은 전반적인 학교 풍토를 개선함으로써 갈등해결의 문제해결 과정을 원활하게 하기 때문이다. 또한 갈등의 문제를 해결하는 과정을 통해서 학생들은 자신에 대한 이해를 심화하고, 사회생활에 필요한 중요한 생활 기술을 발달시킬 수 있다. 더 나아가 비폭력적으로 갈등을 해결할 책임을 학생들에게 부여함으로써 갈등의 해결의 어려움과 문제에 대한 책임 범위를 좁히고 교사들이 본연의 역할에 더욱 충실하게 임할 수 있도록 한다.

다음에서 제시하는 갈등해결 교육의 목표는 갈등해결 교육이 오늘날 초등학교 현장에서의 갈등의 문제를 해결함으로써 학교 공동체를 보다 평화롭고 안락한 공동체를 구축하는 데 이바지할 수 있음을 보여준다.

첫째, 안전한 학습 환경을 조성한다. 갈등해결 교육은 학교에서 폭력 발생 감소, 학생의 집단 간 갈등 감소, 불안전한 학습 환경과 관련된 정학, 무단결석, 낙제 비율을 감소시키는 데 그 목표를 둔다.

둘째, 건설적인 학습 환경을 조성한다. 갈등해결 교육은 학교 풍토 개선, 교실 풍토 개선, 존중하고 배려하는 환경 조성, 학급 경영 개선, 교실에서 교사가 학생 훈육에 보내는 시간과 노력 감소, 학생 중심적인 훈육 방법의 활용 증가를 목표로 한다.

셋째, 학생의 사회·정서 발달을 향상한다. 갈등해결 교육은 관점 채택 증가, 문제해결 기술 증진, 정서 인식과 정서 관리 향상, 학교와 가정 그리고 지역사회 맥락에서 건설적인 갈등해결 행동의 사용 증가를 목표로 한다.

넷째, 건설적인 갈등 공동체를 구축한다. 건설적인 갈등 공동체를 구축하는 것은 사회 정의를 구현하고 옹호하는 것을 필요로 한다. 건설적인 갈등 공동체는 사회적 질병과 사회적 성취에 대한 공유된 책임을 특징으로 한다. 건설적인 갈등 공동체는 파괴적인 갈등을 공동체가 해결할 필요가 있는 문제로 파악한다. 갈등해결 교육은 학교에서의 문제에 대한 지역사회의 관여 증가, 학교의 갈등해결 교육과 지역사회의 갈등해결 교육 간의 연결 강화, 지역사회의 긴장과 폭력 감소를 목표로 한다(추병완·박보람·김하연, 2019: 32-33에서 재인용; Johns, 2004: 234-236).

갈등해결 기술을 가르치는 교육은 학교 교육과정의 다양한 교과 및 교육활동에서 초등학생들의 사회·정서 발달을 통해 이루어져야 한다. 왜냐하면, 형식적인 차원의 갈등해결 기술은 학생들이 갈등을 일으키는 근본적인 원인을 포함하기 어려우며, 학교 교육과정 내에서 별도로 갈등해결 기술을 가르칠 수 있는 교육적인 내용과 시간을 확보하기에는 물리적인 한계가 있기 때문이다. 또한 갈등해결 교육을 교과와 학교 교육과정과 별개로 가르치는 것은 그 교육적인 효과를 담보하기 어렵다. 따라서 교육과정과 연계하여 다양한 교과 활동에 적용할 수 있는 교과 교육 방법을 통한 갈등해결 교육이 필요한 실정이다. 그러나 학교는 논쟁의 여지가 있는 사회 문제를 다루기보다는 보편타당하고 객관적이라고 받아들여지는 교과서 내용을 중심으로 가르치는 것을 선호한다. 교육과정에서는 사회에서 일어나는 문제와 쟁점을 다루어야 한다고 강조하지만, 그것은 선언적 의미만을 지닐 뿐 교육과정이나 교과서에 구체적으로 반영되어 있지 않다(노경주·구정화·조영제·주은옥, 2001: 16).

갈등해결 교육은 가장 일반적으로 협상과 중재에 초점을 맞추어 이루어져 왔다. 이 중에서도 협상(negotiation)은 합의에 이르기를 원하는 사람이 화해하기 위해 노력하는 과정을 포함한다. 협상을 통해 합의에 이르기 위해서는 참가자들은 갈등의 문제를 정의하고, 각자의 입장과 제안을 주고받으며, 상황을 당사자 양쪽의 관점에서 바라보고, 적절한 선택지를 찾아내며, 양측이 모두 인정하는 합의에 이를 수 있어야 한다(Johnson & Johnson, 2004: 73). 이에 협상을 통한 갈등해결 교육은 학생들로 하여금 문제해결 절차, 의사소통 능력, 관점 채택 능력을 향상시킴으로써 갈등을 건설적으로 다루는 것이 가능해 지도록 한다.

학생들이 협상이 무엇인지를 제대로 알게 하기 위해서는 갈등해결 교육에 협상의 개념을 포함해야 한다. 협상의 개념을 명확하게 이해하기 위해서는 여러 유형의 갈등이 발생한다는 사실을 인식하는 것, 폭력의 원인과 결과 및 폭력의 대안을 이해하는 것, 갈등을 피하기보다는 오히려 갈등에 직면하는 것, 자신 및 자신의 이해관계와 더불어 타인 및 타인의 이해관계를 존중하는 것, 문화적 차이를 이해하고 수용하는 것, 이해관계와 입장을 구별하는 것, 공통의 양립 가능한 이해관계를 발견하려고 자신과 타인의 이해관계를 구별하는 것, 공통의 양립 가능한 이해관계를 발견하려고 자신과 타인의 이해관계를 탐색하는 것, 갈등을 일으키는 이해관계를 해결해야 할 서로의 문제로 규정하는 것, 효과적으로 의사소통을 하는 것, 확고함, 공정함, 우호적임과 같은 어려운 갈등을 다루기 위한 기술을 계발하는 것, 상이한 갈등 상황에서 전형적으로 반응하는 방식을 스스로 인식하는 것, 갈등 중에도 계속 도덕적인 사람으로 남아 있는 것을 포함한다(추병완·박보람·김하연, 2019: 39-40에서 재인용; Deutsch, 1993: 510).

이에 존슨과 존슨(Johnson & Johnson)은 논쟁을 교실에서 활용할 것을 강조한다. 논쟁은 다양한 교과에 직접적으로 적용할 수 있는 교육적 방법이 될 수 있다. 논쟁은 여러 교과에서 손쉽게 활용할 수 있으며, 상이한 아이디어 간의 종합을 만들어 학생이 건설적으로 대인관계적 갈등을 해결하고, 인지적 갈등의 해결을 통해 개인 내적 갈등을 해결하는 데 큰 도움을 준다(추병완·박보람·김하연, 2019: 40).

건설적 논쟁은 긍정적 갈등에 대한 이론을 기초로 1960년대 중반에 개발된 실천적 절차이다. 건설적 논쟁은 논쟁을 교실에서 직접적으로 활용하며 협상에 이르는 것을 목적으로 하는 탐구 절차이기에 논쟁과 협상이 주는 이점을 포함한 갈등해결 교육의 대표적인 접근법이 될 수 있다. 실제로 건설적 논쟁은 학교에서 발생하는 폭력을 예방하고 평화적인 교실 분위기를 만드는 데 효과가 있음이 실험 연구를 통해 입증되었다. 협상이 필요한 상황에서 건설적 논쟁 조건의 학생들은 그렇지 않은 학생들보다 더 건설적인 전략(effect size=1.60)을 사용했으며 갈등에 대해 긍정적인 태도를 보였다(effect size=1.07). 또한 교사들이 처리해야 할 징계 문제가 60%가량 감소했으며, 관련 민원도 90%가량 줄었다(Johnson & Johnson, 2014: 229).

또한 건설적 논쟁은 특정한 단계에 따라 진행되기에 그 자체로써 수업 모형이 될 수 있다. 그 동안의 초등교육에서는 협동학습의 중요성을 인식하고 이를 교과교육에 적용하고자 노력했지만, 각 교과교육이 가지고 있는 특성에 합당한 협동학습 수업 모형을 제시하지 못했다. 건설적 논쟁 과정은 정의적이고 행동적인 측면을 발달시키는 데 한계를 나타낸 기존의 토론 수업 모형과는 달리 논쟁 이슈를 협동학습의 형태로 토론할 수 있는 수업 모형이자 다양한 적용이 가능한 교육 방법론이 될 수 있다.

3 건설적 논쟁의 과정

건설적 논쟁 절차는 입장을 연구하여 준비하는 것, 입장을 옹호하는 것, 자신의 입장에 대한 비판을 논박하면서 반대의 입장에 반박하는 것, 관점을 바꾸는 것, 양측 모두가 동의를 구할 수 있는 하나의 공동 입장으로 입장을 종합하는 것으로 구조화된다(Johnson, 2015: 39-40). 이와 같은 건설적 논쟁의 절차는 구체적으로 다음과 같은 6단계의 과정을 거쳐 진행된다(최윤정, 2019: 12-17).

3.1. 정보를 조직화하여 결론 도출하기

참여자들은 논쟁의 주제가 주어지면 그것에 대한 자신의 입장을 조사하고 모든 관련된 정보를 학습함으로써 가능한 최선의 사례를 준비한다. 또한 그 정보를 논지, 주장 또는 청구가 포함된 설득력 있는 논거로 조직화하고, 이론적 근거를 마련해 나가며 논지에 따른 논리적 결론을 내린다. 논쟁 속에서 자신의 입장을 효과적으로 옹호하는 방법도 계획한다. 이처럼 첫 단계에서는 자신이 가진 정보, 경험 및 관점을 범주화하여 문제를 파악하고 적절한 대안 가운데 유망한 것을 선택하여 초기 결론을 내리게 된다. 참여자들은 이와 같은 과정을 통해 인지의 생성과 동시에 자신들의 결론에 대한 높은 수준의 확신을 가지게 된다. 그러나 초기 결론에서 개인이 가지고 있는 관점에 고정되는 것은 이후에 건설적 논쟁의 과정에서 개념화해 나가는 것을 방해하기도 한다(Johnson, 2015: 45). 뿐만 아니라 다양한 정보를 능동적으로 처리하지 못하게 하거나 정보를 이해하는 대안적 방법을 고려하지 않게 한다. 반대로 이 과정에서의 확산적 사고는 더 많은 아이디어를 활용하는 유창함과 이를 적용하는 유연함을 가져온다(Johnson, 2015: 46; Guilford, 1956). 이에 따라 관련된 증거를 찾고 다른 구성원들과 협력하여 논리적인 근거로 조직화하기 위한 노력을 기울이면 자신이 옹호하는 입장에 대해 보다 더 적절하게 준비할 수 있다.

3.2. 입장을 제시하고 옹호하기

두 번째 단계는 자신의 관점과 그에 대한 근거를 적극적으로 나타내고 정교화하는 단계이다(Johnson & Johnson, 2010: 31). 참여자들은 자신의 초기 결론에 다른 사람들을 수렴시키기 위해서 자신의 입장에 대한 이유를 제공해야 한다. 이와 같은 옹호는 다른 관점을 가진 사람들을 자신의 입장으로 전환시키고자 하는 의도를 포함한다(Johnson, 2015: 48). 따라서 의견 제시자는 다른 사람들이 자신의 의견을 최선의 것으로 받아들이게 하기 위해 설득력 있는 근거와 논쟁과 반론의 과정을 준비하게 된다. 이때 그들은 인지적 예행연습과 고차원의 추론 전략을 통해 문제에 대한 해결책을 깊이 있게 이해하고 상대방의 의견으로 전환되지 않기 위해 면밀하고 비판적인 분석을 함으로써 자신의 입장에 더욱 몰입하게 된다. 자신의 설명을 듣는 이들이 비판적으로 듣고 그것을 반박하고자 오류를 찾고자 한다고 인식하는 것은 의견 제시자로 하여금 설득력 있는 설명을 제시하고자 하는 동기를 증가시킬 수 있으며 동시에 의견에 대한 설명을 재개념화할 가능성을 높인다(Johnson, 2015: 50). 그룹 구성원은 그룹 내의 일치를 위해 정보를 서로 가르침으로써 효과성을 증진할 수 있고 일관성과 확신을 유지하여 참여자들에게 신뢰감과 영향력을 제공할 수 있다. 또한 반대되는 의견을 가진 그룹에서 제시하는 의견을 주의 깊게 듣는 것도 중요하다. 그들의 설명을 메모하고 설명 가운데 이해되지 않는 내용을 명확히 하는 것은 이후의 과정에 필수적이다(Johnson et al., 2012: 115).

3.3. 반대 의견으로부터 도전을 받기

참여자들은 자신의 입장과 다른 정보, 경험, 관점에 근거한 결론에 직면하게 되면, 자신의 의견에 대한 확실성이 약화되어 개념적 갈등이나 불균형 상태가 된다(Johnson & Johnson, 2014: 423). 그들은 자신의 입장을 뒷받침하기 위해 가능한 한 많은 근거들을 제시하면서 자신의 입장을 위해 설득력 있게 논쟁해 나간다. 또한 반대편 입장의 주장을 반박하고 자신들의 입장에 대한 공격에 대응한다. 이때 구성원들은 서로의 입장을 비판적으로 분석하며 약점과 강점을 분별해야 한다. 건설적 논쟁에서는 이처럼 양쪽 입장에 대해 명확하게 파악해야 한다는 것을 명심해야 한다.

자신이 옹호하는 의견과 대치되는 의견을 파악하는 것은 새로운 인지적 분석을 자극하여 합리적이고 본질적인 결론을 통합해 나가도록 이끈다. 심지어 오류를 포함하는 관점에 직면할지라도 확산적 사고가 더 잦아지게 되어 보다 새롭고 인지적으로 향상된 결론을 생성하게 된다(Johnson, 2015: 51). 왜냐하면 의견이 대치될 때, 참여자들은 어려움을 인식하게 되는 데, 이는 구성원들 모두에게 동기로써 작용할 수 있다. 이해의 격차를 보완하기 위해 더 다양한 지식을 찾아보게 되는 것이다. 이처럼 의견의 대치 상태에서 구성원들은 더 많은 관점에서 문제의 더 많은 측면을 고려하도록 동기부여 되고 창의적으로 사고하게 한다. 여러 연구를 통해 반대 의견(Nemeth, 1986), 불확실한 정보(Toma & Butera, 2009), 생소한 논증(Garcia-Marques & Mackie, 2001), 벗어난 증거(Kruglanski, 1980) 및 반(反)직관적 발견(Berlyne, 1960; Piaget, 1985)은 친숙한 주장이나 확정적인 증거에 직면하는 것보다 더 깊은 정보를 처리하고 더욱 정교한 지식을 형성하는 데에 도움이 되는 것으로 밝혀졌다(Johnson, 2015: 52). 이것은 건설적인 논쟁의 중요한 측면이다. 논쟁은 그 자체가 아닌, 이와 같은 논쟁의 과정에 의해 더욱 분명하게 특징지어질 수 있다. 따라서 논쟁의 과정에서의 유익함을 지지하는 사람들은 상대편의 쟁점에 대한 대안적인 견해를 제시하고 관점의 타당성을 위한 근거를 제시할 때, 그리고 자신과 다른 관점의 의견들을 접할 때 이익을 얻는다고 결론지었다(Johnson, 2015: 55; Chinn, 2006).

3.4. 개념적 갈등과 비(非)균형 및 불확실성

자신의 의견을 옹호하고, 상대방의 견해에 대해서는 비난하고 논박하는 논쟁의 과정 속에서, 개인은 도전에 직면하고 개념적 갈등, 불균형 및 불확실성을 경험하게 된다. 개념적 갈등은 인지적 추론과 학문적인 성장을 가져오는 내부 갈등을 의미한다. 이는 양립할 수 없는 생각이 동시에 들거나 자신이 알고 있는 것과 일치하지 않는 정보를 접하였을 때 발생한다. 본래의 자신이 가졌던 의견의 타당성에 대해 의문이 생기면 자신의 관점에서 벗어나 다른 사람의 입장을 진지하게 고려할 수 있게 된다. 그러므로 개념적 갈등은 자신의 관점을 재고하고 다른 사람들의 견해를 통합하도록 촉구한다. 그러나 개념적 갈등이 주는 유익함이 발생하기 위해서는 반드시 협력적 맥락이라는 조건이 충족되어야 한다.

또한 기존에 가져왔던 오래된 스키마와 새로운 스키마 사이의 불균형은 균형을 회복하고자 시도하게 함으로써 인지적으로 성장하고 발전할 기회를 제공한다. 논쟁의 과정에서 반대 의견에 직면하면 다양한 관점이 가능하다는 사실을 깨닫게 되어 불확실성이 생길 수 있다. 불확실성은 불편함과 불안을 유발하기에 모든 그룹 구성원들은 이를 해결하기 위해 노력하게 된다. 건설적 논쟁에서 개념적 갈등, 불균형 및 불확실성을 극대화하기 위해서는 자신의 의견을 자유롭게 표현할 수 있어야 하며 상대방이 가진 정보와 추론을 정확하게 인식하고 그에 대해 도전을 받아야 한다.

3.5. 인식론적 호기심과 관점 채택

이전 단계에서 생성된 불확실성은 인식론적 호기심을 자극함으로써 주제에 대해 더 많이 배우고자 하는 욕구를 생성한다(추병완 외, 2019: 55; Berlyne, 1966). 협력적인 맥락 내에서의 건설적 논쟁 가운데, 개인은 동의-추구나 합의보다 개념적 갈등의 인식과 인식론적 호기심을 더 많이 경험했다(Tjosvold, Wedley & Field, 1986: 127). 인식론적 호기심의 결과, 불확실성을 해결하기 위해서 더 많은 정보와 새로운 경험, 그리고 적절한 인지적 관점과 추론 과정에 대해 적극적으로 탐색하게 된다.

　모든 그룹의 구성원들이 수용할 수 있는 결과를 얻으려면 문제를 다양한 관점에서 검토해야 한다. 자신이 옹호하는 그룹 안에서 공유하는 정보를 이해하는 것만으로는 충분하지 않으며 상대편이 말하는 관점 또한 명확하게 이해해야 한다. 스미스(Smith et al., 1981: 652)는 논쟁에 참여한 사람들이 동의-추구 토론이나 개인적인 노력에 참여한 사람들보다 상대방의 관점을 더 정확하게 이해한다는 것을 발견했다. 따라서 이 단계에서는 입장을 바꾸어 반대 되는 입장을 강력하고 설득력 있게 주장한다. 또한 상대편이 자신들의 입장을 제시할 때 사용하지 않았던 새로운 정보를 추가한다. 이와 같은 활동은 학생들이 문제의 양쪽 관점을 명확하게 이해할 수 있게 된다는 점에서 중요하다.

　관점 채택(易地思之)의 반대는 자기 중심주의이다. 자기 중심주의는 다른 사람들의 관점이 자신의 관점과 같다고 가정하는 사회 투사 이론과 관련된다. 사회 투사는 사람들이 자신과 다른 사람들을 같은 그룹의 구성원으로 간주할 때 가장 강하다고 여겨진다(Robbins & Krueger, 2005: 35). 건설적 논쟁에서 사회 투사는 다양한 관점에서 문제를 바라보는 것을 방해하여 높은 수준의 창조적인 해결책에 도달하는 데 장애가 된다.

3.6. 재개념화, 종합, 통합

　참가자는 상대방의 관점과 추론을 이해하고 수용하여, 인지적 관점과 추론을 적용함으로써 새롭게 지각되고 재구성된 결론을 도출한다. 모든 옹호를 포기하고 그들이 동의할 수 있는 좋은 증거와 추론을 요약해 그것을 새롭고 창의적인 공동 입장으로 통합한다(Johnson, 2015: 138). 이처럼 자신이 옹호했던 의견은 새로운 관점의 해결책과 균형을 이루면서 초기 결론보다

우수한 질을 갖추게 된다. 그러므로 단순히 합의에 이르거나 관점 간의 차이를 해결하는 것이 학습 및 효과적인 결정에 필수적인 것이 아니라는 것을 유념해야 한다(Howe & Mercer, 2007: 10). 차이를 해결하지 못하더라도 해결책을 얻으려고 하는 과정은 그 자체만으로 유익하기 때문이다.

4 건설적 논쟁을 매개하는 조건

논쟁이 교육적으로 주는 긍정적인 효과를 누리기 위해서는 적절한 조건과 관리 방식이 요구된다. 왜냐하면 모든 유형의 갈등처럼, 논쟁은 건설적인 결과, 파괴적인 결과 모두를 잠재적으로 포함하고 있기 때문이다. 그러므로 논쟁이 어떤 조건에서 이루어지느냐에 따라 그 결과가 긍정적 또는 부정적이게 된다.

논쟁에서의 갈등이 건설적으로 다루어지기 위해 가장 중요한 요소는 협동적 맥락이다. 앞서 우리가 살펴보았듯이 협동의 상황에서는 참여자들 가운데 더 효과적으로 의사소통이 이루어진다. 의사소통은 정보를 정확하게 다루어질 수 있도록 함으로써 논쟁이 건설적으로 이루어지도록 하는 데 있어 매우 중요하다. 또한 협동적인 맥락에서 참가자는 반대 관점을 개방적인 태도로 경청하며 반대로 경쟁적인 맥락에서는 폐쇄적인 태도를 보인다(Johnson, 2015: 102). 그러므로 원활한 의사소통을 통해 갈등의 상황을 보다 객관적으로 바라보고 문제를 해결하기 위한 개방성을 확보하기 위해서는 논쟁이 협동적으로 이루어져야 한다.

또한 건설적 논쟁은 구조-과정-결과 이론(Structure-Process-Outcome Theory)과 긍정적 갈등에 관한 이론을 기초로 개발된 실천적인 절차를 포함하고 있기에 이와 같은 절차를 확립하는 것은 갈등이 건설적으로 다루어지는 데 있어 필수적이다. 건설적 논쟁의 절차는 옹호를 기반으로 하는 탐구 절차로써, 참가자들은 자신의 입장에 대해 연구하고 준비하여 이를 제시하고 옹호하는 것에서 건설적 논쟁 과정을 시작한다. 또한 다양한 형태의 토론과는 달리, 최선의 합의라는 공동의 목표에 도달하기 위해 다양한 논쟁의 관점을 객관적으로 바라보고 소통하는 중요한 과정을 포함하고 있다. 이를 위해 참가자들은 관점을 역전시키는 과정에 참여함으로써 모든 관점에서 이슈를 바라보고 충분한 소통을 한다. 건설적 논쟁의 독특한 과정을 이해하는 것은 초등학생들이 갈등이 주는 불편함과 파괴적인 결과에 대한 두려움을 해소하고 보다 적극적이고 긍정적으로 논쟁에 참여하는 데 도움을 줄 수 있다. 실제로 건설적 논쟁 수업을 적용해 보았을 때, 처음으로 참여하는 학생들은 기존 토론의 형태와 마찬가지로 경쟁적으로 논쟁에 참여하여 불편함을 느끼고 다툼의 결과를 나타내었다. 그러나 곧 학생들은 관점을 역전 시키는 과정에 대해 이해하고, 그 이후에 이어지는 건설적 논쟁의 단계에 보다 여유롭고 긍정적인 태도로 참여하게 되는 것을 목격할 수 있었다.

마지막으로 건설적 논쟁에서는 논쟁의 양측에 있는 견해를 가진 사람 자체가 아닌 그 사람이 가지고 있는 견해에 비판적 태도를 가져야 한다. 즉 사람이 아닌 그 견해 자체에 대해 비판하고 자신의 입장을 옹호하는 태도를 가져야 한다. 왜냐하면 건설적 논쟁은 양측 모두 합의할 수 있는 가장 좋은 해결 방안을 수립하는 것을 목표로 하기 때문이다. 만약에 자신의 의견에 대해 비판적인 태도를 보이는 사람이 나를 미워하거나 나 자신에게 불만을 갖고 있다고 여겨지면, 원활한 의사소통이 불가능해 진다. 또한 의견 자체가 아닌 그 사람에 대해 불만을 가지고 인신공격을 가한다면 더 이상의 절차가 이루어질 수 없게 된다. 이에 반해 다양한 관점을 통해 논쟁의 문제를 바라보고 그것이 더 좋은 공동의 해결책에 이를 수 있는 방법임을 인식하는 것은 다양한 의견을 소중하게 다루고 그 의견을 제시한 사람을 보다 존중할 수 있게 한다.

참고문헌

노경주·구정화·조영제·주은옥(2001), 『논쟁 문제 교육의 이론과 실제』, 서울: 원미사.
박성춘(2016), 『다문화 시대의 통일교육』, 파주: 집문당.
최윤정(2019), "건설적 논쟁의 도덕교육적 함의", 『초등도덕교육』, 66, 1-30.
추병완(2011), 『도덕교육의 이해』, 고양: 인간사랑.
추병완·박보람·김하연(2019), 『건설적 논쟁학습의 이론과 실제』, 춘천: 춘천교육대학교 출판부.
추병완·최윤정·정나나·신지선(2019), 『건설적 논쟁과 시민교육』, 서울: 한국문화사.
Berlyne, D. E. (1960), *Conflict, arousal, and curiosity*, London: McGraw-Hill Book Company.
Berlyne, D. E. (1966), "Notes on intrinsic motivation and intrinsic reward in relation to instruction", In J. Bruner (Ed.), *Learning about learning (Cooperative Research Monograph No. 15)*, Washington, DC: U. S. Department of Health, Education, and Welfare, Office of Education.
Brezinka, W. (1986), *Education in a society uncertain of its values: Contributions to practical pedagogy*, 안정수·엄호현(1997), 『가치 불확실 사회의 교육』, 서울: 서문당.
Chinn, M. D. (2006), "A primer on real effective exchange rates: determinants, overvaluation, trade flows and competitive devaluation", *Open Economies Review*, 17(1), 115-143.
Cohen, R. (2005), *Students resolving conflict: Peer mediation in schools*, Tuson: Good Year Books.
Coleman, P. T. (2012), "Constructive conflict resolution and sustainable peace", In P. T. Coleman & M. Deutsch (Eds.), *Psychological Components of Sustainable Peace* (pp. 55 - 84), New York: Springer.
Deutsch, M. (1949a), "A theory of cooperation and competition", *Human Relations*, 2, 129-152.
Deutsch, M. (1993), "Education for a peacefull world", *American Psychologist*, 48(5), 510-517.
Deutsch, M. (1994), "Constructive conflict resolution: Principles, training, and research", *Journal of Social Issues*, 50(1), 13-32.
Garcia-Marques, T., & Mackie, D. M. (2001), "The feeling of familiarity as a regulator of persuasive processing", *Social Cognition*, 19(1), 9-34.
Gilbert, M. (1997), *Coalescent Argument*, Mahwah, NJ: Erlbaum.
Johnson, D. W. (1970), *Social psychology of education*, New York: Holt.

Howe, C., & Mercer, N. (2007), *Children's social development, peer interaction and classroom learning*, London: University of Cambridge.

Johnson, D. W. (2003), "Social interdependence: interrelationships among theory, research, and practice", *American Psychologist*, 58(11), 934.

Johnson, D. W. & Johnson, R. T. (1979), "Conflict in the classroom: Constructive controversy and learning", *Review of Educational Research*, 49, 51-61.

Johnson, D. W., & Johnson, R. T. (1989), "Cooperative learning: What special education teachers need to know", *Pointer*, 33(2), 5-10.

Johnson, D. W., & Johnson, R. T. (1995), *Reducing school violence through conflict resolution*, 추병완·김영은(2000), 『갈등해결을 통한 학교 폭력 예방』, 서울: 백의.

Johnson, D. W., & Johnson, R. T. (2000a), "Civil political discourse in a democracy: The contribution of psychology", *Journal of Peace Psychology*, 6, 291-317.

Johnson, D. W., & Johnson, R. T. (2003a), "Controversy and peace education", *Journal of Research in Education*, 13(1), 71-91.

Johnson, D. W., & Johnson, R. T. (2003c), "Frontiers in research: Peace education", *Journal of Research in Education*, 13 (1), 39-91.

Johnson, D. W., & Johnson, R. T. (2004), "Cooperation and the Use of Technology", In D. H. Jonassen (Ed.), *Handbook of research on educational communications and technology* (pp. 785-811). Mahwah, NJ: Lawrence Erlbaum Associates Publishers.

Johnson, D. W., & Johnson, R. T. (2005b), "New developments in social interdependence theory", *Psychology Monographs*, 131, 285-358.

Johnson, D. W., & Johnson, R. T. (2005c), "Peace education", *Theory Into Practice*, 44(4), Fall Issue.

Johnson, D. W., & Johnson, R. T. (2006), "Peace education for consensual peace: The essential role of conflict resolution", *Journal of Peace Education*, 3(2), 147-174.

Johnson, D. W., & Johnson, R. T. (2007), *Constructive controversy: Intellectual conflict in the classroom*, 4th ed., Edina: Interaction Book.

Johnson, D. W. & Johnson, R. T. (2009b), "Energizing learning: The instructional power of conflict", *Educational Researcher*, 38(1), 37-51.

Johnson, D. W. & Johnson, R. T. (2010), "The impact of social interdependence on values education and student wellbeing", In T. Lovat & R. Toomey (Eds.) *International research handbook on values education and student wellbeing* (pp. 825-847), Dordrecht: Springer.

Johnson, D. W., & Johnson, R. T. (2014), "Peace Education in the Classroom:

Creating Effective Peace Education Programs", In G. Salomon & E. Cairns (Eds.), *Handbook on peace ducation* (pp. 223-240), London: Psychology Press.

Johnson, D. W. & Johnson, R. T. & Tjosvold, Dean. (2012), "Constructive controversy: The value of intellectual opposition", In M. Deutsch, P. T. Coleman, & E. C. Mercus (Eds.) *The Handbook of Conflict Resolution: Theory and Practice*, Hoboken, NJ: John Wiley & Sons.

Jones, T. S. (2004), "Conflict resolution education: The field, the findings, and the future", *Conflict Resol Quarterly*, 22(1-2), 233-267.

Keat, M. S. (1990), *Moral education: Toward new foundations in the hermeneutic synthesis of Aristotle and Kant*, Pennsylvania: The Pennsylvania State University.

Kruglanski, A. W. (1980), "Lay epistemo-logic—process and contents: Another look at attribution theory", *Psychological Review*, 87(1), 70.

March, J. G., & Simon, H. A. (1958), *Organizations*, New York: Wiley.

Nemeth, C. J. (1986), "Differential contributions of majority and minority influence", *Psychological Review*, 93(1), 23.

Piaget, J. (1985), *The equilibration of cognitive structures The central problem of intellectual development*, Chicago University of Chicago Press.

Robbins, J. M. & Krueger, J. I. (2005), "Social projection to ingroups and outgroups: A review and meta-analysis", *Personality and Social Psychology Review*, 9(1), 32-47.

Smith, K. A., Johnson, D. W. & Johnson, R. T. (1981), "Can conflict be constructive? Controversy versus concurrence seeking in learning groups", *Journal of Educational Psychology*, 73(5), 651-663.

Tjosvold, D., Wedley, W. C., & Field, R. H. (1986), "Constructive controversy, the Vroom-Yetton model, and managerial decision-making", *Journal of Organizational Behavior*, 7(2), 125-138.

Toma, C., & Butera, F. (2009), "Hidden profiles and concealed information: Strategic information sharing and use in group decision making", *Personality and Social Psychology Bulletin*, 35(6), 793-806.

5장
초등학교에서의 인권교육

금호정(진주교육대학교부설초등학교)

인권(Human Rights)은 다른 조건의 필요 없이 인간이라면 마땅히 가져야 하는 고유한 권리이다. 모든 사람은 태어나는 순간부터 다양한 내·외적 환경의 억압을 받지 않으며 인간답게 살아갈 기본권을 가지고 있다. 그렇다면 '인간답게' 살 권리라는 것은 무엇인가? 인간답게 살 권리, 즉 인권은 인간이 살아가면서 마주하게 되는 빈곤, 문명, 문화, 정치의 환경 등의 이유가 한 개인의 삶에 영향을 끼치지 않도록 지켜지는 최소한의 권리를 말한다.

인권의 손상 없이 온전한 한 개인으로서 권리를 누리면서 살아가기 위해서는 혼자만의 결심만으로 이루어지지 않는다. 개인이 속한 환경이 인권 친화적이며 인권이 보장되는 환경이라야만 가능하다. 이에 인권을 보장하는 제도를 만들고 자신뿐만 아니라 타인의 인권을 보호하는 인식과 보호의 실천이 중요하다(박상준, 2003: 117). 각 개인은 자신과 타인의 인권에 대한 인식 및 실천으로 이어지는 행위로 말미암아 인권 보장의 환경을 구성한다. 즉, 개개인의 높은 인권 감수성과 국가 사회적인 제도의 뒷받침이 병행될 때 비로소 인권이 보장되는 사회가 된다. 이러한 '인권 사회'는 결국 개개인이 인권 감수성이 바탕이 되어 정착될 수 있기에 인권에 대한 교육은 무엇보다 중요하다. 이에 교육기관인 학교에서 인권에 대한 바른 인식 및 실천 태도 함량을 위한 교육을 시행하고 인권에 대한 교육을 나이에 맞게 체계적으로 제시하여야 한다.

국가인권위원회 연구 결과에 따른 학교 인권교육의 필요성은 다음과 같다(경상남도교육청, 2019:11-12에서 재인용, 구정화 외, 2007: 1-2). 첫째, 학교 인권교육은 세계인권 선언의 권고에 따른 것이며, 선택이 아닌 마땅히 이루어져야 할 기본적인 과정이다. 둘째, 초등학교 시기는 인권교육의 결정적 시기이다. 초등학교 시기는 지구촌의 일반적인 문제와 구체적인 인권 문제에 관해 관심을 가질 뿐만 아니라 인권에 관한 태도를 기르는데 결정적인 시기다. 또한 인권교육을 통해 초등학생에게 나타나는 자기 중심성을 줄이고 타인에 대한 우호적인 감정도 높일 수 있다. 셋째, 학교에서 반인권적 사태가 줄어들지 않고 있다. 입시로 인한 경쟁을 통한 서열이 강조되는 문화가 지배적이며 집단주의적 획일성이 나타나고 있다. 이러한 학교의 반(反)인권적 문화는 학교 내 다양한 차별과 편견의 모습으로 드러난다. 넷째, 인권은 학교에서 가르치는 다른 내용과 유기적으로 관련되어 있다. 학생들이 학교에서 배우는 내용이 사회 구성원으로 공동체를 이루며 살아가는 방법을 다루고 있다. 이것은 인권이 보장되지 않는 사회적 풍토에서 인간적인 삶을 보장하고 타인의 삶을 존중하며 공동체 속에 협력하며 살아가기 어렵기 때문에 학교 인권교육을 통해 사회생활의 다양한 활동을 경험하고 인권에 대한 이해를 높이는 과정을 통해 건강한 사회 시민으로 자라도록 도움을 받아야 한다.

인권교육의 중요성은 여러 차례 강조해도 지나치지 않는다. '현재 시대적 흐름 속에서 적합하게 요구되는 인권교육은 어떤 모습인가?' 또한 '이제껏 교육 현장에서의 인권교육은 어떠한 방향을 가지고 진행되었는가?'의 질문을 하고, 초등학생의 특성에 알맞은 인권교육을 시도함과 동시에 끊임없는 성찰로 더 나은 인권교육 방법의 답을 찾아보아야 한다.

1 기존 인권교육에 대한 평가

지금까지의 인권교육은 교육과정 내 '도덕함(doing moral)'의 중핵 교과인 도덕 교과와 사회 문제를 다루는 사회 교과를 중심으로 다루어지고 있으나, 그 교육과정 내용이 단원 중심, 일화 중심의 다소 분절된 형식으로 실시되고 있다. 또한 교과 속 인권교육은 인권에 관한 내용 자체를 다루기보다는 의무의 측면에 집중하는 경향이 크다. 이는 인지 발달론에 기초하여 인권에 대한 지식과 비판적인 사고 능력을 발달시키는 것으로 구성한 것이며, 인지주의와 주지주의적 가정에 근거하여 인권에 대한 지식과 비판적인 사고 능력을 발달시킴으로써 인권 실천력-인권 옹호 행위가 자연스럽게 촉진 시킬 수 있다는 전제를 바탕으로 하였다(국제사면위원회, 1997: 80). 하지만 인지주의 가정은 인권의 침해 사례에 대한 비판적 사고 능력과 인권 옹호 행위 시행의 상관관계를 입증하지 못하였고, 연관성이 입증되더라도 실제 인권 옹호 행위에 일반화할 수 없다. 또한 주지주의 가정은 실제의 삶으로부터 추상화된 인권 지식의 전달이 구체적인 인권 친화적 행위를 지시해줄 수 없다. 추상화된 인권 관련 지식과 실제 인권 옹호 행위는 상당히 괴리되어 있는 점을 고찰해 볼 필요가 있다(박상준, 2003: 123-125).

또한 이렇게 산발적으로 진행된 인권교육 문제를 보완하기 위해 인권 관련 기구 및 시민단체를 통한 교육에서도 기존의 문제를 보완하고자 하였으나, 가르치고자 하는 목표가 무엇이고, 그 목표를 달성하는 데 필요한 교육 내용과 방법, 평가 방법 등에 대한 이론 정립 없이 인권 관련 국제 조약이나 헌법에 규정된 기본권을 가르치는 인권교육 위주의 교육을 진행하기도 했다(박상준, 2003: 116). 하지만 인지주의적 교육 방법으로 인권교육을 시행하는 경우 학생들이 인권교육의 주인공이 되지 않고 인권교육의 주변인이 될 수 있음을 자각할 필요가 있다.

초등학생의 인권교육을 진행할 때 단순히 인권 조항이나 법에 근거한 지식 전달식 인권교육을 제공하기보다 초등학생의 나이에 적합한 인권 문제를 소재로 하여 자신의 문제로 받아들이고 인권 침해 상황을 인식하고 해결해 나가는 방법을 찾으며 최종적으로 인권 실천력을 가질 수 있도록 구성하여야 할 것이다. 또한 교과에서 제시하는 인권교육을 넘어 가정, 학교, 사회, 세계 속의 인권 문제에 관심을 기울이며 구체적인 상황 속에 당면한 인권 문제를 정확하게 인식하고 해결해 나가는 실천적 인권 감수성이 발달하도록 초등학생의 모든 환경을 인권 친화적으로 구성하여 제공할 수 있어야 한다.

2 초등학생 시기의 인권교육

어린 시절 인권교육의 중요성을 강조하는 프란치(Frantzi)는 일찍이 듀이(Dewey)가 중시한 지성적 공감의 육성이 인권교육에서 매우 긴요함을 지적하면서 인권 조기 교육의 필요성을 언급하였고 이를 기르기 위한 실질적인 노력을 기울일 것을 역설하였다(유병열, 2013: 255에서 재인용, Frantzi, 2004: 1-8). 특히 초등학생에게 인권과 관련된 지식을 인식하고 이를 어떻게 일상의 삶에서 실천할 수 있는가를 학습하는 것은 내면적인 태도나 자질과 밀접히 관련을 맺게 되어 평생에 걸쳐 한 개인의 삶에 영향을 준다.

따라서 교사는 초등학생이 만나는 모든 생활 장면에서 인권 관련 영역을 추출하여 교육적 소재로 활용할 필요가 있다. 초등학생이 겪었거나 겪을 수 있는 인권 침해 상황 속에서 건강한 방식의 인권 실천력을 발휘하여 성공적인 인권 환경 구성 경험을 개별적이며 직접적으로 제공할 때, 자신과 타인에게 당면한 인권 침해 상황에서 인권을 지키는 상황으로 전환할 역량을 가지게 된다. 이러한 역량을 초등학생 단계에서부터 지속적인 교육 경험으로 제시할 때, 평생에 걸쳐 자신과 타인의 인권을 지키고 건강한 시민으로 공동체를 구성하며 살아가게 하는 원동력을 지니게 된다.

리스터(Lister, 1984)는 초등학생에게 제공하는 인권교육의 특징을 다음과 같이 제안하였다. 첫째, 아동의 객관적인 조건과 성숙한 조건에서 인권이 어떻게 적용되고 있는가를 비판적으로 도출해야 한다. 개별 초등학생에게 자신의 둘러싼 환경 속에서 인권 요소가 어떻게 적용되는지 비판적인 시선을 가지기 위하여 '인권에 대한 인식'을 먼저 할 수 있어야 한다. 둘째, 아동의 지식은 이후 토론 속에서 그들의 경험과 지식을 공유하고 표현할 활동공간을 제공해야 한다. 인권 침해 상황에 대한 보다 이성적이고 객관적인 지식으로 이해하도록 토론을 통해 인권 침해 해결방안으로 사고를 확대해 나갈 수 있도록 한다. 셋째, 아동들의 응답에서 비일관성과 부조리를 도출하도록 함으로써 학습자들의 사전지식에 문제를 제기하도록 노력해야 한다. 대립토론 등의 방식을 이용하여 문제를 심화시켜서 인권 문제를 깊이 있게 이해하는 과정으로 이끌어야 한다. 넷째, 인권교육의 기법은 명료화한 주제의 분석과 교육활동 실행에 집단적 노력으로 독려해야 한다. 초등학생 혼자만의 생각으로 해결책을 찾기보다 집단(대립)토론 등으로 인권 침해 상황을 이해하고 또 모둠 학생들의 공동 사고로 탄생한 합리적인 해결방안을 실천하도록 한다. 다섯째, 사실 자료 통계 등과 같은 자료에서 나온 지식과 비교하도록 하여 결론적인 생각을 종합하도록 한다. 인권 침해 상황에 대한 인식 및 해결방안으로의 모색이 자기주장으로만 남겨지지 않도록 합리적 해결방안에 이르는 근거로써 사실적 통계와 같은 자료에 바탕을 두어야 한다. 여섯째, 인권교육에서는 아동의 삶의 주제와 그 주제들과 연관된 질문은 아동 자신들에 의해 제기되어야만 한다. 광범위한 인권 주제나 인권 침해 판례, 법 조항 등을 주제로 한 인권교육은 초등학생에게 체화된 인권 감수성 함량에 적합하지 않다. 초등학생이 겪을 수 있고, 초등학생의 환경 속에서 발견되는 인권 주제를 활용하여 인권 상황이 삶과 밀접하게 영향을 주는 것을 인식하게 하여야 한다(이미식, 2007: 189에서 재인용).

3 제 4차 산업혁명 시대의 인권교육

인공지능 기능을 탑재한 로봇이 다양한 삶의 영역에서 사람들이 해왔던 일들을 이행하고 있다. 어느새 로봇은 단순히 생산품을 제조하는 과정에 투입되는 수준을 넘어 다양한 서비스 영역까지 확대되었고, 사람의 감정을 공감하고 대화하는 수준에까지 이르는 인간화(人間化)된 모습을 보인다. 컴퓨터 프로그래밍을 통한 조작적 환경의 발전 속도가 가속되는 만큼 인간만이 할 수 있는 영역 찾기에 관한 관심과 인간으로서의 고유한 존재론에 대한 목소리도 높아지고 있다.

고도화된 기계와 인공지능이 사람의 지능과 대적하는 제 4차 산업혁명 시대가 진행될수록 인권에 대한 성찰과 인간 고유의 역량 개발에 관한 관심 또한 기울여야 할 필요가 있다. 기계화·분절화가 아닌 배려, 공동체, 감수성 등의 역량을 가진 인간으로 건강한 자아 인식을 가질 수 있도록 교육이 제공되어야 한다. 이러한 맥락에서 강조되는 것이 바로 '인권 감수성(Human Rights Sensitivity)' 함량 교육이다.

'인권 감수성'은 인권 문제가 개재된 상황에서 그 상황을 인권 관련 상황으로 지각하고 해석하며, 그에 따른 행동이 다른 당사자들에게 어떠한 영향을 미치는지를 알며, 그 상황을 해결하기 위한 책임이 자신에게 있다고 인식하는 심리적 과정이다. 이것은 상황 지각 능력, 결과 지각 능력, 책임 지각 능력으로 구성되어 있다. 상황 지각 능력이란 어떤 상황을 인권의 문제로 '인식'하고 받아들이는 능력이며, 결과 지각 능력이란 다른 사람에게 끼치는 결과에 대한 지각 능력으로서 자신과 타인에게 미칠 행동의 결과를 상상하고 이해할 수 있는 능력이다. 책임 지각 능력이란 개인적 책임에 대한 지각 능력으로서 인권과 관련된 '행동에 대한 책임'을 자신과 관련하여 지각하고 이를 실제 행동으로 실천하고자 하는 의지를 말한다(노희정, 2016: 131-132).

다음은 [그림 1]은 교육을 통해 신장시킬 인권 감수성 개념을 알기 쉽게 그림으로 표현한 것이다.

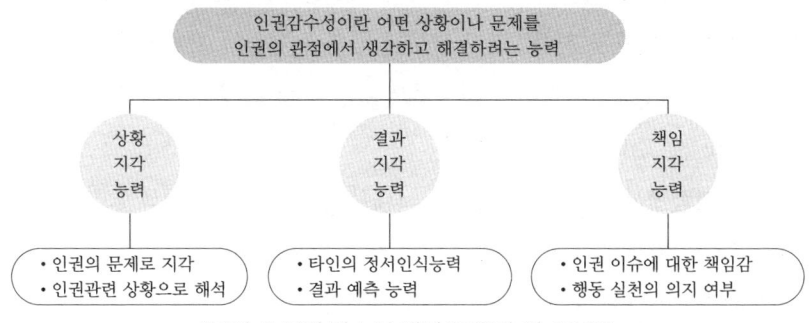

[그림 1] 인권 감수성 개념(문용린 외, 2002)

제 4차 산업혁명 시대가 우리에게 주는 교육 환경을 초등학생의 '인권 감수성' 함량을 위한 교육에 활용함으로써 시대에 적합한 인권교육을 구성할 수 있다. 제 4차 산업혁명 시대를 살아가는 초등학생들의 사회적 구조 속에 이미 깊숙이 들어와 있는 인공지능 기술을 이용한 인권교육 방법의 적용 역시 고려해 볼 만하다. 제 4차 산업혁명 시대에서 초등학생을 위한 효과적인 인권교육을 고민하며 인권 감수성 신장 교육의 필요를 충족시키는 교육과정 구성 및 적용이 요구되는 시점이다.

4 초등학생을 위한 '멀티 인권교육'

초등학생 대상의 인권교육 목표는 인간 존엄성의 가치에 대한 신뢰를 토대로 한 인권 존중의 태도를 갖추게 하고, 타인과 더불어 조화롭게 살 수 있는 윤리적 역량을 길러주는 것이다(노희정, 2016: 4). 인권 지식(법과 제도)과 기술(인권을 지키는 방법)을 가르칠 뿐만 아니라 인권 존중의 태도와 가치를 형성하여 인권 감수성(인권 침해에 대한 비판적 안목과 인권 보전을 위한 실천력)을 내면화할 수 있는 교육과정을 구성하고 적용할 수 있어야 한다. 즉 인권과 관련된 행위를 체험하고 반복적으로 연습함으로써 '인권 친화적 행위 성향'을 지니도록 한다. 인권 친화적 행위를 체험하고 반복적으로 연습함으로써 체득(體得)된 행위의 경향성으로 실제 삶 속에서 실천하도록 하는 것이다(박상준, 2003: 126).

이런 맥락에서 "제 4차 산업혁명 시대를 살아가는 초등학생에게 적합한 인권교육을 어떻게 구현하여야 할까?"라는 질문에 답을 찾아보며, 초등학생을 위한 멀티 인권교육을 제안하고자 한다.

[그림 2] 초등학생을 위한 멀티 인권교육

4.1. 초등학교 교육과정에서 인권교육

교육과정 속 인권교육은 주로 '인권'을 소재로 한 교육과정을 분석하여 교육 대상자에게 적합한 교육내용으로 재구성하여 교육하는 방법이다. 현재 2015 개정 교육과정을 살펴보면 교육과정 내 '인권'에 대하여 직접적으로 다루고 있는 교과와 단원은 5학년 1학기 사회 교과 '2. 인권 존중과 정의로운 사회', 5학년 2학기 도덕 교과 '인권을 존중하며 함께 사는 우리'이다. 두 교과의 인권교육 성취기준은 다음 〈표 7〉, 〈표 8〉과 같다.

〈표 7〉 사회 교과 5학년 1학기 2. 인권 존중과 정의로운 사회 성취기준

> [6사02-01] 인권의 중요성을 인식하고 인권 신장을 위해 노력했던 옛사람들의 활동을 탐구한다.
> [6사02-02] 생활 속에서 인권 보장이 필요한 사례를 탐구하여 인권의 중요성을 인식하고, 인권 보호를 실천하는 태도를 기른다.
> [6사02-03] 인권 보장 측면에서 헌법의 의미와 역할을 탐구하고, 그 중요성을 설명한다.
> [6사02-04] 헌법에서 규정하는 기본권과 의무가 일상생활에 적용된 사례를 조사하고, 권리와 의무의 조화를 추구하는 자세를 기른다.
> [6사02-05] 우리 생활 속에서 법이 적용되는 다양한 사례를 제시하고, 법의 의미와 성격을 설명한다.
> [6사02-06] 법의 역할을 권리 보호와 질서 유지의 측면에서 설명하고, 법을 준수하는 태도를 기른다.

<표 8> 도덕 교과 5학년 2학기 '인권을 존중하며 함께 사는 우리' 성취기준

[6도03-01] 인권의 의미와 인권을 존중하는 삶의 중요성을 이해하고, 인권 존중의 방법을 익힌다.
① 인권이란 무엇이고 인권을 존중하기 위해 타인의 입장을 이해하고 인정하는 것이 왜 필요할까?
② 인권을 존중하고 보호할 수 있는 방법은 무엇이며, 인권 문제에 대해 어떻게 올바른 의사 결정을 할 수 있을까?

에치오니(Amitai Etzioni)는 권리와 책임은 동전 양면과 같아서 어떤 사회도 그 구성원들이 오직 권리만 주장하고 사회적 책임을 지기 꺼린다면 그러한 사회는 존속하기 어려움을 지적하였다. 강한 권리는 강한 책임을 전제로 함을 인권교육을 실천하는 단계에서 검토해볼 필요가 있다. 학생의 인권친화력 및 인권 감수성 함양에 집중한 교육은 자칫 학생들이 자신의 인권 권리만을 주장하는 편향된 교육에만 초점이 맞추어질 수 있다. 따라서 교과 내 인권교육의 성취기준을 달성하기 위한 인권 방법을 마련하는 것에 있어 학생들이 자신과 타인의 균형 있는 인권 권리와 책임을 학습할 수 있도록 구성하여야 한다.

유병열(2013: 245) 역시 인권은 나의 인권과 함께 다른 이의 인권도 있다는 점, 나의 인권에 관한 권리 의식과 함께 타인의 인권을 존중하고 보호하려는 책임 및 의무 의식도 같이 조화롭게 기르는 방향으로 나아가야 함을 지적하였다. 인권의 문제는 자신의 권리에 관한 문제이지만 배타적인 권리 의식이나 이기주의와 다르다. 인권은 타인의 권리를 존중하고 지켜줌으로써 자신의 권리도 지켜지는 상호성이 성격을 띠고 있으므로 바른 인권에 대한 인식을 할 수 있도록 교육내용 및 방법을 적용하여야 한다. 권리와 책임의 균형감 있는 학습을 위한 인권교육, 자신과 타인의 권리를 상호 간 지키는 방법에 대한 올바른 인권교육을 위하여 인권교육의 단계를 체계적으로 구성하여 교육할 필요가 있다.

다음은 초등 교과 내 인권 감수성 신장을 위한 인권교육 흐름을 단계로 제시하여 표로 정리한 것이다.

<표 9> 인권 감수성 up을 위한 교육 흐름

인권 감수성 UP을 위한 교육 단계		
one-step	인권 인식하기	인권에 대한 지식을 가지고 있지 않다면 인권 침해 상황이 지속될 가능성이 크고 마땅히 누려야 할 권리에 대한 손상이 있을 수 있다. 자신에게 당면한 친인권적 상황과 인권 침해 상황을 민감하게 알아차릴 수 있도록 깨어있는 인권 의식이 중요하다.
two-step	인권 침해 경험하기	인권 침해를 겪었던 경험이 있거나 현재 당면하고 있는 인권 침해 상황은 인권 침해 상황을 해결하는 동기로 작용 된다. 직접적 감정이입의 경험으로 실제적 해결방안을 적극적으로 모색하게 한다.
three-step	인권 침해 해결를 위한 토론하기	인권 침해 상황에 대한 감정적 공감을 넘어 타인의 의견을 통해 객관화되고 보완된 해결방안을 찾아본다. 이성적이며 객관화된 인권 침해 상황에 대한 정보를 바탕으로 건강한 방식의 해결방안을 찾아보는 단계로의 토론이 되도록 한다.
four-step	인권 친화 행위 실천하기	인권 침해 상황에 대한 감정이입 및 공감을 바탕으로 객관화된 정보가 더해진 토론의 결과는 인권 친화 행위로의 실천으로 연결되어야 한다. 인권 침해를 해결할 수 있는 건설적 방안으로의 실천으로 인권 침해 상황을 해결해야 하는 문제로 교육될 수 있도록 한다.

'인권 감수성 up을 위한 교육 단계'는 인권 침해 주제별로 한 차시의 학습 흐름으로 구성하는 방법과 인권 학습에 대한 전체 방향성을 가지고 주제별로 다른 차시를 연결시키며 심화시켜 나가는 교육 단계로 적용하여 활용할 수 있을 것이다. 다음은 '인권 감수성 up'을 위한 교육 단계'를 적용한 초등 도덕 교과, 사회 교과의 교과 간 교육과정을 재구성하고 예시를 표로 제시한 것이다.

<표 10> 도덕, 사회 관련 단원을 이용한 교과 간 재구성 예시

차시	차시 주제	학습 목표	교과 역량	인권 요소
1	단원 학습 내용의 개관	• 나의 인권 감수성 알아보기	비판적 사고력	인권
2	인권 인식하기	• 인권이란 무엇일까요?	정보 활용 능력	인권
3		• 인권 신장을 위해 노력한 사람들 알아보기	정보 활용 능력	인권
4		• 인권 신장을 위한 과거의 제도 알아보기	정보 활용 능력	인권
5	인권(침해) 경험하기	• 아동 인권 침해 사례와 이를 해결하기 위한 노력 알아보기	비판적 사고력	인권 신장
6		• 소수자 인권 침해 사례와 이를 해결하기 위한 노력 알아보기	비판적 사고력	인권 신장
7		• 사이버 인권 침해 사례와 이를 해결하기 위한 노력 알아보기	비판적 사고력	인권 신장
8	인권 침해 해결을 위한 토론하기	• 인권 침해에 대한 올바른 대처 방안 토의하기	창의적 사고력	인권 보장
9		• 모의 인권 재판하기	문제해결력 및 의사 결정력	인권 보장

차시	차시 주제	학습 목표	교과 역량	인권 요소
11	인권 친화 행위 실천하기	• 학급 인권 규칙 만들기	창의적 사고력	인권 보장
12		• 메타버스로 행복한 온라인 교실 만들기	의사소통 및 협업 능력	인권 의식
13		• 생활 속 인권 보호 프로젝트 활동하기	의사소통 및 협업 능력	인권 의식
⋮	⋮	⋮	⋮	⋮
14	인권 감수성 평가하기	• ·프로젝트를 마무리하며 소감 나누기	의사소통 및 협업 능력	인권 감수성

초등학생 인권 감수성 신장을 위한 교육 단계인 '인권 인식- 인권 경험-인권 토론-인권 실천'을 교과 간 지도안 5개를 대표 예시로 제시하여 구체적인 교수-학습 실제로 제안하면 다음과 같다.

<표 11> 인권 인식하기 수업안

일시	2021.11.10.(수) 1교시	장소	5-2 교실	대상	5학년 2반 24명	수업교사	금호정 (인)
단원 및 차시	인권 감수성 기르기 프로젝트(4/15)					교과	도덕, 사회
성취 기준	[6사02-01] 인권의 중요성을 인식하고 인권 신장을 위해 노력했던 옛사람들의 활동을 탐구한다. [6도03-01] 인권의 의미와 인권을 존중하는 삶의 중요성을 이해하고, 인권 존중의 방법을 익힌다.					역량	정보 활용 능력
배움 주제	인권 신장을 위한 여러 제도 알아보기						
배움 목표	인권 신장을 위한 과거부터 현재까지의 여러 제도를 알아봅시다.						
수업 흐름	배움 열기		배움 활동			배움 정리	
	○ 과거의 인권 제도 알아보기		○ 인권 신장을 위한 옛날의 제도 알아보기		○ 옛날과 오늘날의 제도 비교해 시사점 찾기	○ 배움 내용 정리하기	
수업자의 의도	인권이 존중받는 사회를 실현하기 위해서는 개인의 노력만큼이나 국가나 사회제도의 뒷받침이 필수적이다. 본 차시에서는 과거부터 현재까지의 다양한 인권 제도를 통해, 인권의 중요성과 함께 인권을 보호하고자 했던 노력을 인식하고자 하였다. 이를 위해 전문가 집단을 활용하여 다양한 과거의 인권 보호 제도를 조사한 후 이를 변화된 현대의 제도와 비교해 보는 활동을 구성했다. 배움 열기 단계에서는 인권 보호를 위한 과거의 제도를 제시함으로써 예전부터 인권을 보호하기 위한 다양한 제도가 있었음을 깨닫게 한다. 배움 1단계에서는 전문가 모둠을 조직하여 과거의 인권 보호 제도를 조사하고 이를 공유하며 모둠별로 정리하게 한다. 배움 2단계에서는 옛날과 오늘날의 다양한 제도가 발전되어 온 양상을 정리하여, 인권 보호를 위해서는 개인의 노력뿐 아니라 국가와 사회의 노력이 필요함을 깨닫게 한다. 배움 정리 단계에서는 배움 내용을 정리하며 내가 만들고 싶은 인권 제도를 발표하게 하여 인권 감수성에 한 걸음 더 나아가게 한다.						
평가계획	영역	평가 내용				수집 증거	평가 방법
	지식	다양한 인권 제도에 대해서 알고 있는가?				배움 1	관찰, 발표
	기능	다양한 인권 신장 제도 전문가 집단 활동시 맡은 역할을 잘 수행하는가?				배움 2	상호 평가
	태도	모둠활동에 적극적으로 참여하고 협력하는가?				배움1,2 모둠 활동	자기 평가, 관찰

배움단계	학생 배움·지원 활동	자료(★) 및 유의점(☞)

배움 열기 (7′)	◈ 마음 열기
	○ 수업에 참여하기 위한 준비로 즐겁게 인사 나누기
	◈ 생각 열기
	○ 과거의 인권 제도 영상 시청하기
	• 신문고, 상언, 격쟁, 삼복 제도의 공통점은 무엇인가요?
	  – 백성들의 억울함을 해결해 주는 제도입니다.
	• 왜 백성들은 이러한 방법으로 억울함을 해결하려고 했을까요?
	  – 신분이 낮아 억울한 일을 겪는 일이 많았기 때문입니다.
	• 이밖에 또 어떤 인권 보호 제도가 있었을까요?
	◈ 배움 문제 확인하기
	  인권 신장을 위한 과거의 여러 제도를 알아봅시다.
	◈ 배움 활동 안내하기
	  〈배움 1〉 과거의 인권 신장 제도 조사하기
	  〈배움 2〉 조사 내용 나누기
		★동영상 자료
		(EBS 역사 채널 e '백성의 소리')
		☞동영상을 보기 전에 중요하게 시청해야 할 부분을 미리 안내하여 다양한 과거의 인권 보호 제도에 대해 궁금증을 갖게 한다.
		
		☞배움 활동의 자세한 안내를 통해 자기주도적인 학습이 되게 한다.

배움 활동 28′	◈ 배움 1. 다양한 인권 신장 제도 조사하기
	○ 과거 인권 신장 제도 조사하기
	• 인권 보호를 위해 옛날에는 어떤 인권 신장 제도가 있었을까요?
	  – 격쟁, 신문고, 상언, 삼복 제도 등이 있었습니다.
	  – 모둠별 주제에 맞는 자료를 전자기기를 활용해 아래의 방법으로 조사·정리해 봅시다.
	
	〈조사·정리 방법〉–15분
	① 전자기기를 활용해 개인별로 인권 신장 제도 조사하기(조사 학습지)
	② 모둠별 조사 내용 정리하기(사진, 영상 자료 추가)
	–미리 캔버스(https://www.miricanvas.com/design) 플랫폼 활용
	③ 조사 내용 모두 정리 후 Google 드라이브에 탑재
	
	〈평가〉 과거 인권 제도의 종류를 알아보고, 인권 문제해결을 위한 사회적 노력의 필요함을 발표할 수 있는가?
	〈피드백〉 과거도 인권을 보전하기 위한 다양한 제도가 있음을 알아보고 현재에는 인권을 보전하는 제도가 어떻게 발전해 나가는지 개인과 모둠으로 함께 조사하는 활동에 협력하도록 한다.
		★PPT, 조사 학습지, 미리 캔버스 플랫폼, 패드, 노트북, 모바일, 타이머, Google 드라이브
		☞사전에 조사 과제를 제시하여 학습활동이 원활하게 이루어지도록 하며 제한된 시간 안에 집중하여 조사할 수 있도록 유도한다.
		☞플랫폼을 활용해 내용을 정리할 때 형식에 너무 얽매이지 않도록 한다.
		☞순회를 통해 활동에 어려움을 겪는 학생을 돕고 개인, 모둠활동을 충실히 할 수 있도록 지도하며 조사 내용이 적절한지 확인한다.

	◈ 배움 2. 조사 내용 나누기
	○ 전문가 집단을 활용하여 조사한 내용 나누기
	• 둘 가고 둘 남기를 활용하여 조사한 내용을 다른 모둠과 공유해 봅시다.
	  - 둘 가고 둘 남기를 통해 조사한 내용을 공유합니다.
	• 발표를 들으면서 조사 내용을 학습지에 정리해 봅시다.
	  - 다른 모둠의 조사 내용을 집중해서 듣고 학습지를 정리합니다.
	○ 현재 인권 신장 제도와 비교하기
	• 현재의 인권 신장 제도와 비교하여 공통점과 차이점을 찾아봅시다.
	  - 과거와 달리 현재가 발전되었지만, 비슷한 부분도 많습니다.
	  - 현재 제도 중에 과거의 제도에서 기초한 제도가 많이 보입니다.
	○ 인권 신장을 위한 제도의 필요성 이야기하기
	• 인권 신장을 위한 제도가 필요한 이유는 무엇인가요?
	  - 개인의 노력으로는 해결할 수 없는 부분이 있기 때문입니다.
	
	〈평가〉 전문가 집단 활동에 진지한 태도로 참여하는가?
	〈피드백〉 전문가 집단 활동을 하는 과정에서 구성원 전체가 협력하여 자신의 역할을 다할 수 있도록 유도한다. 또한 조사 내용을 바탕으로 자연스럽게 현재의 인권 신장 제도와 비교해 볼 수 있게 한다.
		★ 미리 캔버스 플랫폼, 패드, 조사 학습지
		☞ 자료 조사, 정리, 발표 등 모둠원의 역할을 나눠서 소외되는 사람 없이 모두가 적극적으로 참여하도록 한다.
		
		☞ 진지한 태도로 발표를 경청하며 다른 모둠 발표 내용을 학습지에 정리하도록 한다.

배 움 정 리 (5′)	◈ 배움 활동 정리하기 ○ 인권을 신장하기 위한 다양한 제도에 대해 정리하기 ○ 조사·발표 소감 나누기 • 어떤 인권 신장 제도가 가장 기억에 남습니까? • 오늘 활동에서 새로 알게 된 점, 아쉬웠던 점, 재미있었던 점을 발표해 봅시다. ◈ 차시 예고하기 ○ 다음 차시(아동 인권 침해 사례와 이를 해결하기 위한 노력 알아보기) 안내하기 ○ 과제 안내하기 • 다양한 아동 인권 침해 사례를 조사 해 봅시다.	

<표 12> 인권 침해 경험하기 수업안

일 시	2021.11.11.(목) 1교시	장소	5-2 교실	대상	5학년 2반 24명	수업교사	금호정 (인)
단원 및 차시	인권 감수성 기르기 프로젝트(6/15)					교과	도덕, 사회
성취 기준	[6사02-02] 생활 속에서 인권 보장이 필요한 사례를 탐구하여 인권의 중요성을 인식하고, 인권 보호를 실천하는 태도를 신장한다. [6도03-01] 인권의 의미와 인권을 존중하는 삶의 중요성을 이해하고, 인권 존중의 방법을 익힌다.					역량	비판적 사고력
배움 주제	소수자 인권 침해 사례와 이를 해결하기 위한 노력 알아보기						
배움 목표	소수자 인권 침해 사례와 이를 해결하기 위한 노력을 알아봅시다.						
수업 흐름	배움 열기			배움 활동			배움 정리	
	○ 소수자 문제 알아보기			○ 소수자가 되어 마음 느껴보기		○ 소수자 인권 침해를 해결하기 위한 노력 알아보기	○ 배움 내용 정리하기	

| 수업자 의도 | 소수자는 '신체적 또는 문화적 특징 때문에 사회의 다른 구성원에게 차별받으며, 차별받는 집단에 속해 있다는 의식을 가지는 사람들'이다. 소수자임을 결정하는 기준은 수의 많고 적음이 아니라 편견과 차별의 여부에 달려 있다.
　본 차시에서는 일상의 이야기를 통해 소수자에 대해 알아보고, 학생 스스로 소수자가 되어 그 마음을 이해해 보도록 하는 것이 목표이다. 이러한 과정을 통해 소수자를 배려하고 협력하는 자세가 필요함을 느낄 수 있도록 수업을 구성하였다.
　배움 열기 단계에서는 소수자가 일상생활 속에서 겪는 불합리한 일이 담긴 영상자료를 통해 문제상황을 인식하도록 한다.
　배움 1단계는 학생들이 직접 소수자가 되어 다른 학생들의 질문하고 답하는 형식을 통해 소수자가 겪는 어려움을 탐구할 수 있도록 한다.
　배움 2단계는 배움 1에서 경험한 것을 바탕으로 소수자 문제를 해결하기 위한 다양한 방안을 협동학습 기법을 통해 알아보도록 한다.
　배움 정리 단계에서는 배움 내용을 정리하며 느낀 점을 나누고 생활 속에서 소수자 인권을 위해 실천 방법을 발표하도록 한다. |

평가 계획	영역	평가 내용	수집 증거	평가 방법
	지식	소수자 역할극 활동 시 맡은 역할을 잘 수행하는가?	배움 1	관찰, 발표
	기능	소수자의 의미를 알고 다양한 해결 방법을 알고 있는가?	배움 2	상호 평가
	태도	모둠활동에 적극적으로 참여하고 협력하는가?	배움1,2 모둠 활동	자기 평가, 관찰

배움단계	학생 배움·지원 활동	자료(★) 및 유의점(☞)

배움열기 (7′)	◈ 마음 열기
	○ 수업에 참여하기 위한 준비로 즐겁게 인사 나누기
	◈ 생각 열기
	○ 소수자 인권 침해 영상 시청하기
	• 영상의 주인공에게 무슨 일이 일어났나요?
	  - 차별받아 마음이 속상했습니다.
	• 왜 이런 일이 발생했을까요?
	  - 사람들이 자신과 다른 면을 이상하게 생각하기 때문입니다.
	• 영상 내용을 바탕으로 오늘의 배움 문제를 알아보겠습니다.
	◈ 배움 문제 확인하기
	
	    소수자 인권 침해 사례와 이를 해결하기 위한
	    노력을 알아봅시다.
	
	◈ 배움 활동 안내하기
	  〈배움 1〉 소수자의 마음 느끼기
	  〈배움 2〉 차별을 해결해 보기
		★동영상 자료 (유튜브 소수자 차별 자료)
		☞동영상을 보기 전에 중요하게 시청해야 할 부분을 미리 안내하며 다양한 소수자 인권 침해 사례를 알게 한다.
		
		☞배움 활동의 자세한 안내를 통해 자기주도적인 학습이 되게 한다.

배움활동 28′	◈ 배움 1. 소수자의 마음 느끼기
	○ 소수자의 개념 파악하기
	• 소수자란 무엇일까요?
	  - 사회적 구성원 중 적은 수를 가진 사람들이에요.
	• 우리 사회에서 소수자는 어떤 사람이 있을까요?
	  - 새터민이나 외국인 노동자, 장애인 등이 있습니다.
	• 모둠별로 역할극을 통해 소수자의 마음을 느껴보도록 합시다.
	
	〈소수자가 되어보기 역할극〉-15분
	① 모둠별로 북한 이탈 주민, 외국인 노동자, 장애인 대본을 골라 완성하기
	② 완성된 대본을 바탕으로 역할극 수행하며 소수자에게 공감하기
	③ 역할극이 끝난 후 '핫시팅'으로 친구들에게 질문을 받으며 마음 공유하기
	
	〈평가〉 소수자 역할극 활동 맡은 역할을 잘 수행하는가?
	〈피드백〉 역할극 활동을 하는 과정에서 모둠원 전체가 협력하여 자신의 역할을 다할 수 있도록 유도한다. 또한 활동 과정에서 소수자의 마음을 더욱 공유해 볼 수 있게 한다.
		★PPT, 역할극 대본
		
		☞활동에 참여할 때 흥미에 너무 치우치지 않고 진지한 태도로 소수자의 마음에 공감할 수 있는 분위기를 조성한다.
		☞순회를 통해 활동에 어려움을 겪는 학생을 돕고 개인, 모둠활동을 충실히 할 수 있도록 지도하며 조사 내용이 적절한지 확인한다.

	◈ 배움 2. 차별을 해결해 보기
	○ 소수자의 차별을 해결해 보기 위한 의견 나누기
	• 모둠원들과 차별을 해결을 위한 방법을 이야기해 봅시다.
	   – 소수자에 대한 편견을 없애고, 제도적인 뒷받침이 있어야겠습니다.
	• 모둠별 해결책을 다른 모둠과 공유해 봅시다.
	   – 다른 모둠의 해결 방법 집중해서 듣고 학습지를 정리합니다.
	○ 기존 소수자 인권 정책과 비교하기
	• 기존에 있는 소수자 정책과 학급에서 나온 의견을 비교해 봅시다.
	   – 소수자를 보호하기 위한 다양한 정책이 있다는 것을 알게 되었습니다.
	   – 기존 정책을 보완할 부분을 적극 건의 해야 합니다.
	
	〈평가〉 소수자의 의미를 알고 다양한 해결 방법을 알고 있는가?
	〈피드백〉 모둠별로 다양한 의견을 활동지를 통해 정리하게 하고 비슷한 의견을 적절히 분류하여 칠판에 제시하며, 소수자의 의미와 다양한 해결 방법을 생각해 볼수 있게 한다.
		★ 모둠 학습 활동지
		☞ 모둠의 다양한 의견이 나오고 이를 수렴할 수 있도록 적극적으로 독려한다.
		
		☞ 진지한 태도로 발표를 경청하며 다른 모둠 발표 내용을 학습지에 정리하도록 한다.

배움 정 리 (5′)	◈ 배움 활동 정리하기 ○ 소수자의 의미와 해결 방법 정리하기 ○ 조사·발표 소감 나누기 • 오늘 활동에서 새로 알게 된 점, 아쉬웠던 점, 재미있었던 점을 발표해 봅시다. ◈ 차시 예고하기 ○ 다음 차시(사이버 인권 침해 사례와 이를 해결하기 위한 노력 알아보기) 안내하기 ○ 과제 안내하기 • 다양한 사이버 인권 침해 사례를 조사해 봅시다.	

<표 13> 인권 침해 해결을 위한 토론 수업안

일 시	2021.11.15.(월) 1교시		장소	5-2 교실	대상	5학년 2반 24명	수업 교사	금호정 (인)
단원 및 차시	인권 감수성 기르기 프로젝트(9/15)						교과	도덕, 사회
성취 기준	[6사02-02]생활 속에서 인권 보장이 필요한 사례를 탐구하여 인권의 중요성을 인식하고, 인권 보호를 실천하는 태도를 신장한다. [6도03-01]인권의 의미와 인권을 존중하는 삶의 중요성을 이해하고, 인권 존중의 방법을 익힌다.						역량	문제해결력 및 의사 결정력
배움 주제	모의 인권 재판하기							
배움 목표	모의 인권 재판을 해봅시다.							
수업 흐름	배움 열기		배움 활동				배움 정리	
	○ 지구촌 난민 사태 살펴보기		○ 모의 인권 재판 실시하기			○ 인권 엽서 쓰기		○ 배움 내용 정리하기
수업자의도	현재 세계적으로 다양한 형태의 전쟁과 이에 따른 난민이 발생하고 그들의 인권은 보호받지 못하는 경우가 많은 실정이다. 이에 본 차시에서는 다른 나라의 난민 사태를 살펴보고 인권과 관련지어 공감적 이해를 통한 접근을 한 후 모의재판의 형식을 통해 해결에 참여해 보는 활동을 수행한다. 그 후 전쟁의 고통으로 인권이 보호받지 못하는 지구촌 난민들에게 인권 엽서를 보내며 직접 지구촌의 문제에 직접적으로 참여해 보는 기회를 마련하고자 한다. 배움 열기 단계에서는 지구촌에서 발생하는 전쟁과 그에 따른 난민의 삶에 관한 영상을 보며 인권과 관련지어 생각하게 한다. 배움 1단계는 난민 사태에 대해 모의재판의 형식으로 참여하여 인권 문제에 대해 적극적으로 공감하고 이해할 수 있게 한다. 배움 2단계는 인권 엽서 쓰기 활동을 통해 실제 지구촌의 인권 문제에 직접적으로 개입해 봄으로써 실천 의지를 함양하게 한다. 배움 정리 단계에서는 배움 1, 2에서 실천한 인권 보호 활동을 되돌아보며 인권의 소중함을 다시금 깨닫게 한다.							
평가 계획	영역	평가 내용					수집 증거	평가 방법
	지식	인권 문제에 대해 잘 알고 있으며, 적극적으로 참여하는가?					배움 1	관찰, 발표
	기능	모의 인권 재판에 적극적으로 참여하는가?					배움 2	상호 평가
	태도	모둠활동에 적극적으로 참여하고 협력하는가?					배움1,2 모둠 활동	자기 평가, 관찰

배움단계	학생 배움·지원 활동	자료(★) 및 유의점(☞)
배움열기 (7′)	◈ 마음 열기 ○ 수업에 참여하기 위한 준비로 즐겁게 인사 나누기 ◈ 생각 열기 ○ 아프가니스탄 난민과 여성 인권 관련 영상 시청하기 　• 영상은 어떤 내용인가요? 　　- 아프가니스탄의 난민에 관한 내용입니다. 　• 영상 속의 사람들은 어떤 어려움을 겪고 있을까요? 　　- 생명의 위협을 받는 상황입니다. 　• 이러한 난민들의 고통을 해결하고 인권을 보장하기 위해 어떤 방법이 있을까요? ◈ 배움 문제 확인하기 　　모의 인권 재판을 해봅시다. ◈ 배움 활동 안내하기 　〈배움 1〉 모의 인권재판 시행 　〈배움 2〉 인권 엽서 쓰기	★ 동영상 자료 (뉴스 자료) ☞ 동영상을 보기 전에 중요하게 시청해야 할 부분을 미리 안내하여 인권 문제의 심각성에 대해 다시 한번 일깨운다. ☞ 배움 활동의 자세한 안내를 통해 자기주도적인 학습이 되게 한다.
배움활동 28′	◈ 배움 1. 모의 인권재판 시행하기 ○ 세계 인권 선언 살펴보기 　• 세계 인권 선언을 살펴보고 어떤 조항을 위반했는지 찾아봅시다. 　　- 3조 생명을 존중받으며 자유롭고 안전하게 살아갈 수 있어요. 　• 인권 조항을 어긴 사람들을 대상으로 모의 인권재판을 해봅시다. 〈모의 인권재판〉-20분 ① 모의재판을 하기 위한 준비하기 ② 실제 재판의 흐름에 따라 구성된 대본을 바탕으로 모의재판 시연하기 ③ 배심원 판정 후, 재판의 주요 내용 다시 살펴보기 〈평가〉모의 인권재판에 적극적으로 참여하는가? 〈피드백〉모의재판을 시연하는 과정에 어려운 법 용어는 쉽게 풀어 설명해 주되 아이들이 스스로 재판의 흐름과 배경지식을 바탕으로 의미를 추측해 볼 수 있는 기회를 먼저 제공한다.	★ 모의재판 자료 ☞ 사전에 역할 및 대본을 정하고 본 활동 시에는 모의재판 시연을 중심으로 진행한다. ☞ 모의재판 준비 과정 전후와 실제 재판 시에 배심원 등의 역할을 통해 되도록 많은 학생이 모의재판을 경험할 기회를 제공한다. ☞ 모의재판을 시연하는 중에 학생들이 연기나 연극적 요소 등에만 집중하지 않도록 주의를 하고 수업 목표와 관련지어 생각해 봐야 할 점을 분명하게 짚어 준다.

	◈ 배움 2. 인권 엽서 쓰기 ○모의재판 활동을 하며 느낀 점 나누기 　•모의재판 활동을 하며 느낀 점을 이야기해 봅시다. 　　- 난민들이 정말 힘들게 지낸다는 것을 느꼈습니다. 　•이러한 난민들에게 힘이 되기 위해 어떤 일을 할 수 있을까요? 　　- 성금을 보냅니다. / 응원하는 편지를 씁니다. 등 ○인권 엽서 쓰기 　•난민 문제를 해결 또는 응원하기 위한 엽서를 써 봅시다. 　　- 각자의 선택에 따라 응원의 편지 또는 탄원 편지를 씁니다. ○인권 엽서 발표하기 　•자신이 작성한 인권 엽서를 발표해 봅시다. 　　- 각자의 선택에 따른 응원 또는 탄원 편지를 발표합니다. 〈평가〉 인권 문제에 대해 잘 알고 있으며, 적극적으로 참여하는가? 〈피드백〉 인권 엽서 쓰기 활동이 단순 발표로 끝나는 게 아니라 실제 국제기구를 통해 전달된다는 점을 숙지하게 하여 더욱 진정성을 가지고 활동에 참여하도록 유도한다.	★ 인권 엽서 자료 ☞모의재판 후 소감을 자유롭게 발표할 수 있도록 허용적인 분위기를 조성한다. ☞인권 엽서 보내기가 내가 할 수 있는 인권 활동이라는 것을 일깨워서 학생 스스로 주도성을 갖고 적극적으로 활동할 수 있도록 유도한다.
배 움 정 리 (5′)	◈ 배움 활동 정리하기 ○조사·발표 소감 나누기 　•오늘 한 활동 중 가장 기억에 남는 활동은 무엇인가요? 　　- 인권 엽서를 진짜 보낸다는 사실이 기억에 남습니다. 　•오늘 활동에서 새로 알게 된 점, 아쉬웠던 점, 재미있었던 점을 발표해 봅시다. ◈ 차시 예고하기 ○다음 차시 (학급 인권 규칙 만들기) 안내 ○과제 안내하기 　•우리 학급에 필요한 다양한 인권 규칙을 생각해 봅시다.	

<표 14> 인권친화적 행위 실천을 위한 수업안 ①

일 시	2021.11.17.(수) 1교시	장소	5-2 교실	대상	5학년 2반 24명	수업 교사	금호정 (인)
단원 및 차시	인권 감수성 기르기 프로젝트(12/15)					교과	도덕, 사회
성취 기준	[6사02-02]생활 속에서 인권 보장이 필요한 사례를 탐구하여 인권의 중요성을 인식하고, 인권 보호를 실천하는 태도를 신장한다. [6도03-01]인권의 의미와 인권을 존중하는 삶의 중요성을 이해하고, 인권 존중의 방법을 익힌다.					역량	의사소통 및 협업 능력
배움 주제	메타버스를 통한 사이버 인권 예절 익히기						
배움 목표	인권이 숨 쉬는 행복한 온라인 교실을 만들어 봅시다.						
수업 흐름	배움 열기		배움 활동		배움 정리		
	○ 사이버 폭력 영상 시청하기		○ 메타버스 사용법 익히기	○ 가상 교실에서 사이버 예절 익히기	○ 배움 내용 정리하기		
수 업 자 의 도	포스트-코로나 이후 우리 삶의 온라인으로의 확장은 더욱 가속화되었고 이에 따른 온라인상의 특징에서 기인하는 많은 부작용 또한 생겨났다. 　본 차시에서는 최근 급작스럽게 대두되고 있는 사이버 폭력을 주제로 학생들이 선호하는 온라인 메타버스 프로그램을 통해 직접 사이버 인권 예절에 대해 체득하는 시간을 갖도록 구성되었다. 　배움 열기 단계에서는 사이버 폭력 영상을 시청함으로써 배움 주제에 대한 이해와 몰입도를 증가시킨다. 　배움 1단계는 학생들에게 유행하는 메타버스 프로그램 '제페토'를 활용하여 가상 교실을 통한 온라인 학교의 사용법을 익히게 한다. 　배움 2단계는 실제 메타버스 내 위치한 가상 교실 안에서 사이버 예절을 익혀 학생들이 더욱 깊이 있는 이해를 하게 한다. 　배움 정리 단계에서는 사이버 예절의 실천을 다시 한번 강조하고 다짐하여 스스로 지키고자 하는 의지를 불러일으키게 한다.						
평가 계획	영역	평가 내용			수집 증거	평가 방법	
	지식	메타버스 프로그램에서 사이버 인권 예절을 지키며 활동할 수 있는가?			배움 1	관찰, 발표	
	기능	인권 규칙을 정하는 활동에 인권의 중요성을 인식하고 진지하게 참여하는가?			배움 2	상호 평가	
	태도	모둠활동에 적극적으로 참여하고 협력하는가?			배움1,2 모둠 활동	자기 평가, 관찰	

배움단계	학생 배움·지원 활동	자료(★) 및 유의점(☞)
배움열기 (7′)	◈ 마음 열기 ○ 수업에 참여하기 위한 준비로 즐겁게 인사 나누기 ◈ 생각 열기 ○ 사이버 폭력 관련된 영상 시청하기 • 무엇에 관한 영상인가요? - 사이버 폭력에 관한 영상입니다. • 영상 속 학생들은 어떤 인권 침해를 당하고 있나요? - 언어폭력을 당하고 있습니다. • 내가 영상 속 학생이라면 어떤 기분일 것 같나요? ◈ 배움 문제 확인하기 인권이 숨 쉬는 행복한 온라인 교실을 만들어 봅시다. ◈ 배움 활동 안내하기 〈배움 1〉 제페토를 배워보아요 〈배움 2〉 온라인 학급 규칙 정하기	★동영상 자료 (사이버 폭력 관련) ☞사이버 폭력 영상의 경우 자극적인 내용을 최대한 삭제하고 피해 학생의 마음에 공감할 수 있는 내용 위주로 제공한다. ☞배움 활동의 자세한 안내를 통해 자기주도적인 학습이 되게 한다.
배움활동 28′	◈ 배움 1. 제페토를 배워보아요 ○ 메타버스 알아보기 • 메타버스 프로그램을 경험해 본 적이 있나요? - 마인크래프트를 해보았습니다. / 제페토를 해보았습니다. 등 • 오늘은 메타버스 프로그램을 온라인 학급을 만들어 보겠습니다. 〈온라인 학급 만들기〉-15분 ① 가상현실 프로그램 회원가입을 안내한다. -제페토(https://zepeto.me) 플랫폼 활용 ② 간단한 사용법을 안내하고 자유롭게 활용해 본다. ③ 온라인상에 학급을 개설하고 함께 모여서 이야기를 나누어 본다. 〈평가〉 메타버스 프로그램에서 사이버 인권 예절을 지키며 활동할 수 있는가? 〈피드백〉 학생들은 메타버스 프로그램을 생소해하지 않고 익숙하고 흥미롭게 여길 것이다. 학생들이 흥미롭게 활동하는 와중에 사이버 인권 예절을 반드시 지키도록 안내한다.	★개인용 컴퓨터 ☞학생들이 지나치게 흥미 위주로만 몰입하지 않도록 수업 목표와 관련지어 생각해 봐야 할 점을 분명하게 짚어 준다. ☞메타버스 프로그램을 활용할 때 자유롭게 활용하되 사이버 예절을 지켜 활동하도록 안내한다. ☞순회를 통해 활동에 어려움을 겪는 학생을 돕도록 한다.

	◈ 배움 2. 온라인 학급 규칙 정하기 　○ 온라인상에서 필요한 인권 규칙 이야기 나누기 　　• 온라인 학급에 꼭 필요한 인권 규칙은 무엇이 있을까요? 　　　- 바른 말 고운 말을 사용합니다. 등 　　• 온라인 학급에서 자유롭게 돌아다니며 친구들과 의견을 교환해 봅시다. 　　　- 친구들과 인권 규칙에 관한 의견을 교환합니다. 　○ 온라인 학급 인권 규칙 정하기 　　• 친구들과 정한 규칙 중 기억에 남은 부분을 발표해 봅시다. 　　　- 시간을 정해 너무 늦은 시간에는 연락하지 않기가 있었습니다. 　　　- 친구들의 별명을 부르지 않기가 있었습니다. 　　• 우리 학급의 온라인 학급 인권 규칙을 정해 봅시다. 　　　- 온라인상에서 온라인 인권 규칙을 정합니다. 〈평가〉 인권 규칙을 정하는 활동에 인권의 중요성을 인식하고 진지하게 참여하는가? 〈피드백〉 학생들이 온라인상에서 활동할 때의 이점을 살려서 상호 간에 다양한 의견을 충분히 교환할 수 있도록 안내한다.	★개인용 컴퓨터 ☞학생들이 온라인상에서 활동 시 공간의 장점을 살려 최대한 많은 친구와 교류할 수 있도록 안내한다. ☞학생들의 온라인 인권 규칙을 적절히 수렴하여 내실 있는 온라인 인권 규칙으로 유도한다.
배움 정리 (5′)	◈ 배움 활동 정리하기 　○ 활동 소감 나누기 　　• 오늘 정한 인권 규칙 중 가장 기억에 남는 항목은 무엇인가요? 　　• 오늘 활동에서 새로 알게 된 점, 아쉬웠던 점, 재미있었던 점을 발표해 봅시다. ◈ 차시 예고하기 　○ 다음 차시 (생활 속 인권 보호 프로젝트 활동하기) 안내 　○ 과제 안내하기 　　• 다양한 인권 보호 캠페인 자료를 조사해 봅시다.	

<표 15> 인권친화적 행위 실천을 위한 수업안 ②

일 시	2021.11.18.(목) 1교시	장소	5-2 교실	대상	5학년 2반 24명	수업 교사	금호정 (인)
단원 및 차시	인권 감수성 기르기 프로젝트(12/15)					교과	도덕, 사회
성취 기준	[6사02-02]생활 속에서 인권 보장이 필요한 사례를 탐구하여 인권의 중요성을 인식하고, 인권 보호를 실천하는 태도를 신장한다. [6도03-01]인권의 의미와 인권을 존중하는 삶의 중요성을 이해하고, 인권 존중의 방법을 익힌다.					역량	의사소통 및 협업 능력
배움 주제	생활 속 인권 보호 프로젝트 활동하기						
배움 목표	인권 보호를 생활에서 실천해 봅시다.						
수업 흐름	배움 열기		배움 활동			배움 정리	
	○ 인권 동영상(UCC) 수상작 시청하기		○ 인권 보호 활동하기		○ 인권 보호 활동 발표하기	○ 배움 내용 정리하기	
수 업 자 의 도	인권을 말로 설명하는 것보다 다양한 활동을 통해 실천하는 경우 그 효과성은 더욱 높아지게 된다. 　본 차시에서는 인권을 보호하는 여러 가지 방법을 살펴보고 어린이가 실천할 수 있는 대표적인 인권 보호 실천 방법 네 가지 중 하나를 학생들이 자유롭게 선택하여 활동하며 그동안 인권에 관해 배운 내용을 실천할 수 있도록 했다. 　배움 열기 단계에서는 인권 동영상(UCC) 수상작을 감상하며 인권 보호 실천의 의지를 다진다. 　배움 1단계는 제시된 네 가지 인권 보호 실천 방법 중 한 가지를 자유롭게 골라 활동하는 과정에서 실천의 기쁨을 느끼도록 한다. 　배움 2단계는 배움 1에서 만든 자료를 학급 친구들과 나누며 다른 사람의 생각을 확인하고 사고의 폭을 넓힐 수 있게 한다. 　배움 정리 단계에서는 자신이 한 인권 보호 실천 방법에서 느낀 점을 친구들과 나누어 인권 감수성을 신장하도록 한다.						
평가 계획	영역	평가 내용			수집 증거		평가 방법
	지식	다양한 인권 보호 방법을 알고 인권 활동에 적합한 활동을 선택해 실시할 수 있는가?			배움 1		관찰, 발표
	기능	인권 보호 활동에 진지하게 참여하는가?			배움 2		상호 평가
	태도	모둠활동에 적극적으로 참여하고 협력하는가?			배움1,2 모둠 활동		자기 평가, 관찰

배움단계	학생 배움·지원 활동	자료(★) 및 유의점(☞)

배움 열기 (7′)	◈ 마음 열기
	○ 수업에 참여하기 위한 준비로 즐겁게 인사 나누기
	◈ 생각 열기
	○ 인권 동영상(UCC) 수상작 감상하기
	 • 무엇에 관한 내용인가요?
	  - 학대받는 아이에 관한 내용입니다.
	 • 이 동영상을 만든 목적은 무엇일까요?
	  - 아이들의 인권을 보호하기 위해 만들었습니다.
	 • 우리가 실천할 수 있는 인권 보호 방법은 무엇이 있을까요?
	◈ 배움 문제 확인하기
	┌─────────────────────────┐
	│ 인권 보호를 생활에서 실천해 봅시다. │
	└─────────────────────────┘
	◈ 배움 활동 안내하기
	┌─────────────────────────┐
	│ 〈배움 1〉 인권 보호 활동하기 │
	│ 〈배움 2〉 인권 보호 활동 발표하기 │
	└─────────────────────────┘
		★동영상 자료 (인권 UCC 수상작)
		☞동영상을 보기 전에 중요하게 시청해야 할 부분을 미리 안내하여 오늘 배울 내용과의 연관성을 찾도록 한다.
		
		☞배움 활동의 자세한 안내를 통해 자기주도적인 학습이 되게 한다.

배움 활동 28′	◈ 배움 1. 인권 보호 활동하기
	○ 다양한 인권 보호 활동 소개하기
	 • 동영상 외에도 우리가 실천할 수 있는 인권 보호 활동은 무엇이 있을까요?
	  - 표어, 포스터, 사진, 글쓰기 등이 있습니다.
	 • 각자가 원하는 활동을 골라 인권 보호를 실천해 봅시다.
	  - 개인의 선호에 따른 활동을 골라 인권 보호 활동을 실천해 봅니다.
	
	┌──────────────────────────────────┐
	│ 〈인권 보호 활동〉-20분 │
	│ ① 태블릿PC를 활용하여 다양한 인권 보호 실천 방법 검색하기 │
	│ - 인권 공모 사이트(http://www.humangongmo.kr/) 활용 │
	│ ② 내가 전달하고 싶은 주제 및 아이디어 구상하기 │
	│ ③ 내 아이디어에 적합한 실천 방법 선정하여 활동하기 │
	└──────────────────────────────────┘
	
	〈평가〉 다양한 인권 보호 방법을 알고 인권 활동에 적합한 활동을 선택해 실시할 수 있는가?
	〈피드백〉 인권 보호 활동 시 아이디어를 구상하는 것을 어려워하는 학생들에게 다양한 예시자료와 함께 발문을 제공함으로써 참신한 아이디어를 구상할 수 있도록 돕는다.
		★PPT, 태블릿 PC, 종이, 핸드폰 카메라
		☞사전에 다양한 형태의 작품을 제시하여 학생들의 작품이 한쪽으로 집중되는 것을 예방한다.
		☞작품의 질보다는 그 안에 담긴 아이디어와 의미가 중요함을 지속해서 안내한다.
		☞순회를 통해 아이디어를 구상하는 것을 어려워하는 학생이 아이디어를 스스로 낼 수 있도록 돕는다.

	◆ 배움 2. 인권 보호 활동 발표하기 ○ 인권 보호 활동 전시장 꾸미기 　• 교실 곳곳에 다양한 인권 보호 활동 전시장을 꾸며 봅시다. 　　- 교실 곳곳에 자신의 인권 활동 작품을 전시합니다. ○ 교실 산책을 통해 전시장 감상하기 　• 교실 산책을 통해 친구들의 인권 보호 활동을 감상합니다. 　　- 다른 친구들의 인권 보호 활동을 감상합니다. 　• 친구들과 나의 작품을 비교해 보고 상대방에게 조언이 되는 말을 합니다. 　　- 포스트잇을 통해 다른 친구들의 작품에 격려와 조언의 말을 제공합니다. ○ 교실 산책을 통해 느낀 점 발표하기 　• 다양한 인권 신장 활동을 감상하고 느낀 점은 무엇인가요? 　　- 친구들과 나의 아이디어를 비교해 보았습니다. 　　- 실제로 인권 보호 활동을 해서 뿌듯했습니다. 〈평가〉 인권 보호 활동에 진지하게 참여하는가? 〈피드백〉 자유로운 가운데서 다양한 형태의 작품들을 감상하고 이를 적극적으로 조언하고 격려할 수 있는 분위기를 조성한다.	★활동 자료, 클립보드 ☞교실 산책 시 다소 소란스러워질 수 있지만, 허용적인 분위기로 진지하게 참가할 수 있도록 한다. ☞활동 자료를 통해 다른 친구들의 작품을 진지하게 감상하는 의미 있는 시간이 되도록 구상한다.
배움 정리 (5′)	◆ 배움 활동 정리하기 ○ 인권 보호 활동을 한 소감 나누기 　• 어떤 작품이 가장 기억에 남습니까? 　• 오늘 활동에서 새로 알게 된 점, 아쉬웠던 점, 재미있었던 점에 관해 이야기해 봅시다. ◆ 차시 예고하기 ○ 다음 차시(프로젝트를 마무리하며 소감 나누기) 안내하기	

앞서의 교수-학습 과정안 예시와 같이 교사는 인권 교수-학습 방법을 구안할 때 시대 흐름에 적합한 교육을 제공하는 것이 가장 교육의 효과성을 높일 수 있다는 점을 인지하고, 제 4차 산업 혁명 시대를 살아가는 초등학생의 교육 배경을 고려하여 학습 특성을 고려하여 구성하는 것 또한 중요하다.

예를 들어, 인권 침해 주인공이 되어 보는 경험을 AI 가상현실을 이용하여 제공함으로써 본인의 문제로 깊이 인식하고 공감할 수 있도록 끌어낼 수 있다. 또한 템플릿 및 쌍방향 블랜디드(온·오프 라인 학습)을 인권교육에 적용하여 인권에 대한 자신의 의견을 개재하고 학습 모둠 단위로 의견을 모아 실천하도록 한다. 더 확대하여 인권을 보장하는 제도와 법을 만들어 우리 반의 인권 법을 만들며 학급 규칙에 적용하는 경험을 제공하여 인권 보장 환경을 직접 만들고 보장해 나가는 주체가 자기 자신임을 인지하게 한다.

4.2. 교과 외 학교에서 할 수 있는 인권교육

학교는 교과 외에도 창의적 체험활동과 범교과 시간을 활용하여 다양한 활동으로 학생들의 성장에 이바지할 수 있다. 이러한 교육과정은 학급 단위로 이루어지면서도 학년의 위계성을 고려한 학교 전체의 체계적인 프로그램으로 운영되어 체계성을 갖는 것이 중요하다. 이때 더 내실 있는 교육 활동을 위해서는 창의적 체험활동 영역을 증배 해 운영하는 것도 고려해 볼 수 있다.

<표 16> 창의적 체험활동 인권 요소 포함 시수 증배 예시

학년	프로그램	영역	학년군 시수	인권교육 실제 운영 내용
1-2 학년군	친구 사랑 인권교육	창체	+10	• 실천 중심 인권교육을 통한 바람직한 인간관계와 기본생활 습관 형성
3-4 학년군	미덕 카드 활용 수업	창체	+12	• 학생들의 바른 인성을 기르기 위한 미덕 카드 인권교육 시행
5-6 학년군	인권 관련 온 책 읽기 수업	창체	+10	• 인권 관련 서적을 활용한 깊이 있는 인권 체험과 다양한 인권 지식 넓히기
	인권교육 관련 토론 수업	창체	+10	• 다양한 인권 관련 사안들을 함께 토론함으로써 사고의 폭을 넓혀 나아가 공동체 의식을 함양하기

또한 월 또는 주별로 실시할 수 있는 학교 단위의 인권교육 계획을 수립하여 시행하는 것도 도움이 된다. 프로그램은 되도록 학생과 교사가 함께 의논하여 재구성한 후 교수-학습을 진행하는 것이 교육의 효과성을 증대시킬 것이다.

학교 전체 인권 학습을 위한 월별 인권교육 주요 내용을 다음과 같이 제안할 수 있다.

<표 17> 인권 친화적인 학교를 만들기 위한 월별 추진 교육내용 예시

월	목표	순	주요 교육내용
3	기본생활 습관 형성 및 인권 중심 학교 문화 조성	1	2021년도 생활 인권교육 기본계획 수립
		2	새 학년 친구 이해하기 주간
		3	배려하는 마음을 바탕으로 기본생활 습관 갖추기
		4	친구 사랑 주간
		5	학교 폭력 예방 및 집단따돌림 예방 주간
4	상호 소통하고 존중하는 학교 문화 정착	1	학생-학부모-교사가 상호 소통하고 존중하는 문화 형성
		2	학교 폭력 설문 조사 및 예방 교육 시행 (학생, 교사, 학부모)
		3	학교생활 인권 규정 함께 수립하기
		4	가정과 함께하는 학생 인권교육
5	건강하고 행복한 청소년 상 확립	1	소통과 나눔의 학생 문화 조성
		2	생명 존중 (자살 예방) 교육
		3	"효 체험의 날" 운영
		4	주변 친구 돌아보기 활동
6	호국보훈정신 및 생명 존중 의식 고취	1	순국선열의 호국보훈정신 지도
		2	생명 존중 의식 고취 및 실천
		3	민주적 절차와 합의에 따라 학교생활 인권 규정 운영
		4	예방 차원의 생활 인권교육 강화

월	목표	순	주요 교육내용
7	존중, 배려, 나눔의 문화 조성	1	학교폭력 예방 교육
		2	봉사활동 교육 및 실천
		3	여름철 기본생활 습관 확립 기간
		4	방학 중 생활 인권 계획 세우기
9	인권 존중 및 민주 의식 강화	1	2학기 학생 생활 인권교육 내실화
		2	공동체를 위한 책임 의식 지도
		3	야영, 체험학습 등 교외 활동 시 공동체성 강화
		4	학생회 중심의 현장 체험학습 구성
10	안전사고 예방으로 행복한 학교 만들기	1	배려하는 마음을 통한 학생 문화 조성
		2	등 하교 시 안전한 학교 만들기
		3	위급상황 시 친구 안전 챙기기
		4	교원과 학생의 인권 존중 풍토 조성
11	소통·사랑·나눔 생명 존중 및 인권교육 강화	1	학생 생명 존중 교육을 통한 윤리의식 고취
		2	친구 사랑의 날 운영
		3	건전 학생문화 활동 장려
		4	특별 인권 교육계획 지속적 추진
12	사랑과 나눔으로 더불어 살아가는 공동체 의식 함양	1	효과적 방학 생활 준비
		2	연말연시 이웃에게 사랑 나누기
		3	불우 학생, 부적응 학생에 사랑 나누기
		4	지역사회와 함께하는 생활 인권교육
1, 2	배움의 감동이 있는 한해 마무리	1	모두가 존중받는 행복한 졸업식
		2	학기 말 전후 생활 인권교육
		3	겨울방학 건전하게 보내기

4.3. 교육과정 밖 인권교육

학생들은 정규 수업 시간에 배우는 것 이상으로 그들이 일상을 영위하는 모든 장소에서 배운다. 이러한 교육과정 밖(잠재적 교육과정)은 학생들의 성장에 크게 기여하기에 의도적으로 인권 친화적인 환경을 구조화하여 학생 인권교육의 성공적 실현의 바탕을 제공한다. 교육과정 밖 인권교육을 계획하면서 다음과 같이 유의점을 검토할 필요가 있다(이미식, 2007: 203). 첫째, 각 교과나 다른 교육활동과 긴밀한 연관성을 갖도록 구성한다. 둘째, 발달 능력과 역량을 고려하여 구성한다. 셋째, 아동 나이의 취약성·나약함·장애에 초점을 맞추지 않아야 한다. 넷째, 교실과 학교가 인권 친화적인 환경을 구성할 수 있는 프로그램이어야 한다. 다섯째, 각각의 개별적 학생이 차이와 다양성을 인정하여야 한다. 여섯째, 학생참여와 실천을 장려하는 프로그램으로 학생이 인권을 주체적으로 판단하고 적극적인 행동양식을 지닐 수 있어야 한다.

학생들이 인권 존엄성과 가치를 깊이 인식하고 실천할 수 있도록 교사가 다양한 인권 친화적 실천 경험을 제공할 때 인권 감수성 함량이 시작된다(노희정, 2016: 15). '인권'의 학습주제는 의도한 교육과정 내 학습 이상의 전반적 학습 구성 환경 속에서 체험할 수 있는 교육의 영역이다.

작은 사회인 학교(급)에서 교사가 초등학생의 학습 수준에 맞는 인권 친화적 학급경영규칙을 적용하여 조작적으로 '인권 열매를 맺는 교실'로 학급 환경을 구성해 준다면, 또래 간 인권 침해 상황에서도 학교생활 속 인권 실천력을 가지고 인권 감수성이 자연스레 자라도록 도울 것이다. 이를 위해 먼저 교실이 안전한 학습 공간으로 환경을 구성하고 교사와 학생이 주의를 기울인 교구 배치 등으로 다치지 않도록 섬세한 의도적 배치를 한다. 또한 교사는 학생들의 자기존중감을 가지고 스스로 행복을 실천할 수 있는 민주적인 학습 분위기를 조성하여 발문하도록 환경을 제공한다. 또한 학생들은 자유롭게 자신의 의견을 밝히며 발언권을 가지고 규칙 내에서 자유권을 가지고 생활할 수 있는 자기 주도권이 보장되도록 학습 환경을 구성한다.

다음으로는 학생이 중심이 되는 학생 자치회를 통한 인권 문화 신장을 하는 방법이 있다. 학생의 실천적 인권 수호 행동은 인권 침해 상황을 해결할 책임이 자신에게 있음을 자각하고 그것을 해결하고자 하는 의지, 즉 인권 감수성이 있어야 실현할 수 있다. 예를 들면, 학급 회의를 이용한 '인권 가지 뻗기' 논의 시간을 정기적으로 마련하여 자신과 또래 친구의 인권 침해 상황이 있는지, 있다면 어떻게 조절하면 좋은지 토론해보는 시간을 가져본다. 인권 침해 사안 상황 발생 후 처치가 아닌 학교(급)의 인권 친화 활동을 적극적이며 실천적으로 구조적으로 제시하여 모든 학생이 참여하여 결과를 성취하는 경험을 가지게 한다. 그밖에 학교(급)생활에서 인권 침해 상황에 대한 인식을 한 경우 학급 홈페이지에 '우리들의 인권 박스'로 구성한 배너에 자신이 처한 인권의 침해 상황과 자신이 생각하는 해결방안을 비밀글로 탑재할 수 있는 시스템을 개발해 둘 수 있다. 또한, 모둠별로 인권 감찰단 역할을 당번하여 초등학생들의 학교생활 문화 속에서 발견되는 인권 침해 상황에 대한 해결책을 학급 회의를 통해 결정한 방법(대자보, 교사에게 알리기)으로 해결해 나가는 실천을 시도해 볼 수 있다.

마지막으로 교사 전문적 학습공동체 활동을 통한 인권 감수성 신장 활동을 해볼 수 있다. 학생이 만나는 학교생활을 인권 환경으로 구성하기 위해서는 교사가 먼저 인권 감수성을 지녀야 한다. 교육과정 밖 인권교육의 개발 및 적용은 교사의 지도 역량 및 인권 감수성 함량에 따라 다른 수준으로 계획·실천할 수 있기 때문이다. 학급 운영이나 생활지도에 쓰일 수 있는 인권교육 프로그램이 많이 소개되어 있지 않지만, 교사가 인권에 관한 관심을 먼저 가지고 인권을 존중하는 대화법, 분쟁(갈등) 조정법을 활용해야 한다(강순원, 2002: 103). 또한 교사 간 인권 중심 전문적 학습공동체를 통해 인권 친화적 학급 운영 방법을 상호 연구·보완하며 인권 중심의 학교(급)

문화를 조성한다.

다음은 인권 학급 운영을 연구하는 교사의 모임에서 참고하는 자료이다(교육부, 2019: 354).

<표 18> 인권교육 십계명 예시

『인권교육을 위한 교사 모임 자료집』인권수업 십계명
• 교사는 학생들에게 편견을 가지지 않는다. • 교사와 학생, 학생과 학생끼리 상호 신뢰 해야 한다. • 교실 분위기는 개방적이고 자유로워야 하며 재미있어야 한다. • 인권교육은 지극히 활동적이고 경험적이어야 한다. • 교사는 교실과 교실 밖의 경계를 허물어야 한다. • 학생들의 반응에 당황해서는 안 된다. • 학생들 스스로가 인권 수업에 대해 평가할 수 있도록 배려해야 한다. • 수업 내용에 대해 피드백할 수 있도록 체계가 있어야 한다. • 수업 시간에 항상 유의해야 한다. • 학생들은 서로 존중할 수 있어야 한다.

무엇보다도 한 아이가 인권의 손상 없이 온전하게 자라기 위하여 학교가 중심이 되어 가정과 협력할 필요가 있다. 가정과의 연계된 교육활동은 학생에게 교육의 일관성을 제공하여 혼란을 방지하고 더욱 깊이 있는 이해와 체득을 가능하게 한다. 이를 위해 인권 친화적 가정문화를 이루는 구체적인 점검표를 배부하여 인권 인식을 할 수 있게 돕고, 가족 내 인권 문제를 토론하며 학교에서 토론 내용을 발표할 수 있도록 과제를 제시할 수 있다. 또한 가족 구성원이 당면한 인권 문제를 가족 단위가 한 모둠으로 함께 고민하고 해결책을 찾아보는 활동으로 이어지도록 가정-학교 간 연계된 교육활동을 주선한다. 학급에서 학교, 학교에서 가정, 가정에서 지역사회로의 인권 친화적 문화가 확대되도록 학교가 그 베이스캠프 역할을 감당하며

인권교육을 장기적 계획으로 접근할 필요가 있다.

5 초등학생을 위한 '멀티 인권교육' 평가

초등학생의 인권교육은 인권에 대한 지식, 태도, 기능의 균형 있는 배움이 되어야 하며 더욱 인권 실천적 경험으로 연결함으로써 '인권 감수성'을 가진 사람으로 성장해 나갈 수 있도록 교육을 제공하는 것이 중요하다. 국가인권위원회에서 제시한 '인권에 관한 교육', '인권을 통한 교육', '인권을 위한 교육'의 방향이 골고루 잘 시행되었는지 평가 기준으로 설정하여 살펴보면 다음과 같다.

1) 인권에 관한 교육 평가: '인권이 무엇이며 자신이 가진 권리와 책임을 인식할 수 있는 교육내용으로 구성되었는가?'를 질문해 봄으로써 인권에 대한 개인적 감정 상태에 따른 인권 인식이 아닌, 객관적인 인권에 대한 이해와 더불어 권리 침해 상황을 정확하게 인지하도록 도움을 줄 수 있을 것이다.

2) 인권을 위한 교육 평가: '인권이 존중받는 환경을 위해 '자신과 상대방의 인권을 보호하는 방법을 알고 있는가?'를 질문해 봄으로써 인권 문제를 해결하기 구체적 방법으로 실천할 수 있었는지 평가한다.

3) 인권을 통한 교육 평가: 인권을 교수·학습하는 환경이 인권적 환경인지 검토되어야 한다. 인권교육이 이루어지는 환경이 먼저 인권적이어야 하며 교육에 참여하는 당사자들은 모두 자신의 인권 상황에 대한 인식과 경험, 느낌 등을 자유로운 학습 분위기 가운데 발문 할 수 있어야 한다. 민주적인 방법으로 의

사를 결정하고 공정한 방식의 인권 문제를 해결해 나가는 전 과정에 적극적으로 참여할 수 있어야 한다.

4) 인권 평가 방식: 인권에 대한 인식 및 태도, 기능의 함량은 상대적이며 산술적 평가가 적합하지 않기 때문에 인권 교수-학습 단계 속에서 자신만의 인권 경험을 담은 포트폴리오를 이용한 수행평가의 방식으로 인권에 대한 학습의 정도를 평가할 수 있다.

5) 정기적이며 실천적인 인권교육에 대한 전반적인 민감도(인권 감수성)를 문항을 통해 확인함으로써 교육의 효과를 검증할 수 있다. 교사 수준의 교육과정을 개발하는 과정에서 이를 염두에 두고 인권교육 사전, 사후 인권 인식 변화를 수치화하여 비교할 수 있다. 여기에서의 인권 감수성의 비교 결과는 학생의 개별화 평가로 적용하고 환류하여 차후 교육계획에 활용되어야 한다.

한편, 교육의 장인 학급, 학교가 인권 친화적인지, 교수·학습 방법이 민주적이며 모든 구성원이 존중받으며 학습을 하고 의견을 낼 수 있는지, 의견을 낸 부분이 반영되는지를 살펴보는 학습 환경이 인권적인지를 질문 목록을 통해 평가한다. 다음은 인권 감수성을 확인할 수 있는 인권 감수성 문항지의 예시 자료다(교육부, 2019: 357).

<표 19> 학급 인권 생활 설문 조사 문항 예시

	문항	매우 그렇다	그렇다	보통 이다	그렇지 않다	전혀 그렇지 않다
1	나는 인권이 무엇인지 안다.					
2	나는 다른 사람의 인권을 잘 존중한다.					
3	나는 세계 인권 선언문을 읽어 본 적이 있다.					
4	나는 인권에 관심이 많다.					
5	우리 반 학생들은 평소 서로의 인권을 잘 존중해 준다.					
6	우리 반에서는 성별 때문에 차별받지 않는다.					
7	우리 반에서는 외모 때문에 차별받지 않는다.					
8	우리 반에서는 가정환경 때문에 차별받지 않는다.					
9	우리 반에서는 성적 때문에 차별받지 않는다.					
10	우리 반 친구들은 생김새, 피부색, 생활방식, 언어가 다른 사람과도 잘 어울린다.					
11	우리 반 친구들은 장애가 있는 사람과도 잘 어울린다.					
12	우리 반에서는 친구를 무시하지 않는다.					
13	우리 반에서는 욕설, 별명 부르기, 놀리기 등으로 친구를 힘들게 하지 않는다.					
14	우리 반에서는 친구의 물건을 빼앗거나 서로 다치게 하지 않는다.					
15	우리 반에서는 친구들이 성적인 부끄러움을 갖게 하는 말과 행동 또는 강제로 몸을 만지는 행위를 하지 않는다.					

문항	매우 그렇다	그렇다	보통 이다	그렇지 않다	전혀 그렇지 않다
16	우리 반에서는 친구들이 인터넷 채팅, 이메일, 휴대 전화로 욕설과 비방을 하지 않는다.					
17	나는 우리 반에서 나의 의견을 자유롭게 말하고 존중을 받는다고 생각한다.					
18	서로 인권을 존중하는 학급을 만들 수 있게 좋은 제도(회의, 학급 규칙)를 만들어야 한다고 생각한다.					
19	인권교육이 필요하다고 생각하며 인권교육을 받고 싶다.					
20	나는 우리 학급이 서로의 인권을 존중하고 보호하는 인권 공동체가 되기를 바란다.					

인권 점수는 몇 점인가요? (/100) 점

성공적인 인권교육을 실현하기 위하여 학교는 교육과정 안과 밖의 모든 교육의 장(場)에서 인권교육을 다중적(Multi)으로 구성하여, 인권교육의 결정적 학습 시기에 인권 감수성이 단단히 자랄 수 있도록 해야 한다. 또한 인권교육은 획일적이며 일회적인 교육으로 성취될 수 있는 개념이 아니므로 교사는 지속적인 실천으로 인권 친화의 삶을 영위시켜 나갈 수 있도록 학교와 인권교육에 대한 막중한 책임감을 가지고 교육활동을 전개해야 한다.

참고문헌

강순원(2000), 『평화·인권·교육』, 서울: 한울.
강순원·김한민·백영애(2002), 『교사를 위한 인권교육 길잡이』, 서울: 국가인권위원회.
구정화(2007), 『교사를 위한 학교 인권교육의 이해』, 서울: 아침이슬.
구정화·조난심·강명숙·설규주(2007), "인권 친화적 초·중등학교 인권교육 체계화 연구", 『국가인권위원회 용역보고서』, 서울: 국가인권위원회.
국가인권위원회 인권용어사전, https://www.humanrights.go.kr
국가인권교육위원회 인권교육센터, https://edu.humanrights.go.kr
국가인원위원회(2007), 『학교 인권교육 길잡이』, 서울: 국가인권위원회.
교육부(2019), 『도덕 5 교사용 지도서』, 서울: 지학사.
교육부(2019), 『사회 5-1 교사용 지도서』, 서울: 지학사.
경상남도교육청(2019), 『교육과정으로 실천하는 인권교육: 초등편』, 경남: 경상남도교육청.
노희정(2016), "인권감수성 신장을 위한 도덕과교육", 『도덕윤리과교육』, 53, 125-144.
문용린·문미희·곽윤정·김민강·유경재(2002), "인권 감수성 지표 개발 연구", 서울: 국가인권위원회.
박상준(2003), "인권교육의 통합적 접근에 대한 이론적 연구: 법교육과 관련하여", 『시민교육연구』, 35(1), 115-141.
손봉호(1996), 『고통받는 인간』, 서울: 서울대학교 출판부.
유네스코한국위원회(1999), 『유네스코포럼』, 9호, 서울: 한울.
유병열(2013), "학교 인권교육 강화를 위한 실천 방안 연구", 『도덕윤리과교육』, 39, 239-264.
이미식(2007), "아동의 인권 능력(capacity)을 신장시키기 위한 인권교육 프로그램 연구", 『열린교육연구』, 5(1), 185-212.
존 듀이 저, 이홍우 역(2006), 『민주주의와 교육』, 파주: 교육과학사.
UNESCO(1998), *All human beings: Manual for humsn rights education*, 유네스코한국위원회(2000), 『인권교육지침서』, 서울: 사람생각.
Etzioni, A. (1993), *The Spirit of Community*, New York: Simon & Scuster, Inc.
Etzioni, A. (ed.) (1995), *Right and the common good: The communitarian perspestive*, New York: ST. Martin's Press.
Frantzi, K. K. (2004), Human rights education: The United Nations edeavour and the importance of childhood and intelligent sympathy, *International Education Journal*, 5(1), 1-8.

6장
초등학교에서 기후변화교육

이한길(서울교육대학교부설초등학교)

1 평화교육과 기후변화교육

기후변화교육에 대해 논하기에 앞서, 본지의 주제인 평화교육과 기후변화교육이 어떻게 연결되는지에 관하여 살펴보고자 한다. 1장에서 논의한 바와 같이 적극적 평화를 달성하기 위한 노력의 측면, 즉, 음식, 쉼터, 교육, 의료의 부재나 이에 접근하기 어렵게 하는 요인을 제거함으로써 적극적 평화의 달성에 이르는 확장된 개념의 평화 관점에서 볼 때, 기후변화는 평화의 구축과 유지의 균열을 초래한다는 점에서 평화, 평화교육과 밀접한 연관성을 가진다.

국제연합환경계획(UNEP, 2012)은 『기후변화교육 길잡이』에서 기후변화가 초래하는 사회 변화의 위험에 대해 지적한다. 기후변화에 관한 유엔 기본 협약(UNFCCC) 제1조에 '기후변화의 부정적 영향은 자연 및 보존된 생태계뿐 아니라, 사회경제 체계 또는 인류의 건강과 복지에 매우 해로운 영향을 미친다'고 명시한 것과 같이, 기후변화로 인한 다양한 문제는 미래에 다가올 막연한 공포를 넘어 현재 인류가 겪어 극복해야할 당면 과제로서 존재한다. UNEP는 그 중에서도 이주, 빈곤, 건강, 성, 윤리에 관한 논의를 통해 기후변화로 인해 인류가 직면하게 될 사회 문제에 대하여 주목할 것을 요청하였다.

UNEP가 강조한 바와 같이 기후변화로 발생하는 '이주'가 가져오는 문제를 중심으로 하여 살펴보면, 기후변화가 우리 삶에 미치는 부정적인 영향에 대해 쉽게 이해할 수 있다. 기후변화는 태풍, 홍수, 폭설과 같은 대형 자연 재해의 증가, 해수면 상승으로 인한 거주공간 침식, 사막화로 인한 경작의 어려움을 가져오며, 이는 인류의 생존에 위협이 되므로 '이주'의 원인이 된다. '이주', 다시 말해 기후 난민의 발생은 자연 자원이 경제 활동의 기반이 되는 가난한 지역에서 더욱 치명적이며 이는 반드시 빈곤의 심화, 인권 침해, 질병과 건강에 대한 위협 문제를 동반한다. 또한, 이주하게 되는 지역사회에서조차 한정된 자원을 두고 경쟁하여야 하는 상황이 발생하게 되므로 세계의 경제 안정성 나아가 평화의 유지에 심각한 어려움을 초래할 수 있다.

수단의 다르푸르의 분쟁의 주요 원인은 일차적으로는 종교와 정치에 관한 것으로 이야기된다. 하지만, 기후변화에 따른 가뭄과 사막화로 인한 이주가 이 문제의 밑바탕이 되었음을 외면하기는 어렵다. 사태를 심층적으로 살펴보면 다르푸르 지역의 유목생활을 하던 북부 아랍계가 가뭄과 사막의 확대 등 더 이상 유목생활을 하기 어려운 환경이 되자 남쪽으로 이주하기 시작했고, 이에 농경생활을 하던 남부의 아프리카계와의 갈등이 심화되면서 결국 무력충돌로까지 이어지게 되었다고 분석한다(외교부, 2007). 수단의 사태 이외에도 '유엔인도주의업무조정국(OCHA)'과 '국내난민감시센터(IDMC)'에서 2008년 조사한 결과에 따르면 최소한 3,600만 명의 사람들이 갑작스런 자연재해때문에 이주하게 되었는데 이중 2,000만 명이 기상 관련 재해와 관련이 있는 난민이라는 점(UNEP, 2011)에서 이후 가속화될 기후변화가 불러올 이주와 사회 갈등의 문제가 평화에 미치게 될 영향을 결코 간과해서는 안 된다.

많은 전문가들은 기후변화가 안보 측면에서도 심각한 영향을 미칠 수 있음을 지적한다. 기후 재앙이 국가 붕괴와 무정부 상태를 야기할 수 있다는 미국 국방부의 분석, 기후변화의 위협이 국제 테러리즘보다 크며 국가 간 전쟁의 주요한 원인이 될 수 있다는 의견, 기후변화와 자원 문제가 정치 갈등의 요인이 되며, 에너지와 안보에 중요한 영향을 미칠 수 있다는 의견이 제시된다(이신화, 2008). 특히, 수단의 사례와 같이 기존에 이미 다양한 요인으로 갈등을 겪고 있는 경우에는 기후변화로 인한 문제들이 갈등을 더욱 심화하는 계기가 될 수 있다는 점에서 걱정스럽다. 이는 인류 생존을 위한 기초적인 평화조차도 확보하기 어렵다는 점에서 국제 사회의 해결 노력이 시급하다.

기후변화가 각종 자원에 주는 영향으로 인해 분쟁을 유발할 수 있다는 점에 관하여 Elizabeth L. Chalecki는 기후변화로 인한 갈등 발생의 원인을 분석하고 환경 안보의 중요성을 강조하였는데 그 과정에 대해 다음과 같이 정리하였다.

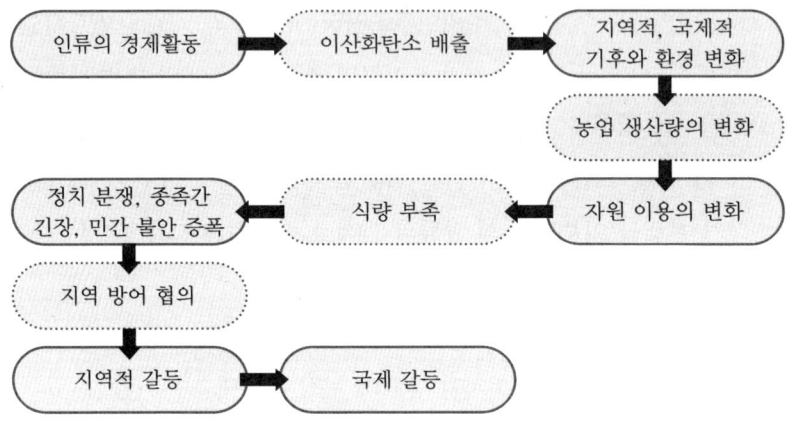

[그림 3] 기후변화로 인한 갈등 발생의 원인 분석(Elizabeth, 2002)

실제로 온실가스 배출로 인한 기후변화가 갈등의 원인으로 작용하여 내전과 국가 간의 갈등으로 연결된 사례가 있다(조정원, 2017). 시리아의 경우 가뭄에 따른 농촌 지역의 수자원 부족과 농산물 생산의 어려움이 내전의 원인을 제공하였다고 분석된다. 가뭄으로 인한 농업 실패로 시리아 농민들이 도시 지역으로 이주하게 되고, 인구 이동에 따른 각종 사회 문제가 발생하였다. 이윽고 아랍의 봄을 거쳐 정치에 대한 민주화 요구가 시리아에도 확산되었을 때, 시리아 정부가 민주화 운동을 탄압함과 동시에, 극단주의 무장 세력인 ISIS가 등장하여 내전이 발발한다. 기후변화가 내전을 직접적으로 발생하게 한 요인은 아니었지만 3년간의 가뭄으로 인한 농촌의 쇠락과 농촌 인구의 도시 유입, 도시 인구의 증가에 따른 도시 지역의 사회 불안이 근본적인 원인을 제공하였다고 분석한다.

기후변화가 빈곤, 건강, 성별의 문제에 큰 영향을 미친다는 점도 해결해야 할 문제가 된다. 빈곤층의 경우, 거주지역이 해안가나 저지대에 주로 있다는 점에서 해수면 상승, 자연 재해의 문제가 그들의 거주가능 공간을 빼

앗는데 직접적인 영향을 미칠 수 있다. 또한 빈곤층일수록 기후변화로 인한 식수의 부족에 노출되며, 기후가 작물 재배에 직접적인 영향을 줌으로써 생계를 유지하는 데에도 어려움을 겪는다. 이는 자연스럽게 건강의 문제에 연결되어, 혹서, 혹한에 쉽게 노출되거나 전염병, 오염된 물로 인한 질환에 고통받기도 한다. 농업 생산량 변화로 인한 영양실조와 사망자의 증가, 폭우로 인하여 상하수도 기능이 마비되고 이에 따른 전염병 확산, 담수 부족이 가져오는 오염된 물 섭취와 이로 인한 질병, 폭염으로 인한 노약자의 심장이나 호흡기 질환 발병, 말라리아와 뎅기열의 확산 등 건강상의 심각한 위험(WHO, 2008)이 선진국보다 개발도상국, 빈곤층을 중심으로 더 큰 피해를 줄 수 있다는 점에서 국제적인 대응을 필요로 한다. 나아가 앞서 언급한 문제는 신체적, 사회적으로 역할을 수행하여야 하는 여성들에게, 이주, 재해, 농업, 건강 등 모든 측면에서 더욱 취약한 처지에 있다고 분석되기도 한다. 이처럼 기후변화 위험 관리를 돕는 것은 이 위험과 영향을 줄이는데 필수적이다.

  다시 처음으로 돌아가서, 우리가 추구하는 평화가 개인 내적인 안정, 자연과 인간의 평화롭고 행복한 공존상태, 폭력의 부재와 사회적 미덕의 현존 상태, 사회적·구조적으로 평화로운 상태, 바람직한 상호작용을 기반으로한 관계적 평화 등을 추구하는 것이라면, 안정된 자연 환경 속에서 인간으로서의 문화를 누리고 삶을 영유할 수 있도록 하는 것은 필수적인 일이다. 무분별한 인간 활동의 결과가 자연을 파괴하고, 기후변화가 온전한 삶을 누릴 수 없게 한다면 평화로운 삶을 누리는 것이란 결코 불가능하다. 따라서 기후변화교육에 대한 노력 역시 더 평화롭고 지속가능한 세상을 만들기 위한 교육적 시도로서 평화교육의 범주에 포함되는 것이며, 현재와 미래의 평화 구축을 위해 기후변화교육에 대한 다각적인 노력이 요구된다.

2 기후변화교육의 필요성

　최근의 기후변화에 대한 관심은 그 어느 때보다 크다. 올림픽에 출전해 잠겨가는 자국의 현실을 홍보하는 참가 선수의 화제 몰이, 세계적으로 명성을 떨치는 어린이 환경 운동가, 친환경적 생산과 소비를 홍보하는 기업 등 다양한 매체를 통해 기후변화의 현실과 극복 노력에 대해 쉽게 접할 수 있다. 빙산의 붕괴와 갈 곳 잃은 북극곰을 상징으로 하여 막연하게만 인식되었던 기후변화가 폭염, 폭우, 홍수 같은 몇 가지 극단적 자연 재난 뉴스를 통해 우리에게 직접 느껴지기 때문일까? 골먼(Goleman, 2010)이『에코지능』에서 말한 것 같이 그동안 우리에게 비실체적, 비유형적인 것으로서 기후변화의 위기가 우리에게 둔감하게 다가왔던 것은 사실이다. 그러나 이제는 기후변화의 위기가 우리에게 직접적으로 돌진해오는 표면적 위험으로써 인식되면서 기후변화를 더 이상 방관해서는 안된다는 대중적 인식이 커져가고 있다.

　한편, 기후변화에 대한 관심이 커져 갈수록 이에 반대하는 의견 역시 접하게 된다. 일각에서는 지구 온난화가 더 이상 진행되지 않고, 중단, 지연, 멈춤, 또는 일시 멈춤이 되고 있다는 주장(오성남, 재인용), 이산화탄소의 증가는 인간 활동의 결과물이 아니라, 기온이 올라 빙하가 녹으면서 자연적으로 발생하는 것이며, 빙하가 녹아도 해수면이 상승하지 않는다는 분석(한국일보, 2015), 화석 연료의 사용이 지구 온난화에 영향을 줄 가능성은 있지만 이산화탄소가 지구 온난화의 주요 요인이라는 명백한 과학적 증거가 없고, 온난화와 냉각화의 순환은 자연스런 지구 기후의 특징(Hollander, 박석순 역, 2004: 123~129)이라는 등 기후변화는 지구에서 일어나는 자연스러운 순환의 결과물이라는 주장도 존재한다. 그러나 이는 과학적 근거 기반이 매우 약하며 학계로부터 인정받지 못한다. 안타까운 점은 간혹 언론 매체에서 이와 같은 반대 의견을 기후변화 위기론과 위치로 제시하고 있다는 점에서 대중에게 혼동을 준다는 점이다.

기후변화에 관한 정부간 협의체(IPCC)는 제5차 평가 종합보고서에서는 인간의 활동이 지구의 기후변화에 확실하게 영향을 미치고 있음을 명증한다.

'인간이 기후 시스템에 영향을 미치고 있다는 점이 확실하며, 그 정도가 점차 심화되고 있을 뿐만 아니라, 지구상 전 대륙과 해양에 걸쳐 관측되고 있다는 것'을 확인하였다. 1950년대 이래로 관측된 변화 중 상당수는 수십 년에서 수천 년 내 전례가 없던 것이었다. IPCC는 최근 나타나고 있는 지구온난화의 주원인이 인간이라는 것에 95%의 확신을 가지고 있다. 기후시스템을 방해하는 인간 활동이 많아질수록 관련 위험은 더욱더 심각하고, 만연하며 돌이킬 수 없는 영향을 인간 및 생태계에 가져올 뿐만 아니라 기후 시스템의 모든 요소가 장기적으로 변화할 수 있다는 점을 밝혔다. (중략) 기온 상승 정도를 산업화 이전 수준과 비교하여 2℃ 이내로 안정화시키기 위해서는 즉각적이면서도 근본적으로 BAU (business as usual)에서 벗어나야 한다. 또한, 우리가 관련 조치를 늦춘다면, 미래에 감당해야 할 기술, 경제, 사회 및 제도적 문제와 비용은 더욱 증가할 것이다. (IPCC, 2014)

우리나라도 전 지구적 기후변화로 인한 위기에서 예외는 아니다. 기상청에서 2020년에 진행한 연구에 따르면(기상청, 2020) 다음과 같은 기후변화 현상을 관측할 수 있었다. 최근 10년간 월평균 관점에서 이상고온이 발생하고 있는데, 5월 평균기온이 2012년에 최고치를 기록한데에 이어 2014~2017년에 걸쳐 매해 역대 기록을 경신하였고, 2019년 5월 기온이

역대 2위로 기록되면서 5월 평균기온이 가장 높았던 해의 1~5위가 모두 2014년 이후에 집중적으로 나타나고 있다. 우리나라 주변 해양에서의 해표면수온과 해수면은 지속적으로 상승하고 있으며 변화율은 전 지구해양의 평균보다 높은 것으로 보고되었다. 한반도 폭염 발생 빈도, 강도, 지속성은 1970년대 이후 증가하고 있으며, 특히 열대야의 발생빈도는 뚜렷하게 증가하고 있다. 최근 한반도에서 강하게 발달했던 폭염 사례에서 온실가스 증가에 의한 인위적 영향이 탐지되었다. 또한, 한랭일 및 한파의 빈도수, 집중호우의 빈도와 강도 모두 1990년 이후 증가하는 경향을 보이고 있다. 기후변화 현상이 지속될 경우 2050년까지 한반도 평균 기온은 2℃ 정도 증가할 것으로 예상하며, 이에 따라 폭염일수, 열대야일수, 여름일수와 같은 고온 관련 극한 지수는 증가하고, 한파일수, 결빙일수, 서리일수와 같은 저온관련 지수는 감소할 것으로 전망하고 있다.

한반도에서의 기후변화에 대한 과학적 분석 뿐 아니라, 경험적 사례를 통해서 수합되는 다양한 의견은 기후변화에 대응하기 위한 국가적인 노력을 요구한다. 우리나라는 2016년 기준으로 온실가스 배출량이 7억 톤을 넘어 OECD 회원국 중 5위를 기록한바 있어 적극적으로 온실가스를 줄이기 위해 노력하여야 하는 처지이다. 이에 따라 2050 탄소중립 정책, 2030 온실가스 감축 로드맵에 따른 신재생 에너지 보급, 청정연료 확대, 에너지 효율 제고, 탄소 배출 거래제를 활용한 배출 감축, 신산업 육성 등 국가차원에서의 정책 추진이 활발하게 추진되고 있으며(대한민국정책브리핑, 2020), 더불어 민간 기업, 시민의 참여를 장려한다.

국가적인 기후변화 대응에 다소 아쉬운 점이 있다면, 기후변화교육 측면에서 장기적이고 구체적인 계획이 부족하다는 점이다. 기후변화교육은 온실가스 감축행동을 유도하여 직접적인 감축 효과를 이뤄낼 수 있을 뿐만 아니라 우리나라 정부의 에너지·기후변화 정책을 효과적으로 추진할 수 있도록 한다는 점에서 기후변화에 대한 교육적 접근에 대한 계획의 부재가 아쉽다(문효동, 2016). 또한 국내에서는 체계화된 기후변화교육이 거의 이루어지지 않고 있으며, 기후변화교육이 이루어진다고 해도 부분적, 단기적으로 이루어지고 있는 실정이다(권주연, 문윤섭, 2009).

2018년 환경부에서는 일반 국민과 전문가에게서 환경교육에 대한 인식에 대해 조사한 바가 있다. 『2018 환경보전에 관한 국민의식조사 결과보고서』에 따르면(환경부, 2018), 일반 국민중에서는 학교, 직장, 사회단체 등에서 환경교육을 받아 본 경험이 19.2%에 불과하였고 환경 교육에 대한 만족도 역시 일반국민이 27.6%, 전문가는 18.5%에 그쳤다. 이에 따라 환경교육을 강화하기 위해 일반국민은 '대중매체를 통해서'(56.5%), '학교 교육을 통해서'(33.7%) 순, 전문가는 '학교 교육을 통해서'(68.8%), '대중매체를 통해서'(22.0%) 순으로 접근하여야 한다고 생각했으며, 환경 교육 추진을 위해 일반국민은 '대중매체를 통해서'(56.5%), '학교 교육을 통해서'(33.7%) 순, 전문가는 '학교 교육을 통해서'(68.8%), '대중매체를 통해서'(22.0%) 순으로 우선적인 노력을 펼쳐야 한다고 생각했다. 이처럼 기후변화에 대한 우려와 환경 보전에 관하여 국민과 전문가 모두 교육의 필요성에 대해서 공감하고 있으며, 이에 따라 체계적인 학교 교육 강화를 통한 기후변화교육이 이루어져야 하겠다.

3 기후변화교육의 의미와 요소

기후변화의 의미에 관하여 대부분의 초등학생들은 정확한 개념을 갖고 있지 않았다. 상당수의 초등학생들은 기후변화를 날씨의 변화 혹은 대기 활동에 의한 변화라고 이해하고 있었다. 기후변화가 나타나는 원인에 대해서 인간에 의한 환경 파괴, 무분별한 개발 때문이라고 인식하고 있었으며 기상이변, 지구온난화 등을 기후변화로 인해 나타나는 영향으로 인식하고 있었다. 초등학생들은 전반적으로 기후변화와 관련된 개념에 대해 지구온난화나 기상이변과 서로 혼동하여 이해하고 있는 것으로 나타났다(길지현, 송신철, 2012). 그러나, '기후변화'라는 용어는 가장 넓은 의미에서 보면 기후가 변화하는 모든 것을 총괄하는 것으로 '지구 온난화'는 '기후변화'의 하위 개념이 될 수 있다. 미국 국립과학원(National Academy of Sciences)은 '기후변화'라는 용어가 자연적 요인과 인위적 요인을 모두 포함하는 광의적 개념이기 때문에 '지구 온난화'라는 용어보다 기온 상승에 따른 여러 가지 변화들을 전달하는데 더 효과적이라고 이야기하였다(EPA, n.d, 권주연, 문윤섭, 2009, 재인용).

　기후변화교육의 의미나 목표에 관한 연구에서는 기후변화교육을 다음과 같이 정의하고 있다. UNEP(유네스코한국위원회, 2012)는 기후변화교육을 기후변화의 현재와 미래 영향에 대해 준비하는데 중요한 전략적 원천이며, 기후변화의 원인과 영향에 대한 지식과 이해를 증진시키면서 완화와 적응 측면에서 기후변화에 대처하는 전략을 홍보하는 수단으로서 설명한다. 권주연과 문윤섭(2009)은 기후변화교육을 기후변화 현상에 관한 총체적인 이해를 바탕으로, 변화하는 환경을 인식하고, 통합적인 탐구과정을 통하여 기후변화 완화 및 대응을 위한 방안을 제시하며, 지구 환경 공동체의 일원으로서 제시한 방안을 지속적으로 실천한다고 정의하였다. 간단하게 정리하여 보면, 국가와 지역사회에 미치는 기후변화의 영향을 이해하고 기후변화로 인해 발생하는 문제에 더 잘 대응할 수 있도록 하는 교육적인 접근이라고 정리할 수 있다.

그렇다면, 기후변화교육은 어떤 것을 다루어야 할까? 기후변화교육내용의 선정과 체계에 대하여 알아보고자 한다. 먼저 UNEP에서는 기후변화교육내용에 대하여 '완화'와 '적응'으로 구분하여 제시한다. 먼저 '완화'를 위한 기후변화교육은 인간 활동의 결과로 배출한 온실가스에 의해 기후에 가해진 영향을 인식하고 지속가능한 대안적인 해결책을 다루는 것이며, 적응을 위한 기후변화교육은 학습자들이 기후변화로 인한 미래를 준비하여 기후 관련 위험에 대한 사회적 회복력과 변화된 기후에의 적응 능력을 기르기 위한 것이다(유네스코한국위원회, 2012). 미국 아스펜 지구변화연구소(Aspen Global Change Institute: AGCI)는 기후변화교육의 다섯 가지 핵심 개념을 제시하였다(AGCI, 2003, 김찬국, 최돈형, 2010 재인용). 이는 기후변화는 정상적인 상황에서도 발생한다는 것, 최근 발생하는 기후변화의 주요 요인은 인간의 활동이라는 것, 지구의 시스템은 복잡한 상호작용으로 연결되어 있다는 것, 지구의 변화는 모든 생명체에 영향을 미친다는 것, 지역적 지구적 변화는 상호 연관되어 있다는 것이다. 즉, 기후변화교육을 지구 시스템 전체 측면에서 이해하여야 함을 강조하였다. 최석진 등(1999)은 환경교육 목표를 지식, 기능, 태도, 가치 및 태도, 참여로 구분하여 제시하였다. 환경교육 목표 중 '지식'은 환경 및 환경 문제의 사실, 개념, 일반화, 법칙의 이해와 자연환경, 인공환경의 과학적 원리 등을 포함하며, '기능'은 자연환경 및 인공환경에 관한 자료 수집 및 해석의 기능, 환경관련 쟁점을 해결하기 위한 의사 결정 기능, 환경보전활동 이행에 대한 기능, 환경에 대한 과학적 탐구, 문제해결의 기능 등을 범주에 넣었다. '가치 및 태도'는 환경을 바라보는 가치관, 환경문제에 동참하려는 자발성, 소유하고 있는 환경윤리 등으로 보았고, 마지막으로 개인과 사회 집단의 환경문제해결을 위한 활동, 지역 및 국제적 환경 현안에 대한 참여를 '행동 및 참여'의 범주에 넣었다. 권주연(2009)은 기후변화 현상을 이해하기 위한 기초 과학 지식을 포함하는 '기후변화의 기초 과학', 기후변화와 생태계, 기후변화와 인간 사회 내의 여러 가지 상호작용에 대한 통합적인 탐구과정을 포함하는 '기후변화와의 관계', 학습자가 지구 공동체의 일원으로서 기후변화 완화 및 적응을 위한 대응 방안을 스스로 실천하는 '기후변화 대응' 영역으로 내용 체계를 제시하였다. 박종근 등(2010)은 환경적 측면, 과학적 측면, 도덕적 관점의 통합적 접근을 통하여 기후 소양 교육을 '탐구기능'과 '내용'으로 구분하여 체계화하였다. 우정애(2011)는 기후변화 현상, 기후변화 원인, 기후변화 영향, 기후변화 대응을 중심 교육내용으로 하여, 탐구 및 조사, 문제해결, 발견, 개념학습 등의 교수학습 과정으로 삼기도 하였다. 그 외 여러 연구자들의 결과물을 종합해 본다면, 대체로 기후변화에 대한 총체적인 이해, 기후변화의 원인에 대한 탐구, 기후변화가 우리에게 주는 영향에 대한 이해, 기후변화에 대한 적응과 완화 노력 등으로 구분해볼 수 있다.

4 2015 개정 교육과정에서의 기후변화교육

2015 개정 초등학교 교육과정에는 기후변화라는 용어는 등장하지 않는다. 또한, 기후변화에 대응하여야 하는 우리의 노력에 관하여서도 직접적으로 제시하지는 않는다. 하지만 기후변화에 관한 학습 요소는 과목의 특성에 따라 일부분에서 다루고 있으며, 특히, 과학, 사회, 도덕과 같은 과목에서 교사의 재량에 따라 기후변화에 대한 내용을 담을 수 있는 여지가 있다. 여기에서는 2015 개정 초등학교 교육과정에 기후변화교육이 어떻게 적용되고 있는지를 분석함으로써 시사점을 찾고자 한다.

초등학교 사회

[6사01-03] 우리나라의 기후 환경 및 지형 환경에서 나타나는 특성을 탐구한다.

[6사01-04] 우리나라 자연재해의 종류 및 대책을 탐색하고, 그와 관련된 생활 안전 수칙을 실천하는 태도를 지닌다.

[6사07-03] 세계 주요 기후의 분포와 특성을 파악하고, 이를 바탕으로 하여 기후 환경과 인간 생활 간의 관계를 탐색한다.

[6사08-05] 지구촌의 주요 환경문제를 조사하여 해결 방안을 탐색하고, 환경문제해결에 협력하는 세계시민의 자세를 기른다.

초등학교 과학

[4과06-03] 화석의 생성 과정을 이해하고 화석을 관찰하여 지구의 과거 생물과 환경을 추리할 수 있다.

[4과16-03] 지구 주위를 둘러싸고 있는 공기의 역할을 예를 들어 설명할 수 있다.

[4과17-02] 물의 중요성을 알고 물 부족 현상을 해결하기 위해 창의적 방법을 활용한 사례를 조사할 수 있다.

[6과01-01] 일상생활에서 온도를 어림하거나 측정하는 사례를 조사하고 정확한 온도 측정이 필요한 이유를 설명할 수 있다.

[6과06-04] 계절별 날씨의 특징을 우리나라에 영향을 주는 공기의 성질과 관련지을 수 있다.

[6과14-02] 계절에 따른 태양의 남중 고도, 낮과 밤의 길이, 기온 변화를 설명할 수 있다.

[6과14-03] 계절 변화의 원인은 지구 자전축이 기울어진 채 공전하기 때문임을 모형실험을 통해 설명할 수 있다.

초등학교 도덕

[4도04-01] 생명의 소중함을 이해하고 인간 생명과 환경 문제에 관심을 가지며 인간 생명과 자연을 보호하려는 태도를 가진다.

[6도03-04] 세계화 시대에 인류가 겪고 있는 문제와 그 원인을 토론을 통해 알아보고, 이를 해결하고자 하는 의지를 가지고 실천한다.

먼저, 2015 개정 초등학교 교육과정의 과목별 성취기준 중에서 기후변화와 관련하여 학습할 수 있는 부분을 추출하면 다음과 같다.

김선미 외(2016)는 개정 교육과정 내용을 크게 기후변화 현상과 원리, 기후변화의 원인, 기후변화의 영향, 기후변화의 대응의 네 가지 대영역을 설정하고 교육과정의 내용 요소를 분석하였다. 분석에 따르면, 성취기준 상으로는 초등 저학년에서 계절과 날씨의 변화를 다루는 부분에서 기후변화의 현상을 다룰 수 있게 되어있으며, 학년이 올라갈수록 기후변화의 영향과 대응에 대해 상대적으로 많이 다루고 있었다. 기후변화를 '완화'하여야 한다는 내용은 '적응'에 관한 내용의 2배 이상으로써, 주로 기후변화의 이해 측면을 많이 다루고 있었다.

<표 20> 기후변화교육의 과목, 내용별 빈도 분석(김선미 외(2016) 재구성)

과목	기후변화의 현상과 원리	기후변화의 원인	기후변화의 영향	기후변화의 대응	합계
바른생활	1	-	-	1	2
슬기로운 생활	4	-	2	-	6
사회3-4	-	-	-	-	0
과학3-4	1	-	1	-	2
도덕	-	-	-	1	1

과목	기후변화의 현상과 원리	기후변화의 원인	기후변화의 영향	기후변화의 대응	합계
사회5-6	2	1	2	5	10
과학5-6	1	-	-	1	2
합계	9	1	5	8	23

기후변화교육에 관한 내용으로서는 구체적인 교과의 교육내용을 살펴보면 더 발견할 수 있다. 교과서에서 다루고 있는 내용을 분석하면 기후변화교육과 관련한 내용이 주로 사회과와 과학과에서 다루어지고 있으며, 도덕과에서는 자연에 관련한 교과 영역이 편성된 것에 비해서 기후변화에 대한 언급이 상대적으로 부족한 것으로 나타난다. 또한, 기후변화의 다양한 요소 가운데 기후변화의 이해와 원인의 영역을 주로 다루고 있고, 기후변화가 주는 영향에 대한 내용은 적게 편성되어 있다(김병찬 외, 2020). 초등학교 교과서에서 기후변화에 관하여 다루고 있는 현황은 아래 표와 같다.

<표 21> 초등교과 내 기후변화교육에 관한
교과별, 영역별 관련 내용 수(김병찬 외, 2020)

영역	교과별 내용 수(개)					
	통합	도덕	사회	과학	실과	총계
기후변화의 이해와 원인	8	2	22	24	2	58
기후변화 영향과 현상	1	0	9	3	0	13
기후변화 대응	3	0	15	5	9	32
계	12	2	46	32	11	103

2015개정 초등학교 교육과정에 반영된 기후변화교육에 대한 논의 결과에 따르면 다음과 같은 개선사항에 관하여 제안할 수 있다.

먼저, 기후변화교육 내용에 관한 체계가 미흡하다. 현재로서는 학년별로 다루고 있는 기후변화교육 내용의 수준과 방법이 거의 비슷하다. 예컨대, '이상 기후가 점점 심각해지고 있다'는 지식의 전달이 초등학교 저학년 학생과 고학년 학생에게 거의 변함없이 제공되고 있으며, 학습 내용이나 방법에 별다른 차이점을 발견하기가 어려웠다.

둘째, 기후변화교육에 걸맞는 적절한 교육 방법에 대한 제시가 부족하였다. 예를 들어, 기후변화의 위기에 대해 깊이 있게 이해하는 것이 교육의 성패를 결정한다면, 지구적 현상에 대한 적절한 관찰과 탐구, 체험을 통하여 현실로 인식하는 것이 중요한데 이에 관한 내용을 찾아보기가 어려웠다. 과목별 교수학습 특성에 맞게 적절하게 이루어지기를 기대하지만, 구체적인 안내가 없이는 일방적인 캠페인 수준에 머무를 수 있기에 교육방법에 대해서도 고민이 필요하다.

셋째, 기후변화교육의 학습 요소를 균형있게 다룰 필요가 있다. 앞에서 살펴본 바와 같이 기후변화교육에서 몇 가지 중요한 요소에 빗대어 분석해 보면 현재로서는 기후변화에 관한 이해에 치중되어 있다고 보여진다. 기후변화의 현상과 미치는 영향, 우리의 대응과 적응의 문제에 대해서도 균형있게 다룰 필요가 있으며, 이와 같은 체계를 확보하는 것은 학년별 계열성, 학습 내용의 심화와 확대를 꾀할 수 있는 중요한 방법이 될 수 있다.

마지막으로 기후변화교육이 과목 내에서 일부로 다뤄지는 것에 대한 한계점이 발생한다는 것이다. 기후변화교육이 과목별로 흩어져 있기 때문에, 기후변화교육 자체에 대한 중요성을 인식함에도 불구하고 각 과목의 핵심 내용이라고 보여지기 어려우며, 교수자에 따라서는 교과 학습에 중요하지 않은 내용으로서 인식할 가능성이 높다. 초등학교의 경우 중고등학교에서 처럼 환경과목을 새롭게 만들기는 어려우나, 창의적 체험활동이나, 교과 내 특별 단원의 구성을 통하여 나름의 교수학습 시간을 확보하는 것에 대하여 고려함으로써 그 중요성을 강조하는 것도 좋다. 또한 기후변화교육의 특성상 여러 교과목의 내용을 종합하여 제시할 수 있기에 주제중심의 통합 수업으로 운영하도록 안내하는 것도 가능할 것이다.

5 초등학교에서의 기후변화교육 시 유의점

초등학교에서의 기후변화교육을 위하여서는 적절한 내용의 선정과 체계의 구성도 중요하지만, 이를 어떻게 학생들에게 전달할 것인지에 관한, 바람직한 교육 방안에 관하여 고려하는 것도 매우 중요하다. 적절한 교육 방법을 선택한다는 것은 교육과정을 통해 달성해야 할 것을 학생들의 수준에 맞는 방법으로 전달함으로써 성취도에 매우 중요한 영향을 미치기 때문이다. 초등학교에서 활용할 수 있는 교육 방안은 무궁무진하나 기후변화교육을 위하여 고려하여야 할 점이 있다.

미국 야생동물협회(NWF)의 기후변화교육지침(Guidelines for K-12 global climate change education)에서는 초등학교 4학년 학생들을 대상으로 기후변화교육을 실시할 때 유의할 점에 대해 안내한다(NWF, 2009, 최돈형, 김찬국, 2010, 재인용). 초등학교 고학년 수준에서는 기후변화와 관련된 기본적, 구체적인 지식이 중요하며, 자연과 환경에서 이루어지는 간단한 관찰이나 탐구의 기회를 제공함으로써 기후변화에 대한 간단한 이해에 초점을 두고 구성하여야 함을 강조하였다.

2002년 캐나다에서 열린 Climate Change Communication Workshop

에서는 기후변화 의사소통을 위한 10지침을 제시하였다(New Brunswick Climate Change Hub, 2002, 최돈형, 김찬국, 2010, 재인용). 이는 기후변화교육의 목표 설정하기, 양방향 의사소통하기, 적절한 수준의 언어 사용하기, 유사과학에 주의하기, 불확실성 인정하기, 불필요한 위기의식 심어주지 않기, 기후변화와 다른 사회·환경·지역 쟁점 연결하기, 기후변화에 대한 비용이 아니라 투자라 생각하기, 윤리적 측면 강조하기의 내용이다. 여기에서는 심각한 자연재해와 과도한 위기의식을 기반으로 시작하는 기후변화교육을 경계하고 총체적인 관점에서 기후변화교육에 접근할 수 있도록 하였다.

이 외에 기후변화교육을 할 때 유의할 점에 대하여 논의해본다면 다음과 같다.

첫째, 기후변화에 대한 '이해'를 심화하여야 한다. 기후변화의 의미와 현재 상황, 기후변화로 인한 변화와 인류에게 미치는 영향, 인간이 기후변화의 원인과 인간이 기후변화에 미치는 영향, 전 지구 시스템의 상호 연관성과 인간의 사회, 문화, 경제 전반에 어떤 영향을 미치는지 등에 대한 종합적인 이해를 도모하는 것이 바람직하다.

둘째, 인간 활동에 대한 '성찰'의 과정이 필요하다. 성찰의 과정은 개인에서부터 사회의 모든 범위를 대상으로 하는 것이 좋다. 먼저 개인의 차원에서는 자신의 삶의 방식, 경제 활동이 기후변화에 미치는 영향에 대하여 되돌아보고 이를 완화할 수 있는 방안에 대해 고려한다. 성찰 이전과 이후의 행동에는 어떤 의미가 담겨 있으며, 개인적인 노력이 기후변화에 미치는 긍정적 영향에 대해 생각해봄으로써 기후변화에 대한 실천적 성향을 길러줄 수 있다. 사회적 차원에서는 기후변화를 위한 정책의 흐름, 즉, 사회 구조적 변화가 어떻게 이루어지고 있는지를 점검함으로써 경제, 문화 활동의 산물이 기후변화를 완화하는 방향으로 흘러가도록 조정되어야 한다. 또한, 개인의 노력을 지원하고 구성원의 경제 활동에서의 선택이 친환경의 큰 틀 안에서 이루어질 수 있도록 도움을 주는지를 반성할 수 있어야 하겠다.

셋째, '실천과 참여'하는 것이다. 기후변화에 대한 대응에 있어 실천역량을 기르도록 지도하여야 한다. 기후변화에 대한 이해와 성찰은 참여와 실천을 위하여 존재하여야 하며, 실천의 기회는 가정, 학교, 사회에서 쉽게 주어져야 하겠다. 학교를 중심으로 기후변화교육이 이루어진다면, 가정에서는 실천의 현장이 되고 사회에서는 이를 풍부하게 지원함으로써 사회적 학습이 이루어지는 환경을 조성하여야 한다. 예를 들면, 학교에서는 실천의 결과물을 직접 확인할 수 있도록 구성하거나, 지역사회의 곳곳에서 기후변화에 대한 유의미한 것을 보고 체험할 수 있도록 협조한다면 교육 효과를 더욱 증진할 수 있다.

교실에서 구체적으로 적용해볼 수 있는 활동에는 수업자에 따라, 환경에 따라 다양하게 선택할 수 있다. 이성희(2011)는 STEAM교육을 활용하여 말판놀이, 관계도 그림, 실험 설계, 스토리 텔링, 북메이킹, UCC제작 등을 활용함으로써 학생의 흥미를 제고하고 기후변화에 대한 인식, 태도, 행동 측면에서 유의미한 결과를 얻었다. 류연정(2011)은 기후변화의 이해와 관련하여 과학 교과목과 연관지어 토론 활동을 진행함으로써 인지적 접근과 더불어 태도와 실천 성향의 향상을 꾀하였으며, 이성희(2012)는 기후변화의 중심 개념을 그림으로 표현함으로써 자신의 이해를 명확히 하는 개념화 방법을 활용하여 기후변화에 대한 이해를 심화하도록 시도하였다. 방강임 외(2016)는 신문 기사를 활용하여 기후변화에 대한 세계적 동향을 파악하고 지구시스템 관점에서 문제를 바라볼 수 있는 기회를 제공한다는 점에서 의미를 발견할 수 있었다. 초등학교 현장에서는 이처럼 다양하고 창의적인 교수학습 방법을 활용하여 기후변화교육을 시도하고 있었으며, 구체적인 수업 사례는 다음 장에서 논의하고자 한다.

6 초등학교에서의 기후변화교육 사례

6.1. 해외의 기후변화교육 프로그램

1) 영국 OXFAM Education

OXFAM에서는 초등학교 학생들의 연령에 맞는 기후변화교육 프로그램을 제공한다. 기후변화의 원인과 결과, 완화와 적응을 조사하는데 도움이 되는 수업 과정안, 참여 가능한 활동, 게임, 토론 등 다양한 학습 활동을 적용한 프로그램을 찾아볼 수 있다. 해당 OXFAM의 기후변화 프로그램의 목적은 크게 네 가지인데, 첫째, 기후변화가 무엇이고 인간 활동이 이에 어떻게 기여하고 있는지 이해하는 것, 둘째, 기후변화에 영향을 받는 사람들을 인식하고 공감하는 것, 셋째, 기후변화 적응이 무엇이고, 사람들이 기후변화에 어떻게 적응하는지 이해하는 것, 넷째, 기후변화에 대응하기 위해 할 수 있는 조치를 생각해보고 이를 실천하는 것이다.

OXFAM의 기후변화교육 프로그램 중 초등학교 저, 중학년에 해당하는 프로그램은 총 6개 세션으로 구성되어 있으며 준비된 자료를 바탕으로 학생의 이해 정도에 따라 유연하게 수업을 진행할 수 있도록 구성하였다.(OXFAM, 2015)

<표 22> OXFAM 기후변화교육 프로그램 개요

세션	학습 목표	도달점	핵심 질문
세션1 기후변화란 무엇일까?	• 기후와 날씨의 차이점 구분하기 • 지구의 기후변화가 인간의 활동 결과임을 인식하기 • 온실가스의 작용과 온실가스로서 이산화탄소의 역할 이해하기	• 학습자는 기후변화에 대하여 이해한다. • 온실가스 실험을 통해 온실효과에 대해 이해한다. • 기후변화에 대한 지식과 이해를 다른 친구들과 공유한다.	• 여러분은 기후변화에 대해 무엇을 알고 있나요? • 날씨와 기후의 차이점은 무엇인가요? • 온실효과는 무엇인가요?
세션 2 누구의 책임일까?	• 기후변화에 작용하는 인간 활동을 이해한다. • 탄소 발자국이 무엇인지 이해한다. • 지구 상의 모든 사람들에게 탄소발자국이 있음과 일부 사람에게는 더 많은 책임이 주어짐을 인식한다.	• 기후변화에 기여하는 인간 활동을 떠올릴 수 있다. • 음식물이 우리에게 오는 과정을 알고 화석연료가 어디에서 사용되는지 찾아낸다. • 전 세계 여러 나라의 1인당 이산화탄소 배출량을 조사한다.	• 기후변화에 영향을 미치는 인간 활동은 무엇인가요? • 음식물은 어떤 과정으로 생산될까요? • 탄소 발자국은 무엇일까요? • 기후변화는 누구의 책임일까요? • 가장 많은 책임을 져야 하는 사람은 누구인가요?
세션3 누가 영향을 받을까?	• 기후변화가 사람과 지구에 미치는 영향을 확인한다. • 기후변화의 영향에 대해 비판적으로 사고한다.	• 기후변화의 영향에 대해 설명하고 토론한다. • 기후변화의 잠재적 결과를 살펴본다.	• 기후변화의 영향을 받는 것은 무엇일까요? • 기후변화의 영향을 어떻게 받고 있나요? • 기후변화의 영향을 받는 사람은 누구인가요?
세션4 기후변화 이야기	• 모두가 기후변화의 영향을 받지만 가난한 지역의 사람들이 가장 취약함을 인식한다. • 전 세계가 기후변화의 영향을 받는 모습을 살펴본다. • 기후변화로 위기에 처한 사람들과 공감한다.	• 기후변화에 대한 생각을 나누고 표현하여 생각을 공유한다. • 기후변화가 개인과 지역사회에 미치는 나쁜 영향을 설명할 수 있다.	• 기후변화에 의해 사람들과 지역사회가 어떤 영향을 받고 있나요? • 그들은 기후변화로 인해 어떤 마음을 가질까요?

세션	학습 목표	도달점	핵심 질문
세션5 기후변화에 적응하기	• 기후변화에 적응한다는 것은 무엇인지 이해한다. • 기후변화에 적응하는 모습을 살펴본다.	• 방글라데시에서 홍수에 적응할 수 있는 방법을 함께 고민한다. • 개인과 지역사회가 기후변화에 적응하기 위한 방식을 조사한다.	• 기후변화에 적응한다는 것은 무엇인가요? • 사람과 지역사회는 기후변화로부터 어떤 영향을 받고 있나요? • 당신은 어떻게 할 것인가요? • 사람들은 기후변화에 어떻게 적응하고 있나요?
세션 6 기후변화를 막아요	• 기후변화를 막기 위한 행동을 이해한다. • 실천사항은 그들이 어렵지 않게 할 수 있는 것이어야 함을 이해한다.	• 기후변화를 막기 위한 행동을 설명할 수 있다. • 할 수 있는 행동을 고려하고 우선순위를 매긴다.	• 기후변화에 대해 어떤 행동을 할 수 있을까요? • 그 행동은 실제로 해낼 수 있는 것인가요? • 이 행동은 어떤 영향을 미칠까요?

2) Our Climate Our Future(A Global School's Guide to COP26)—COP26

COP26[1]은 2021년 11월 26일 영국에서 열리는 세계 지도자들을 위한 유엔 회의로, 기후변화에 대처하기 위해 국가들이 함께 협력할 수 있는 방법을 논의하는 자리이다. 그동안의 COP 회의에서는 기후변화에 대한 세계적 협의가 이루어졌는데, 특히 2015년 파리에서 열린 COP21에서 서명한 '파리 협정'을 대표적으로 꼽을 수 있다. 파리 협정으로 인해 국가들은 지구 기온 상승을 2도로 제한하고 온난화를 1.5도로 제한하기 위해 함께 행동하기로 합의한 바 있으며, 각 정부는 기후변화에 대한 적절한 대응 정책을 세워 수행하고 있다. COP26에서도 파리 협약과 같은 새로운 협약을

---

[1] COP는 'Conference of the Parties'의 약자이며 'Parties'는 1994년 유엔기후변화기본협약(UNFCCC)에 가입한 197개국을 의미한다.

맺을 예정인데, COP26이 각 국가의 기후변화 정책에 매우 중요한 역할을 할 것으로 예상되기에 주목을 받고 있다. 이에 따라 학생들에게 기후변화, 그 원인과 영향, 그리고 COP26의 중요성에 대해 생각할 기회를 주는 것이 본 프로그램의 목적이다.

COP의 3단계 교육 방법은 이해 - 실천 - 공유의 순서로 접근하는데, 먼저 초등학생 수준의 '이해'단계의 내용과 수업 장면을 살펴보면 다음과 같다.

이해

- 도입 (약 15분)
  - 문제 상황을 제공하고 활동을 소개한다.
  - 학생들이 세계 지도자가 되어, 기후변화로 인해 현재 발생하는 문제들에 대한 정보를 바탕으로 미래에 대한 계획을 세워야 함을 설명한다.
- 전개 (약 30분)
  - 토론 카드를 소개하고 학급에서 읽는다.
  - 학생들은 제시된 내용에 대한 자신의 생각과 아이디어를 떠올린다.
  - 학생들이 문제를 이해하고 해결방안을 떠올리는 데 도움이 되는 추가 정보를 소개한다.
  - 세계 지도자들이 이 문제를 해결하기 위해 하여야 하는 행동을 모둠별로 생각해낸다.
  - 모둠별 학습지에 행동 목록을 작성한다.
  - 모둠별 활동 결과를 서로 비교해보고 공통점 차이점을 발견하며 토론한다.
  - 학급의 토의 결과물 중에서 올해 COP26에서 꼭 등장하여야 할 것은 무엇인지 선정한다.

〈그림 4〉 Our Climate Our Future 토론 카드 예시

이어서 실천, 공유 단계에서는 다음과 같은 방식으로 수업을 진행할 수 있다.

실천

실천 과정에서는 먼저 학생을 작은 그룹으로 나누어 토론하는 데에서 시작한다. 학생들은 토론 과정에서 개인적 차원에서의 실천과 더불어 학교가 사회의 변화를 위해 할 수 있는 일, 세계 지도자들에 의해 이루어질 수 있는 실천 사항에 관하여 고려해야 한다. 토론 과정을 통하여 제기된 여러 가지 의견과 피드백은 학생들이 확인할 수 있도록 게시되는 것이 좋다. 예를 들어, 화이트보드, 포스트잇, 대형화면에 제시되거나, 나뭇잎 학습지에 적어 환경나무나 숲을 만드는 방식으로 전시될 수 있다. 학생들의 학습 활동 결과물은 학교 내부에서의 교육적 효과를 기대할 수도 있지만, 학교 외부, 지역사회의 관심을 불러일으킬 수도 있기에, 학교에서의 교육이 시작점이 됨을 강조할 필요도 있다.

공유

학생들의 학습 활동은 여러 사람들과 생각을 공유하는 데에 목적이 있다. 본 프로그램에서는 11월 5일 COP26 기간 동안 전세계의 학교들이 앞선 학습 활동의 결과물로 제시된 환경나무를 전시하고 자연과 함께하는 미래를 만들기 위한 소망을 부모, 지역사회, 언론과 함께 공유하는 것을 제안한다. 나아가 COP26 온라인에서 국가적으로 공유함으로서 전국학생들의 아이디어를 살펴볼 수 있는 행사를 계획하기도 한다.

해당 프로그램을 운영하기에 교사를 위해 당부하는 점은 먼저, 학생들의 정신적 충격을 고려하여야 한다는 것이었다. 기후변화는 학생들에게 무서운 것으로 받아들여질 수 있기 때문이다. 학생들이 접하는 다양한 자료에서의 기후변화 현상은 거대한 규모와 시급한 위기에 초점을 맞추고 있는데, 이는 때로 학생들을 불안하게 하거나, 환경 문제에 대한 무력감을 심어줄 수도 있다. 이때 교사는 학생들의 행동이 미래를 바꿀 수 있다는 희망을 심어주고, 무심코 해왔던 생활 방식이 환경에 좋지 않은 영향을 미쳤다는 사실에 대한 책임이나 비난을 강조하기 보다는 공감과 애정을 표현하며, 모든 사람의 행동이 모두에게 영향을 미칠 수 있다는 연관성을 강조하는 것이 방향으로 수업을 진행하는 것이 바람직함을 강조하였다.

3) 호주 AIDR 기후변화교육 계획

호주 재난 복원 연구소(Australian Institute for Disaster Resilience, AIDR)는 교사와 학생들이 기후변화가 우리에게 미치는 영향을 조사할 기회를 제공하기 위한 목적으로 기후변화교육에 관한 학습 계획을 제안하였다(AIDR, 2007). 학습 목표는 기후변화의 개념과 우리에게 주는 영향에 대한 이해를 목표로 하고 있으며, 탐구 조사 학습지와 인터넷 접속이 가능한 컴퓨터를 필요로 한다. 학습의 4단계는 다음과 같다.

<표 23> AIDR 기후변화교육프로그램

단계	교수학습활동
기후변화에 대한 조사	(1단계) 기후변화는 지구의 평균 온도 상승으로 인한 결과임을 이해한다. 이는 인간 활동으로 인한 온실가스 증가에 따른 결과이며, 화석연료의 사용, 농지의 개간과 농업으로 한 결과임을 탐구한다.
	(2단계) 학생들에게 다음의 질문에 대한 대답을 탐구하도록 한다. • 평균 온도가 상승한다는 것은 기후와 환경에 어떤 영향을 미칠까? • 이러한 현상은 사람들에게 어떤 영향을 미칠까?(정서, 경제, 삶의 질 영역에서)
	(3단계) 기후의 변화와 평균 온도의 상승으로 인한 충격에 대해 토론한다. 학생들은 폭우나 해수면 상승 등 환경의 급격한 변화에 대하여 브레인스토밍을 한다.
	(4단계) 학생들은 개별 혹은 모둠별로 기후변화 조사 학습지를 해결하며 기후변화에 대한 더 많은 정보를 탐색한다.
기후변화 프로젝트의 실행	탄소 발자국에 대한 이해를 바탕으로 웹사이트에서 탄소발자국을 확인해보고, 온실가스 배출에 관하여 조사한다. 조사 결과와 알게 된 점에 대해서는 그래프나 표, 그림, 발표, 사진, 예시, 영상 등으로 발표한다.

<표 24> AIDR 기후변화 탐구 조사 학습지

기후변화 탐구 조사 학습지

- 기후변화란 무엇인가요?
- 기후변화와 지구 온난화 사이에는 어떤 차이가 있나요?
- 지난 100년간 기후 평균온도 상승에는 어떤 일이 있었나요?
- 20세기 중반 이후 우리나라의 평균 온도 변화에는 어떤 일이 있었나요?
- 바다에 이산화탄소가 흡수되는 것이 산호초에 왜 해로울까요?
- 1870년대부터 현재까지 해수면이 얼마나 상승했나요?
- 온실효과의 가장 큰 원인은 무엇인가요?
- 온실가스가 어떻게 지구를 데우나요?

6.2. 국내 기후변화교육 프로그램

1) 지속가능발전교육 수업모델-한국과학창의재단

한국과학창의재단에서는 지속가능발전교육(ESD)과 관련하여 초·중·고 교육과정과 연계할 수 있는 프로그램을 개발하여 제공한다. 초등학교에서 적용할 수 있는 프로그램 유형으로는 사회문제해결형 프로그램(15개), 자연모사기술 활용 프로그램(3개), 세계시민교육 연계 수업모델(6개), 지속가능목표(SDGs)[2] 연계형 수업모델(4개)을 제공하며 각각 교사용 지도안과 학생용 학습지, 수업 자료가 풍부하게 제공되어 있어 수업에 직접 투입할 수 있게 준비되어 있다. 프로그램과 관련한 세부사항은 아래와 같으며 한국과학창의재단 교수학습자료 공유 누리집인 크레존(https://www.crezone.net/)에서 내려 받아 활용할 수 있다.

<표 25> 지속가능발전목표(SDGs) 반영형 프로그램(일부)

학교급	연번	프로그램명	차시명	SDGs 영역
초등	1	가난한 것과 부자가 아닌 것	빈곤의 의미	빈곤퇴치
			빈곤퇴치를 위한 노력	
	2	다양한 문화를 존중해요	교육받을 권리	교육보장
			다문화 교육을 위한 노력	

---

[2] SDGs는 제70차 UN총회에서 채택된 지속가능발전목표(SDGs, Sustainable Development Goals)로서 해당 내용은 ① 빈곤퇴치, ② 기아해소와 식량안보 달성 및 지속가능농업 발전, ③ 보건증진, ④ 교육보장과 평생교육 향상, ⑤ 성평등 달성과 여성역량 강화, ⑥ 물과 위생 제공과 관리 강화, ⑦ 에너지 보급, ⑧ 경제성장과 일자리 증진, ⑨ 인프라 구축과 산업화 확대, ⑩ 불평등 해소, ⑪ 지속가능도시 구축, ⑫ 지속가능 소비생산 증진, ⑬ 기후변화 대응, ⑭ 해양과 해양자원 보존과 지속가능 이용, ⑮ 육상 생태계 등의 보호와 지속가능 이용, ⑯ 평화로운 사회 증진과 제도 구축, ⑰ 이행수단과 글로벌 파트너십 강화이다.

학교급	연번	프로그램명	차시명	SDGs 영역
초등	3	비만과 건강	비만과 지속가능한 건강	보건증진
			병원 덜 가기	
	4	학교 텃밭을 가꾸어요	로컬푸드와 글로벌푸드	지속가능 농업발전
			우리반 로컬푸드 장터	

<표 26> 세계시민교육 연계형 프로그램 목록

학교급	연번	프로그램명	차시명	대상학년군
초등	1	세계시민으로의 자기이해	세계시민의 다양한 인사법	1-2
			고릴라가 그리는 세상	3-4
	2		물 부족 대책과 실천의지	3-4
			수질유지와 그 실천방안	3-4
	3	함께여서 행복한 우리	너희들과 함께 해서 행복해	5-6
			친구들과 함께 힘을 모아요	5-6
	4		신기한 생태계 이야기	5-6
			생물 다양성 유지를 위한 시민의식	5-6
	5	지속가능한 삶에 대한 성찰	공정무역의 필요성	5-6
			친환경적인 삶	5-6
	6		기후변화에 따른 위협과 두려움	3-4
			지구 온난화에 대응하는 세계시민성	3-4

<표 27> 자연모사 기술 활용형 프로그램 목록

학교급	연번	프로그램명
초등	1	달걀막을 모사한 OOHO 물병으로 지키는 우리 지역의 생태
	2	자연을 흉내낸 재난 구호 '희망 로봇'
	3	매미 울림통을 활용한 소리와 음악 나눔

<표 28> 사회문제해결형 프로그램 목록

학교급	연번	프로그램명
초등	1	내 용돈이 어떠한 가치를 가지고 있을까
	2	환경과 사회를 생각하는 옷차림은 무엇일까?
	3	화석 자원과 에너지의 지속가능한 이용방법을 찾아볼까요
	4	안전하고 깨끗한 학교를 만들기 위해 우리는 무엇을 해야 할까?
	5	식물 커튼으로 더위를 막을 수 있을까?
	6	지금 행복하나요?-학생들이 행복한 사회 만들기
	7	다툼이 없는 학교 운동장 사용방법은 없을까?
	8	우리 지역에서는 안전하게 자전거를 탈 수 있을까?
	9	북한 학생들의 학교생활은 어떠할까?
	10	이주민에 대해 어떻게 생각하나요?
	11	장애인도 동등한 삶의 질을 누리기 위해서 어떻게 해야 할까?
	12	지속적으로 다양한 동식물과 함께 살아갈 수 있을까?
	13	어떤 기업이 지속가능한 사회를 위해 노력하고 있을까?
	14	지구를 위한 한 시간의 약속을 지킬 수 있을까?
	15	ESD 달력을 보고 1년 동안 SD적 생활이 가능할까?

다음은 한국과학창의재단 2020년 지속가능발전목표 연계 선도프로그램 중 기후변화와 관련된 학습 활동이다. 주제는 기후변화 대응을 위한 온실가스 줄이기이며 실제 수업 사례는 다음과 같다.(크레존, 2020)

<표 29> 기후변화 대응을 위한 온실가스 줄이기 수업 개요(크레존, 2020)

관련 교과목 및 단원	• 사회-세계의 다양한 삶의 모습 • 과학-에너지와 생활 • 창의적 체험활동

관련 성취기준	[6사07-03] 세계 주요 기후의 분포와 특성을 파악하고, 이를 바탕으로 하여 기후 환경과 인간 생활 간의 관계를 탐색한다. [6과17-02] 자연 현상이나 일상생활의 예를 통해 에너지의 형태가 전환됨을 알고, 에너지를 효율적으로 사용하는 방법을 토의할 수 있다.	
학습 목표	기후변화와 온실가스의 관계에 대하여 설명할 수 있다. 비대면 시대에서 온실가스 사용 현황을 인식하여 기후변화 대응을 위한 행동 실천을 할 수 있다.	
단계	교수학습활동	시간(분)
도입	(생각열기) 코로나로 잠시 숨 쉬는 지구 : 코로나19가 지구 환경에 불러온 변화를 살펴보고 인류가 지구 환경에 미친 영향에 대해 반성적으로 성찰한다. (핵심 발문) • 날씨 뉴스를 보고 코로나 19 발생이 기후변화가 원인이라고 주장하는 의견을 정리해 봅시다. • 영상을 보고 코로나 19 이후 달라진 지구의 변화를 정리해 봅시다.	10
전개	(생각키우기) 기후변화와 온실가스의 관계 : 지구온난화 현상을 이해하고 온실가스 발생원이 무엇인지 탐구한다. (핵심발문) • 온실가스가 어떻게 기후변화에 영향을 주는지 알아보자. • 인구 증가와 경제성장으로 온실가스 발생량이 증가하고 있다. 6대 온실가스 종류와 발생원을 알아보자.	10
	(생각 만들기) 비대면 시대의 온실가스는? : 비대면 시대에 줄어든 온실가스의 원인을 파악하고 저탄소 활동의 실천을 위한 HOUSE BOOK을 만든다. (핵심발문) • 우리 주변의 여러 장소에서 온실가스 발생량이 어떻게 변했을까? 생각해봅시다. • 비대면 기간 동안 늘어난 우리 집 온실가스를 줄이는 프로젝트를 시작합니다. 인터넷 기사, 신문 등에서 우리 집 온실가스 줄이기와 관련 있는 그림이나 글을 찾아서 오려 붙여 봅시다. • 조사한 내용을 바탕으로 하우스 북(집 북)을 만들어 정리해 봅시다.	15
정리	(정리활동) 생각 정리하기 : 학습 내용을 정리하고 자기 평가 및 동료 평가를 실시한다.	5

2) 서울시 생애주기별 기후변화교육

서울시에서는 생애주기별 기후변화교육 프로그램을 개발하고 보급하였다.(서울특별시, 2021) "제3차 국가 환경교육 종합계획"과 "제3차 서울 환경교육 종합계획"의 정책에 따라 생애 주기와 지역적 특성을 반영한 교육프로그램을 제안하였다. 생애주기는 유아기(7세 이하)-아동기(8~13세)-청소년기(14~19세)-성인전기(20~34세)-성인중기(35~60세)-성인후기(61세 이상)으로 구분하여 평생 학습이 가능하도록 구상하였으며, 각 생애 주기에 따른 환경교육 컨셉을 설정하여 체계적인 교육프로그램으로서 기능하도록 하였다.

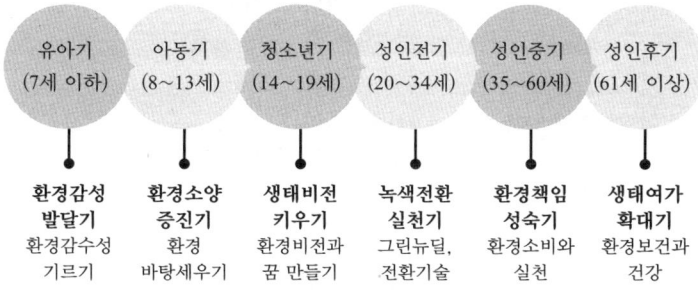

[그림 5] 생애주기 환경교육 기본 컨셉과 6개의 생애주기(서울특별시, 2021)

초등학교에 해당하는 과정은 아동기로서 환경 소양을 증진하는데 중점을 두며, 기후변화로 인한 재난, 올바른 먹거리, 탄소발자국 등 기후변화 전반에 대한 기본적인 개념 이해 및 실생활에서 적용이 가능하도록 기후변화 대응 실천행동을 직접 체험해 보는 활동으로 구성하였다. 기후변화교육 프로그램은 세 가지로 개발되었으며, 총 13차시의 수업이 가능하다. 해당 프로그램은 비대면 환경에서의 프로그램 적용 여부와 더불어 학생 수준에 맞는 체험, 놀이활동이 적절하게 포함되어 있어 학생의 흥미와 수준에 적합한 교수학습활동이 가능하다는 점이 바람직하다.

<표 30> 초등학교 기후변화교육프로그램 개요

생애주기	프로그램명	교육 목적	세부 주제	교육 방법	비고	
					비대면 운영 가능 여부	가족 연계
아동기 (8~13세)	숨겨진 이름을 찾아서 (4차시)	환경 지식, 환경 정서	기후변화의 이해	견학, 체험, 놀이	○	○
	기후 게임 챌린지 (5차시)	환경 지식	기후변화의 이해	조사, 관찰, 놀이, 창작	○	×
	지구를 살리는 채소 바자회 (4차시)	환경 정서, 환경 실천	기후변화와 생활(식량)	노작, 실험·실습	○	○

<표 31> 숨겨진 이름을 찾아서 수업 개요

프로그램명	숨겨진 이름을 찾아서		생애 주기	아동기 (초등학교 저학년)
차시 구분	1차시: 탄소, 모든 것의 그림자 2차시: 나무의 숨겨진 이름표를 찾아서 3~4차시: 기후 보물섬			
구분	교수학습 활동			비고
1차시	**[탄소, 모든 것의 그림자]** : 우리의 의식주 활동에 이산화탄소 등의 온실가스 배출이라는 그림자가 있다는 것을 그림책을 함께 읽으며 느껴봄 1. 오세나 작가의 '검정 토끼'를 함께 읽는다. 　독서 전 질문 　·검정 토끼를 보니 어떤 느낌이 드나요? 　·어떤 이야기가 펼쳐질 것 같나요? 등 　독서 후 질문 　·검정 토끼는 무엇을 의미하는 걸까요? 　·검정 토끼가 점점 많아지니 어떤 감정이 생겼나요? 2. 검정 토끼와 탄소를 연결한다. - 탄소 개념을 설명하며, 우리가 살아가는 모든 활동에 마치 그림자처럼 '탄소'라는 검정 토끼가 생겨난다는 것을 느끼기 - 검정 토끼가 많아지면서 생기는 문제는 무엇이 있을까? '기후변화'에 대해 함께 생각해보기 3. 나의 검정 토끼를 그려본다. - 도화지에 색연필로 검정 토끼 그려보기			『검정 토끼』 (오세나, 달그림, 2020)
2차시	**[나무의 숨겨진 이름표를 찾아서]** : 이산화탄소를 가져가고 산소를 주는 나무에 대한 고마움을 느끼며 나무에게 이름표를 달아줌			
3차시	**[기후 보물섬]** : 발바닥 공원에서 미션 오리엔티어링 보물찾기를 통해 기후변화에 대해 배운 내용을 복습하고 환경태도를 함양 1. 발바닥 공원에서 기후 보물찾기를 한다. - 발바닥 공원 지도를 보며 기후변화와 관련된 미션을 수행하고 보물이 가득한 자연 환경을 체험하기 (미션 예시 - 자연을 지키는 수호천사 사진 찍어오기/가장 이산화탄소를 많이 흡수한 나무 안아주고 오기)			

<표 32> 기후 게임 챌린지 수업 개요

프로그램명	기후 게임 챌린지		생애 주기	아동기 (초등학교 고학년)
차시 구분	1차시: 기후변화, 무엇이 문제일까? 2-4차시: 나는 기후 게이머! 5차시: 내가 만드는 기후 게임			
구분	교수학습 활동			비고
1차시	**[기후변화, 무엇이 문제일까?]** : 다양한 기후변화 보드게임 구성물과 게임 규칙을 살펴보며 기후변화를 자연스럽게 익힘 1. 기후 보드게임 속 다양한 아이템 관찰하며 기후변화의 원인과 결과를 안다. 　＊ 활용할 수 있는 보드게임 예시 : 뜨거워진 지구에서 우리를 구해줘!, 아이스 앤 더 스카이, 에너지 보드게임 지구촌힘씨 등 - 다양한 보드게임의 구성물을 직접 만져보면서 탐색하기 - 질의응답 시간을 통해 기후변화 개념 익히기			※ 규칙을 미리 알려주지 않고, 게임의 카드/말이 의미하는 것이 무엇일지 스스로 추측해보는 과정이 선행되어야 한다.
2~4차시 (120분)	**[나는 기후 게이머!]** : 부스에서 다양한 보드게임을 체험해보며 기후변화의 원인과 대응, 결과를 간접 학습 1. 다양한 기후 보드게임 부스를 체험한다. - 모둠을 이루어 보드게임 부스 순차적으로 체험하기			※ 그림 자료를 이용한 보드게임 규칙설명서나, 태블릿PC를 이용해 규칙 설명 동영상을 부스 별로 준비한다.
5차시	**[내가 만드는 기후 게임]** : 간단한 카드 게임을 디자인해보는 활동을 통해 환경 문제에 대한 사고 확장			

<표 33> 지구를 살리는 채소 바자회 수업 개요

프로그램명	지구를 살리는 채소 바자회	생애 주기	아동기 (초등학교 전학년)
차시 구분	1차시: '먹구름'의 하루 _ 채소를 먹는 건, 지구를 지키는 일이야 2-3차시: 채소라는 보물 4차시: 지구를 살리는 바자회		

구분	교수학습 활동	비고
1차시	['먹구름'의 하루 _ 채소를 먹는 건, 지구를 지키는 일이야] : 먹는 것을 좋아하는 먹구름의 하루를 살펴보며, 채소를 더 많이 섭취하고 공장식 축산업을 줄여나가는 것이 어떻게 지구를 살리는 일인지 배움 1. 채소를 먹는 게 왜 지구를 지키는 일이지? - '먹구름'(먹고 구른다는, 먹는 것, 노는 것을 좋아하는 초등학생 캐릭터)의 식습관이 변화하는 이야기 듣기 - 축산업 → 온실가스 → 기후위기로 이어지는 환경 지식을 배우고, 집이나 학교 급식에서 어떤 채소를 먹었는지 친구들과 이야기 나누기	
2~3차시 (80분)	[채소라는 보물] : 가정에서 기르는 채소를 발견, 관찰하며 자연에게 친근감을 느끼고 환경태도를 함양 1. 보물찾기 활동을 한다. - 센터 곳곳에서 기르고 있는 채소를 찾아보고 이름을 붙인 후, 채소의 입장에서 일기를 써보며 생태적 시선 확장시키기 2. 채소 그리기 활동을 한다. - 채소 주변에는 어떤 작은 생물들이 살고 있는지, 채소의 세세한 부분은 어떻게 생겼는지 자세히 관찰하며 그림을 그리고 기록하기	
4차시	[지구를 살리는 바자회] : 다양한 스틱 채소로 구성된 '지구를 살리는 채소컵'을 만들어 밭바닥 공원을 다니는 주민들에게 나눠주는 바자회 활동을 통해 환경 시민으로서의 소양 함양	

3) 학습자 활동 중심 기후변화교육 프로그램

기후변화는 일상생활에서 쉽게 체험하기 어려운 현상으로서 지식 전달만을 목적으로 한다면 복잡한 과학적 원리에 도달하게 되어 일반인으로서는 쉽게 이해할 수 없는 내용으로 흘러가고는 한다. 따라서 학생들에게 기후변화의 위기에 대해 이해하는 것을 넘어서 기후변화에 대응하는 행동을 기대하기 위해서는 활동 중심의 수업을 구안하는 것이 바람직하다. 특히나 초등학생들의 발달 단계상 강의식 수업 보다는 활동을 체험하며 익히는 교수학습 방식이 더욱 효과적이고, 이러한 수업 방식은 추상적으로 마무리 될 수 있는 기후변화교육에 현실성을 부여할 수 있게 된다. 이에 따라 활동 중심의 기후변화교육 프로그램을 개발한 최혜숙 외(2011)의 연구 결과물을 살펴보고자 한다.

활동 중심의 기후변화 프로그램은 학습자가 쉽게 접할 수 있는 내용이나 실생활과 관련된 내용으로 프로그램을 구성하여 기후변화와 실생활과의 관련성을 높이고자 하였으며, 기후변화와 관련된 희망적, 긍정적인 태도를 함양하도록, 그리고 학습자 중심의 적극적이고 능동적인 학습 참여가 이루어지도록 설계 되었다. 내용 영역은 기후변화를 이해하기 위한 과학적 기초 지식을 쌓아야 하는 '날씨와 기후' 영역, 기후변화에 대응과 적응을 다루는 '기후변화' 영역의 두 가지로 설정하였다. 학습 단계는 동기유발 – 구체적 체험하기 – 반성적 관찰하기 – 추상적 개념 형성하기 – 능동적 체험하기의 다섯 단계로 이루어진다. 동기유발에서는 해당 차시 학습을 위한 흥미를 돋우고, 구체적 체험하기 단계에서는 만들기, 그리기 등의 공작활동, 실험, 게임의 활동에 참여한다. 반성적 관찰하기에서는 활동을 통해 알게 된 내용을 정리하고 반성하며, 추상적 개념 형성하기에서는 학습 내용을 기후변화와 연관지어 일반화된 과학적 개념이나 원리로 추상화한다. 마지막으로 능동적 체험하기는 학습한 내용과 관련된 새로운 문제 상황에서 학습 내용을 응용, 적용할 수 있도록 안내한다.

이에 따른 총 10개 프로그램의 목표와 학습 단계는 다음과 같다.

<표 34> 학습자 활동중심 기후변화교육 프로그램(최혜숙 외, 2011)

프로그램명	학습목표	학습단계				
		도입	전개			정리
		동기유발	구체적 체험	반성적 관찰	추상적 개념 형성	능동적 체험
공기, 물, 바람이 만드는 날씨	백엽상이 날씨의 변화를 측정하는 기구라는 것을 안다.	어른들의 날씨를 예측하는 다양한 예시 제시	백엽상 모형 만들기	활동결과 되돌아보기: 백엽상 모형 만들기를 통해 알게 된 점 생각해보기	교사의 개념 설명: 날씨, 백엽상, 기상 관측	문제 해결하기: 조상들은 어떻게 기상 관측을 했을지 친구와 함께 조사하기
단풍의 카멜레온	단풍잎 색의 변화가 계절의 변화와 관계가 있다는 것을 안다.	계절별로 산의 사진 제시: 사진속 계절 예측해 보기	시범실험 관찰하기: 단풍잎 색소 분리하기 단풍잎 만들기	활동결과 되돌아보기: 실험과 단풍잎 만들기 활동을 통해 알게 된 점 생각해보기	교사의 개념 설명: 계절에 따른 식물의 변화, 엽록소	문제 해결하기: 단풍이 들지 않는 나무는 겨울을 어떻게 나고 있는지 동료와 함께 조사하기
과거의 기후기록, 빙핵	빙핵을 이용한 과거 기후 측정 방법을 안다.	빙핵 사진 제시: 사진에서 보여지는 것이 무엇인가 예측해 보기	빙핵모형 만들기와 동료의 빙핵모형 해석하기	활동결과 되돌아보기: 빙핵 만들기를 통해 알게 된 점 생각해보기	교사의 개념 설명: 빙핵, 기후와 이산화탄소, 과거의 기후측정 방법	문제해결하기: 북극과 남극의 기후의 특징 친구와 함께 조사하기
기후에 따라달라져요- 생물	기후에 따라 생물 생김새가 다양하다는 것을 안다.	북극 여우 사진 제시: 어디에 사는 동물인지 예측해 보기	각 기후대에서 생활하는 생물스티커 붙이기	활동결과 되돌아보기: 기후대에 따른 생물의 모습을 확인하면서 구체적인 특징을 생각해보기	교사의 개념 설명: 기후대, 기후에 따른 다양한 생물	문제 해결하기: 기후에 영향을 받는 것은 또 무엇이 있을지 토론하기

프로그램명	학습목표	학습단계				
		도입	전개			정리
		동기유발	구체적 체험	반성적 관찰	추상적 개념 형성	능동적 체험
기후에 따라 달라져요-사는 집	기후에 따라 집모양이 다양하다는 것을 안다.	세계풍물 소개(주거중심) 다큐멘터리 영상 제시	각 기후대에 적절한 주거 모양 스티커 붙이기	활동결과 되돌아보기: 기후대에 따른 집 모양을 확인하면서 구체적인 특징을 생각해보기	교사의 개념 설명: 기후에 따른 다양한 주거형태	문제해결하기: 우리나라 지방별로 집 모양이 다른 이유와 기후와는 어떤 관계가 있을지 조사하기
이산화탄소 때문에 바다는 못살아	이산화탄소의 증가가 바다 생물에게 영향을 줄 수 있다는 것을 안다.	공기가 없는 달의 온도와 이산화탄소가 많은 금성의 온도 제시: 이산화탄소의 역할을 예측해 보기	시범실험 관찰하기: 이산화탄소 반응실험(BTB나 리트머스반응)	활동지 완성하기: 관찰한 결과 생각하며 정리하기	교사의 개념 설명: 온실가스, 바다의 산성화	문제해결하기: 이산화탄소의 특징과 활용되고 있는 예 조사해보기
기후가 변하면?	기후변화가 생태계와 인간에게 미치는 영향을 안다.	지구 평균 기온변화 그래프 제시: 그 래프가 무엇을 의미하는지 예측해 보기	활동지 빈칸 채우기: 기후변화로 인해 나타날 수 있는 생태계의 연쇄적 반응의 빈 칸을 그림카드 이용하여 완성하기	활동결과 되돌아보기: 겨울이 좀 더 따뜻해지면 나쁜 점 생각해보기	교사의 개념 설명: 기후변화와 생태계	문제해결하기: 더워지고 있는 지구에서 적응하는 방법 토론하기
북극곰을 살려라	지구온난화로 북극생태계가 영향을 받는다는 것을 안다	'북극의 눈물 (MBC 상영)' 동영상 제시	북극곰과 빙하조각 만들기 '북극곰 살리기' 퀴즈게임 활동하기	퀴즈게임 결과 되돌아보기: 북극곰을 지킬 수 있었던 이유와 그렇지 못한 이유 생각해보기	교사의 개념 설명: 북극곰의 생태적 특징, 지구온난화와 북극 생태계	문제해결하기: 북극의 얼음이 계속 녹는다면 어떤 현상이 벌어질지 토론하기

프로그램명	학습목표	학습단계				
		도입	전개			정리
		동기유발	구체적 체험	반성적 관찰	추상적 개념 형성	능동적 체험
우리 집 환경은 몇 시?	우리 집 환경시계를 되돌리기 위해 내가 할 수 있는 일이 무엇인지 안다	환경 위기 시계(21시 22분) 사진 제시: 이 시계가 알려주는 시간이 무엇을 의미하는지 예측해보기	우리 집 환경지표와 환경위기시계 만들기: 환경지표를 확인하면서 우리 집의 환경위기시계는 몇 시를 가리키는지 알아보기	활동결과 되돌아보기: 환경 위기 시계를 되돌릴 수 있는 방법을 환경지표를 보면서 생각해보기	교사의 개념 설명: 환경위기시계, 환경지표	문제해결하기: 환경위기에서 벗어나기 위해 우리가 할 수 있는 방법 토론하기
기후변화 골든벨	지구 온난화의 가속화를 줄이고 개인적·국가적 차원의 기후변화 대응 방법을 안다	골든벨 게임의 우승상품(환경 손수건) 제시	환경 퀴즈 게임하기: 많은 수의 정답을 맞춘 팀이 최종 우승이 되는 골든벨 게임	퀴즈게임 결과 확인하기: 우리 모둠이 맞춘 문제와 틀린 문제 다시 생각해보기	교사의 개념 설명: 지구 온난화와 기후변화, 탄소발자국	문제해결하기: 지구 온난화를 방지하기 위해 개인적, 국가적으로 할 수 있는 방법 토론하기

4) 푸름이 이동환경교실

초등학생 특성상 기후변화교육이 지식 이해 중심의 과정이 되는 것은 바람직하지 않다. 저학년일수록 실천 체험형 교수학습 방식에 대한 논의가 필요하며 바람직한 행동의 습관화를 중심으로 이해의 영역에 나아가도록 하는 것이 더욱 요구된다. 또한 학교에서 이루어지는 기후변화교육이 시민의 적극적인 참여를 통해 지역사회와 적극 협력하는 방안이 필요하기에 공공, 민간단체에서 운영하는 지역사회 체험 프로그램을 활용하는 것도 바람직하다. 이에 기후변화교육을 위해 실천 체험할 수 있는 다양한 프로그램이 개발되고 있으며, 푸름이 이동환경교실도 그 중 하나이다.

  푸름이 이동환경교실은 국가환경교육센터에서 주관하는 프로그램으로 환경교육을 위하여 조성된 이동식 버스를 활용하여 교육을 실시한다. 학교에서 신청할 경우 직접 방문하여 교육을 실시하며 관련 주제는 지역별로 다르게 운영하기도 한다. 기후변화교육과 관련해서는 광역권으로는 '그린볼로 지구 온도를 낮추자(90분)'프로그램이 있으며, 지역에 따라 기후위기와 탄소중립(수도권역), 푸름이와 지구를 지켜요(충청권역), 지구에게 보내는 환경 메시지(전북권역)를 운영한다.

<표 35> 그린볼로 지구 온도를 낮추자 프로그램 개요

프로그램명		그린볼로 지구 온도를 낮추자	
대상	초등학교 3~6학년	소요시간	90분
프로그램의 주요 내용 ○ 지구 모양의 공을 활용하여 지구 온난화의 원인과 현상, 대응 방법에 대해 알아보는 프로그램			
세부 교육 일정			
시간	활동 내용		
10분	동기유발 ○ 지구 온난화 피해 사진을 보여주고 어느 지역인지 맞혀보기		
70분	주요 학습내용 ○ 지구 온난화의 원인과 기후변화로 인한 피해, 대응방법 알아보기 ○ 지구본 모양의 그린 볼 굴리기 활동하고 파란색, 빨간색 카드의 의미 생각해보기 ○ 빨간색 지구 모양의 공속에서 지구 온난화 체험하기		
10분	정리하기 ○ 지구 온난화 대응 방법 발표하기 ○ 지구를 지키기 위한 나의 다짐을 작성하기		

<표 36> 기후위기와 탄소중립 프로그램 개요

프로그램명		기후위기와 탄소중립 프로그램	
대상	초등학교 전학년	소요시간	90분

프로그램의 주요 내용
○ 기후변화의 원인과 지구환경의 변화를 알고, 종이퍼즐을 통해 기후변화 대응을 위한 실천 방법을 알 수 있다.

세부 교육 일정

시간	활동 내용
20분	**동기유발** ○ 우리나라에서 나타나는 기후변화 현상을 사진과 영상을 통해 알아본다. **주요 학습내용** ○ 기후변화와 온실가스 이해하기 ○ 탄소중립이란 무엇인지 이해하기
50분	○ 주제에 맞는 종이퍼즐 카드 맞추기 - 이산화탄소, 아산화질소, 메테인, 프레온, 해수면상승, 생태계 변화, 에너지절약
20분	**정리하기** ○ 탄소중립을 위해 친구들이 할 수 있는 또 다른 실천 방법을 발표해보세요.

<표 37> 푸름이와 지구를 지켜요! 프로그램 개요

프로그램명		푸름이와 지구를 지켜요!	
대상	초등학교 5-6학년	소요시간	90분

프로그램의 주요 내용
○ 기후변화의 원인과 피해, 신재생에너지에 대해 배우고, 동서남북 종이접기 활동 및 AR스케치 활동을 통해 생활 속 실천을 약속하는 프로그램

세부 교육 일정

시간	활동 내용
15분	**동기유발** ○ 기후변화와 관련된 영상보기 ○ 날씨와 기후에 관련된 속담퀴즈 풀어보기
60분	**주요 학습내용** ○ 기후변화의 원인과 피해 알기 ○ 탄소중립의 의미와 탄소중립을 위한 우리의 노력 알아보기 ○ 동서남북 게임 활동을 통해 기후변화를 막는 방법을 알아보고 차량 활동을 통해 신재생에너지 체험하기
15분	**정리하기** ○ AR스케치 활동을 통해 기후변화를 막기 위한 우리의 실천 다짐하기

<표 38> 지구에게 보내는 환경 메시지 프로그램 개요

프로그램명		지구에게 보내는 환경 메세지	
대상	초등학교 전학년	소요시간	90분
프로그램의 주요 내용 ○ 기후변화와 기후변화의 영향에 대해 알아보고, 직접 지구 스위치 덮개를 만들어 기후변화를 줄이기 위한 다짐을 적어보는 프로그램			
세부 교육 일정			
시간	활동 내용		
10분	**동기유발** ○ 기후행동 정상회의 연설보기		
40분	**주요 학습내용** ○ 기후변화 알아보기 ○ 기후변화의 영향 알아보기 ○ 기후변화 적응방법 알아보기 ○ 지구 스위치 덮개 만들기		
10분	**정리하기** ○ 이산화탄소 배출량을 줄이기 위한 나의 다짐 발표하기 ○ 우리들의 다짐을 다시 확인하고 실천 약속하기		

참고문헌

권주연(2009). "기후변화교육 목표 및 내용 체계개발". 『환경교육』, 22(1), 68-82.
권주연, 문윤섭(2009). "기후변화교육 목표 및 내용 체계 개발", 『환경교육』, 22(1), 68-82.
기상청(2020), 『한국 기후변화 평가보고서 2020, 기후변화 과학적 근거』
길지현, 송신철(2012), "초등학교 학생들의 기후변화에 대한 개념 이해." 『에너지기후변화교육』 2.2, 125-132.
김병찬, 이석희(2020), "2015 개정 초등 교과서에서 기후변화 및 에너지교육 내용 분석." 『에너지기후변화교육』 10.3, 181-196.
김선미, 남영숙(2016). "2015개정 교육과정에서 제시된 기후변화교육내용 연구." 『한국환경교육학회 학술대회 자료집』, 2016.11, 233-237.
김소이, 방건우, 최성균, 최승우, 신동훈(2015), "기후변화 수업이 초등학생의 환경태도와 과학에 대한 흥미에 미치는 영향-2015 개정 교육과정 분석 결과를 바탕으로", 『에너지기후변화교육』, 6.2, 199-209.
대한민국정책브리핑(2020), 2050 탄소중립 인터넷 페이지 https://www.korea.kr/special/policyCuration View.do?newsId=148881562
류연정(2011), "토론을 통한 초등학교 기후변화교육 방안", 『에너지기후변화교육』 1.2, 183-190.
문효동(2016), "기후변화 대응 교육의 중요성", 『기후변화센터 이달의 이슈』
박종근, 정철, 손미희, 육혜경(2010), "중등학생들의 기후 소양 함양을 위한 교수 자료 개발 및 현장 적용에 관한 연구". 『학교교육연구』, 5(2), 221-237.
방강임, 신동훈(2016), "신문기사를 활용한 초등학교 기후변화교육 방안 탐색", 『에너지기후변화교육』, 6.1, 65-80.
변다혜, 윤소람, 김정대, 이승준, 이현호(2012). "기후변화 대응에 대한 한국 환경교육 활성화의 필요성", 『한국환경교육학회 학술대회 자료집』, 2012.7, 97-101.
서울특별시(2021), 『생애주기별 기후변화교육 프로그램 활용서』
오성남, "지구온난화 멈춤과 기후변화의 자연 변동설에 대하여", 『국내IP환경동향보고』, 환경부, 한국환경산업기술원.
우정애(2011), "중학교 과학과 기후변화교육 프로그램 개발과 적용". 『한국과학교육학회지』, 32(5), 938-953.
외교부(2007), "[UN일반] 수단 다르푸르사태 개요". 2007-11-05, 공식홈페이지
이성희(2011), "STEAM 교육을 통한 초등학생 기후 소양 함양 연구", 『에너지기후변화교육』, 1.2, 147-154.
이성희(2012), "개념화를 통한 초등학생 에너지 기후변화교육 연구", 『에너지기후변화교육』, 2.1, 49-58.
유네스코한국위원회(2012), 『기후변화교육 길잡이, 현장 교육가를 위한 종합 안내서』.

조정원(2017), "기후변화와 평화", 『평화와 종교』 0.4, 31-55.
최돈형, 김찬국(2008), "우리나라 기후변화교육의 현재와 방향에 대한 고찰", 『한국환경교육학회 2008년 상반기 학술대회자료집』, 32-36.
최석진, 신동희, 이선경, 이동엽(1999), "학교 환경교육 내용 체계화 연구", 『한국환경교육학회지』, 12(1), 25-27.
크레존(2020), 지속가능발전교육 프로그램활용 안내(수업모델목록)
크레존(2020), 지속가능발전교육 수업모델, [2020] 지속가능발전교육(ESD): SDGs 13~17 영역
최혜숙, 김용표, 조경숙, 여성희, 박기영, 배미숙, 이미형, 장미화(2011), "학습자 활동 중심 기후변화교육 프로그램 개발", 『한국기후변화학회지』, 2(3), 161-174
한국일보(2015), "지구 온난화는 거짓이다", 2015.02.11.16:43 기사
환경부(2019), 『환경보전에 관한 국민의식조사 결과보고서』
AGCI(2003), *Ground truth studies teacher handbook, 2nd ed.*, Aspen Global Change Institute.
AIDR(2007), "Climate change lesson plan", https://www.aidr.org.au/media/5266/aidr-climate-change-lesson-plan.pdf
Elizabeth L. Chalecki(2002), *Environmental Security: A Case Study of Climate Change*, Pacific Institute for Studies in Development, Environment and Security.
Environmental Protection Agency, http://www.epa.gov
Goleman, Daniel(2009), *Ecological Intelligence*, New York: Random House, 이수정 역(2010), 『에코지능』, 서울: 웅진씽크빅.
Hollander, J. M.(2003), *The Real Environmental Crisis*, California, University of California.
IPCC(2014), 『기후변화 2014 종합보고서』.
OXFAM(2015), *Climate Challenge for 7-11 years: Explore the human impact of climate change*, https://oxfamilibrary.openrepository.com/handle/10546/620694
NWF(2009), *Guidelines for K-12 global climate change education*, National Wildlife Federation.
New Brunswick Climate Change Hub(2002), *Climate change communication: 10 guidelines for effective climate change communication and messaging*, New Brunswick Lung Association.
Press, 박석순 역(2004), 『환경 위기의 진실』, 에코리브르.
UNEP(2012), 『기후변화교육 길잡이』, 유네스코한국위원회.
WHO(2008), *World Health Day 2008: Protecting Health from Climate Change*, http://www.who.int/world-health-day/en/

WWF(2021), *Our Climate Our Future*, https://www.wwf.org.uk/get-involved/schools/cop26#resources

YPTE, https://ypte.org.uk/

7장
초등학교에서 갈등해결교육

배소현(서울대방초등학교)

1 갈등해결교육의 개념

때로 갈등은 마치 평화와 반대되며 공존할 수 없는 것으로 생각된다. 그러나 3장에서 언급되었듯이 갈등은 동시에 어디에나 존재하며, 심지어 평화로운 때에도 존재한다. 갈등은 많은 비용과 고통, 감정 소모를 일으키기도 하지만 한편으로는 건설적이고 유익한 해결 과정을 도모하는 계기가 되기도 한다. 갈등은 그 자체로는 부정적인 것도, 긍정적인 것도 아니다. 중요한 것은 갈등을 어떻게 다루고 해결하느냐이다. 똑같은 갈등이라도 그것을 다루고 해결하는 방식에 따라 우리에게 전혀 다른 결과를 가져다준다.

그렇다면 학교에서 학생과 교사의 갈등해결 방식은 어떠한가? 때로 교사들은 '내가 교사가 아니라 판사가 된 것 같다.'는 말을 하곤 한다. 이 말 안에는 아이들이 자체적으로 작은 갈등까지도 해결하지 못해 교사에게 갈등해결의 책임과 권한을 넘기며, 교사는 자신의 판단에 따라 갈등해결을 위한 결론을 내린다는 의미가 담겨 있다. 이것이 진짜 갈등해결인지의 문제는 차치하더라도, 교사가 판사가 되는 갈등해결 과정에는 아이들 간의 상호 이해나 갈등해결 능력의 성장이 없다. 갈등해결 능력을 키우지 못한 아이들은 계속 갈등을 해결해 줄 누군가를 찾게 되고, 갈등을 마주했을 때 그것을 지혜롭게 해결하지 못해 긍정적인 결과를 얻지 못하게 된다. 갈등은 한 인간의 삶에 언제나 존재하는 것임을 생각할 때, 아이들의 갈등해결 능력을 기르는 갈등해결교육은 중요하며 필요하다.

갈등해결교육은 갈등이 생산적인 결과를 가져올 수 있도록 갈등을 긍정적으로 해결하는 능력을 기르는 교육이다. 소위 '교사가 판사가 되는 유형의 갈등해결'과 달리, 갈등해결교육에서 갈등의 당사자들은 협동적이고 협력적인 방법으로 문제에 대한 해결책을 만드는 데 직접적으로 참여한다. 제3자는 함께할 수도 있으며 함께하지 않을 수도 있다(Bodine & Crawford, 1998: 48). 미국의 국가분쟁해결협회(NIDR: National Institute for Dispute Resolution)의 보딘(Bodine)과 크로포드(Crawford)가 제시하는 갈등해결교육의 전제와 갈등해결교육에서 갈등해결의 특징과 원리를 살펴보면서 갈등해결교육이 무엇인지 알아보고자 한다.

먼저 갈등해결교육의 전제는 다음과 같다(Bodine & Crawford, 1998: 47).

---

① 갈등은 자연스러우며 평범한 것이다.
② 다름은 인식되고 인정받아야 한다.
③ 갈등은 해결 방안 찾기의 기회로 여겨질 때 긍정적 변화를 이끌어낼 수 있다.
④ 갈등 당사자들이 서로의 강점을 기반으로 하여 해결 방안을 찾을 때, 각자의 자존감을 키우는 분위기와 각자의 요구가 충족되는 기회가 형성된다.

이 전제 아래 갈등을 해결할 때에 갈등해결의 원리는 다음과 같다 (Bodine & Crawford, 1998: 50-55).

① 문제로부터 사람들을 분리한다. 서로 갈등을 빚는 적이 아닌, 문제를 함께 해결하는 동료로서 여겨야 한다. 인식의 차이, 부정적 감정, 소통의 부재가 '사람의 갈등'을 불러오므로 이를 해결해야 한다.
② 입장이 아닌 관심에 집중한다. 사람들이 표명하는 입장보다 그들이 정말로 원하는 것, 다시 말해 그들의 관심에 집중해야 한다. 입장과 관심을 구분하는 것은 중요하다. 사람들은 어떤 입장을 취하기로 결정한다. 그 결정을 하도록 이끄는 것은 그들의 관심이다. 이 숨겨져 있는 관심이 문제를 정의한다.
③ 상호 이익을 가져다주는 선택지를 창조한다. 성급하게 판단하거나 답이 하나로 정해져있다고 생각하는 것, 제로섬 관계에 있다고 생각하는 것, 그리고 '그들의 문제는 그들이 해결하라지 뭐'라는 식의 태도에서 벗어나 갈등 당사자 모두에게 좋은 선택지를 찾아보아야 한다. 갈등 당사자들이 함께 브레인스토밍을 통해 떠올려보아야 한다.
④ 객관적인 판단 기준을 사용한다. 갈등 당사자 어느 한쪽이 주관적으로 제시하는 기준에 대하여 다른 한쪽이 굴종하는 형태가 아니라, 모두가 인정하고 동의하는 객관적인 판단 기준에 대하여 갈등 모두가 따르는 형태의 갈등해결이 이루어져야 한다. 객관적인 판단 기준(criteria)을 확립하기 위해서는 그것을 결정하는 요소로서의 기준(standard)과 결정 과정이 공정해야 한다.

이렇게 갈등을 해결할 경우, 학교 교실에서 종종 벌어지는 긍정적이지 못한 갈등해결 행위들과 갈등해결교육에서의 갈등해결은 다른 양상을 보이게 된다. 이 두 갈등해결 행위의 특징을 비교하면 다음과 같다.

<표 39> 갈등해결교육에서 갈등해결의 특징(Bodine & Crawford, 1998: 48)

	종종 벌어지는 갈등해결	갈등해결교육의 갈등해결
갈등해결 주체	갈등해결을 제3자에게 맡김.	갈등해결의 과정과 결과에 갈등 당사자들이 직접 관여함.
적용 시점	갈등이 일어난 후에 반응적으로 (갈등해결) 서비스를 제공함.	갈등 발생 이전에 예방적으로 갈등해결 기술과 전략을 제공함.
개입 단계	학교의 규칙이 위반되었을 때 주로 갈등에 주목함. 주요하거나 심각한 문제가 아니라고 여겨질 시 문제를 무시하라는 조언이 자주 제공됨.	작은 갈등들에 개입하여 그것이 규칙 위반의 단계나 폭력의 단계로 진입하는 것을 방지함.
갈등해결 방법	갈등을 해결하기 위해서 거의 중재(arbitration)의 방법을 사용함.	분쟁을 해결하기 위해서 협상(negotiation)과 조정(mediation)[1] 과정을 최대한 사용함.
갈등해결을 위한 인적 자원의 활용	어른들로 하여금 학생들 간의 사소한 갈등에 불균형적인 양의 시간을 소모하도록 함.	교사와 사실상 무제한적인 학생 자원을 활용하여 그러한 갈등을 다루고 그 과정 안에서 중요한 의사결정 기술을 배우도록 함.
진정한 갈등해결 여부	징계 규정 사용에 의존하여 학생들이 개인 혹은 집단 상호 간의 차이를 이해하고 화해하는 것을 돕지 못함.	징계 규정 사용에 의존하기보다 학생 개인 및 집단 상호 간의 갈등 자체를 해결하는 것에 중점을 둠.

이러한 특성을 지닌 갈등해결교육의 일차적인 목표는 당연히 학생 개개인의 갈등해결 능력 신장일 것이다. 여기에 더하여 갈등해결교육은 확장된 목표를 갖는다. 존스(Jones)는 여러 갈등해결교육 프로그램의 목표를 분석하여 네 가지 큰 목표와 큰 목표를 달성했을 때 도출할 수 있는 결과로서의 세

---

[1] 중재(arbitration)와 조정(mediation)은 다르다. 중재는 신뢰 받는 제 3자가 양쪽의 이야기를 들은 뒤 구속력을 갖는 해결책을 제시한다. 갈등 당사자들은 그의 의견을 따라야 한다. 조정은 신뢰 받는 제3자와 함께 양측이 소통하며, 제3자의 제안은 일종의 추천으로서 구속력을 갖지 않는다.(M. Goltsman et al, 2009: 1400-1401)

부 목표를 정리하였다(Jones, 2004; 234-236). 보딘과 크로포드도 갈등해결교육의 목표를 제시하였다(Crawford & Bodine, 1996; 1-3). 존스의 연구를 바탕으로 보딘과 크로포드의 연구를 더하여 표로 나타내면 다음과 같다.

<표 40> 갈등해결교육의 목표
(Jones, 2004; 234-236; Crwaford & Bodine, 1996; 1-3 재구성)

큰 목표	세부 목표
안전한 학습 환경 만들기	• 폭력 사건이 줄어듦 • 인종이나 민족적 차이에 기반을 둔 학생 집단 간의 갈등이 줄어듦 • 정학, 잦은 결석, 중퇴 비율이 안전하지 못한 학습 환경에 비해 줄어듦
생산적인 학습 환경 만들기	• 학교의 분위기가 개선됨 • 교실의 분위기가 개선됨 • 존중하고 배려하는 환경이 늘어남 • 학급 관리가 개선됨 • 교사가 교실에서 훈육을 하기 위해 쏟는 시간이 줄어듦 • 학생 중심의 훈육이 늘어남
학생의 사회적, 감정적 발전을 촉진하기	• 역지사지를 더 잘하게 됨 • 문제해결능력이 발전함 • 감정 인지와 감정 관리 능력이 발전함 • 공격적이고 적대적인 성향이 줄어듦 • 학교와 가정, 지역사회의 맥락에서 생산적인 갈등 행위의 사용이 늘어남 • 평화로운 방법으로 문제를 제기하고 소통과 이해를 통해 그것을 해결하는 책임 있는 시민으로서의 의식과 능력을 기름
생산적인 갈등 공동체를 만들기	• 학교의 의사결정 체제, 훈육 방식, 학칙 등이 전반적으로 개선됨 • 학교의 일에 대해 학부모와 지역사회의 참여가 늘어남 • 학교의 갈등해결교육 프로그램과 지역사회의 갈등해결교육 프로그램 사이의 연결이 늘어남 • 지역사회의 긴장감이나 폭력이 줄어듦

❷ 갈등해결교육의 사례

지금까지 갈등해결교육의 기본 관점과 목표를 살펴보았다. 이제 원리의 수준에서 실천으로 나아가야 한다. 갈등해결교육은 실제로 어떻게 이루어지는가? 우리나라에서 시행된 갈등해결 프로그램들을 그 특징에 따라 살펴보고자 한다.

2.1. 학교 밖에서 시행된 갈등해결 프로그램

첫 번째 사례는 2005년 한국청소년정책연구원(당시 한국청소년개발원)과 평화여성회 갈등해결센터가 공동 개발한 갈등해결 프로그램이다. 2005년 7월에 30명의 중학생이 해당 갈등해결 프로그램이 사용된 청소년 갈등해결 리더십캠프에서 2박 3일간 갈등해결교육을 받았다. 최창욱과 김진호에 따르면 프로그램의 주요 내용은 갈등해결, 또래중재 이해, 평화 개념과 관점 이해, 갈등 이해, 갈등 분석, 의사소통, 의사 결정, 또래중재이다(최창욱·김진호, 2006: 66). 프로그램의 구체적인 주제와 내용은 다음과 같다.

<표 41> 한국청소년정책연구원·평화여성회 갈등해결센터 공동 개발 갈등해결 프로그램(최창욱·김진호, 2006: 66 재구성)

일	시간	주제	내용
1일	2시간	갈등해결과 또래중재란?	또래중재란 무엇인가? 프로그램의 내용과 목표 공유하기, 진행 규칙 정하기
	2시간	갈등이해 I	갈등의 개념, 원인과 종류 이해
	1시간	함께 배우는 평화	평화 개념과 관점, 갈등해결과 예방을 위한 평화감수성 훈련
	2시간	갈등이해 II	갈등해결 관점, 편견과 선입견, 차이와 차별, 분단된 한국에서의 평화적 갈등해결 이해하기

2일	1시간	영상물 시청	영상으로 알아보는 통일
	1시간 30분	또래중재 I	중재의 원칙과 방법 이해
	2시간	갈등 분석	갈등 분석의 원칙과 방법, 적용(원하는 것, 관심사 찾기, 태도와 행동 이해하기)
	2시간	의사소통 I(듣기)	적극적 듣기, 의사소통의 필터 이해하기, 열린 질문 이해하기
	1시간	의사소통 II(말하기)	나 전달, 가시 빼기, 강한 감정 마주하기, 바꾸어 말하기
	1시간 30분	자연에서 함께하기	자연과 하나되고, 친구와 하나되고
	2시간	의사결정방법	의사결정의 여러 가지 방법 이해하기
	2시간	별을 헤며	야외 놀이
3일	1시간	또래중재 II	중재자의 자세 및 기술
	2시간	또래중재 III	또래중재의 적용 및 실습
	2시간	평화리더 씨앗 찾기	통일시대를 열어가는 청소년들의 자기 전망 찾기, 평화 리더로서의 나의 미래 찾기

프로그램을 이수한 이후 학생들은 협력적인 갈등해결유형 수준과 갈등해결기초능력이 개선되었다. 특히 갈등해결기초능력의 하위 요소인 의사결정능력이 유의미하게 향상되었다(최창욱·김진호, 2006: 72-73).

2.2. 초등학교 중학년을 위한 갈등해결 프로그램

두 번째 사례는 정종진과 김미경의 갈등해결 프로그램이다. 이 프로그램은 초등학교 4학년 한 학급(31명)을 대상으로 적용되었다. 본 프로그램의 구성 요소는 조망수용 능력과 공감능력, 구체적인 도움 행동, 분노 및 부정적 감정 조절, 모두가 승자가 될 수 있는 갈등해결의 방법이다(정종진·김미경, 2012: 139). 구체적인 프로그램의 내용을 보면 다음과 같다.

<표 42> 초등학생을 위한 갈등해결 프로그램 (정종진·김미경, 2012: 140-141)

회기	프로그램명	목표 및 주요 활동
1	우리 함께 해요!	• 본 프로그램의 의미와 목적, 진행과정, 규칙을 이해한다. • 갈등해결 프로그램 안내 • 규칙 정하기 • 서약서 작성
2	친구가 필요하면 나를 불러라!	• 친구를 얻는 방법은 친구가 되어 주는 것이라는 것을 배우면서 문제해결 연습을 한다. • 친구의 좋은 점 말하기 • 친구가 도움을 청할 때 자신의 행동 이야기 • 친구의 문제상황 해결하기(소집단별/개별) • 최선의 해결책으로 편지쓰기
3	난처한 상황!	• 자신과 관련된 일상의 갈등상황을 해결해 볼 수 있는 기회를 갖는다. • 갈등 상황 해결 경험 말하기 • 난처한 상황(다른 사람의 감정을 상하게 했던 갈등상황)에 대해 이야기하기 • 난처한 상황에 대해 새로운 해결 방식 생각하기 • 난처한 상황에 대한 활동지 해결책 제시하기 • 누구도 패배자가 아닌 해결책 제시한 학생 선정하기
4	BBQ와 TLC 기법!	• 모두가 승자가 될 수 있는 갈등해결 방법을 쉽게 기억하는 방법을 안다. • BBQ기법과 TLC기법 소개하기 • 갈등해결 활동지를 보고 읽기 • 분노가 자신을 압도한 상황 소개하기 • 예시 상황을 듣고 갈등해결법 단계별ㄹ로 갈등상황 해결하기 • 갈등해결법 교실에 게시하기
5	분노와 미소!	• 미소를 지으면서 자기 스스로 감정을 조절할 수 있다. • 비유적 표현 배우기: 처럼, 같은 • 분노의 감정을 비유적 표현으로 표현하기 • 분노, 미소 관련 비유 표현 만들기 • 비유적 표현 발표하기 및 게시하기
6	일러바치기는 이제 그만!	• 자신의 문제를 다른 사람들에게 반복적으로 일러바치기 보다는 스스로 해결하는 것을 배운다. • 일러바치기를 잘하는 학생에 대해 말하기 • 예외가 되는 경우(다른 학생 괴롭히기, 안전규칙 준수관련)알기 • 일러바치기 행동 외에 문제해결 방법 알아보기

회기	프로그램명	목표 및 주요 활동
		• 여러 문제해결 방법 중 좋은 방법과 좋지 않은 방법 토의하기
7	우리의 불같은 성격!	• 화가 났을 때 침착하게 행동하는 것이 얼마나 중요한 것인지를 안다. • 화가 났을 때 어떻게 침착해지는 지를 이야기하기 • 침착하게 행동하지 못했을 때 후회하게 된 상황 회상하기 • 자신의 분노표출의 정형화된 패턴 인식하기 • 분노를 다른 행동패턴으로 바꾸어 해소하기
8	아름답고 고운 말을 해요!	• 상대방을 비판하지 않고 자신의 생각이나 감정을 전달한다. • 나-메세지(I-message)기법 소개하기 • 예시 상황을 제시하고 나-메세지 기법을 적용하여 갈등상황 해결하기 • 갈등상황에 맞는 역할놀이 하기
9	지혜로운 신호등!	• 분노가 걷잡을 수 없을 때 침착해 질 수 있도록 도와주는 교통신호전략을 배우고 활용한다. • 신호등과 분노의 단계 비교하기 • 교통신호전략 활동지를 통해 분노를 조절하는 방법 알아보기 • 문제(갈등)상황과 신호등 색깔 그리기 • 문제(갈등)상황에서 할 수 있는 말 쓰기 • 활동지를 보고 좋은 해결 방법 토의하고 발표하기
10	침착하게 행동하기!	• 갈등상황에서 감정이 격해질 때 행동을 알아본다. • 위험한 순간을 피해야 할 때 발표하기 • 갈등이 심해 문제해결이 어려웠던 경험 나누기 • 분노를 다스리지 못한 경우를 활동지에 쓰기 • 다시 그런 일이 생길 때 다른 행동방식 생각해보기
11	나의 분노 촉발자와 그 함정, 나의 분노 대처일기!	• 화가 나거나 분노가 폭발되었을 때 나타나는 행동패턴이나 함정을 제대로 인식한다. • 화가 나는 사건이나 일에 대해 알아보기 • 자신의 분노촉발자에 대해 서로 이야기 나누기 • 화가 났을 때 하는 행동패턴 알아보기 • 분노 대처 일기 쓰기
12	평화의 잔물결!	• 각자의 조그만 친절이 잔물결 효과를 일으켜 먼 곳까지 퍼져 세상에 평화를 만든다는 것을 깨닫는다. • 잔물결이라는 용어의 의미에 대해 토론하기 • 폭력을 없애고 평화로운 세상을 만들기 위해 잔물결 효과를 만드는데 도움이 되는 일들을 열거해보기 • 평화 잔물결을 만드는 사람들에 관해 이야기 혹은 시 쓰기

회기	프로그램명	목표 및 주요 활동
13	다른 사람의 입장에서 보기!	• 다른 사람의 관점에서 문제를 바라보는 삶의 기술을 배운다. • 다른 사람과 있었던 갈등에 대한 자신의 경험 이야기하기 • 그때 다른 사람이 어떻게 느끼고 있었는지 생각해서 이야기하기 • 다른 사람이 무엇을 필요로 했고 무엇에 관심이 있었는지 활동지에 쓰고 발표하기 • 게임을 통해 다른 사람의 입장에 서보기
14	갈등해결 퀴즈!	• 갈등해결활동을 마친 후 활동 결과를 점검한다. • 갈등해결 퀴즈 풀기 • 잘못 대답한 경우 이유가 무엇인지 알아보기 • 나만의 갈등해결 방법 제시하기
15	축하합니다!	• 갈등해결의 경험을 나누고 축하해주며 지속적인 노력과 실천 의지를 갖는다. • 갈등해결의 노력 경험 발표하기 • 갈등해결의 노력 축하해주기 • 프로그램을 통해 자신에 대해 새롭게 느낀 점, 변화된 점, 앞으로의 결의 등을 확인하고 다지기 • 소감문 및 프로그램 평가지 작성

정종진과 김미경에 따르면 본 프로그램을 통해 학생들의 심리적 안녕감과 공감 수준이 증가하였고, 공격성 수준이 감소하였다(정종진·김미경, 2012: 145). 심리적 안녕감은 자아수용과 긍정적 대인관계 등의 강점을 갖는 것으로(Ryff & Keyes, 1995: 719-727; 정종진·김미경, 2012: 145-146 재인용) 갈등해결능력과 관련이 깊으며, 공감은 갈등해결의 핵심역량인 지향역량에 포함된다(이 글의 '3. 갈등해결교육의 내용체계' 참고). 공격성 수준의 감소 또한 평화로운 갈등해결능력 향상을 위한 필수 요소이다. 따라서 본 프로그램은 학생들의 갈등해결능력을 향상시킨다고 볼 수 있다.

2.3. 초등학교 고학년을 위한 갈등해결 프로그램

세 번째 사례는 이인욱과 강영하의 대인간 갈등해결 프로그램이다. 이 프로그램은 초등학교 고학년 아동을 위해 개발되어 학교 재량시간을 활용하여 5학년 2개 반 각 17명씩에게 적용되었다. 프로그램의 내용은 자기 및 타인 이해 능력, 의사소통능력, 갈등 이해, 문제해결력 및 의사 결정 능력을 포함하여 구성되었다(이인욱·강영하, 2007; 141-147). 구체적인 내용을 살펴보면 아래와 같다.

<표 43> 초등학교 고학년을 위한 대인간 갈등해결 프로그램
(이인욱·강영하, 2007; 149-150)

영역	회기	주제	목표	내용
오리엔테이션	1	활동안내 및 자기소개	• 갈등해결의 필요성과 활동의 규칙 알기 • 집단원 소개와 친밀감 형성하기	• 갈등해결 프로그램 활동 안내 및 규칙 알기 • 자기소개하기 (별칭짓기)
나와 타인 (갈등) 이해	2	나와 타인 이해	• 나와 타인이 생각과 가치관 등이 다름을 이해한다.	• 인간보물찾기 • 가치관 경매
	3	갈등이해	• 갈등이란 무엇이며, 내가 겪은 갈등과 나의 해결 방법 알기를 통해 바람직한 갈등해결 방법의 중요성 이해하기	• '갈등'이란? • 나의 갈등 상황은? • 나의 해결 방법은?
	4	화난 마음 돌아보기	• 화(분노)가 났을 때 나의 모습 알고, 분노 다스리기	• 뚜껑은 언제 열리나?
의사 소통 기술	5	경청하기	• 경청의 중요성 알고 경청 익히기	• 딴청하기
	6	나-전달법	• 나-전달법이 무엇인지 알고 익히기	• 나-전달법 익히기
	7	자기주장	• 자기 주장 기술 익히기	• 자기 주장 기술 익히기
갈등 해결	8	문제해결 단계에 따라 해결하기	• 주어진 상황을 보고, 바람직한 갈등해결 방법을 역할놀이를 통해 시행하기	• 주어진 상황에 바람직한 해결 방법들은? • 〈예시자료〉보고 단계에 따라 갈등을 해결해보기

영역	회기	주제	목표	내용
갈등해결	9	역할놀이	• 무패적 갈등이란 무엇인지 알고, 무패적 갈등해결하기	• 두 의자 기법 • 상황에 따른 나의 갈등해결 방법은…
	10	무패적 갈등해결하기	• 갈등 중재의 방법을 알아보고 예시 사례를 통해 갈등 중재해보기	• 무패적 갈등해결하기
	11	갈등 중재하기	• 갈등해결의 중요성을 강조하고, 배운 내용을 확인하며 앞으로 친구들과 사이좋게 지내기 위해 노력할 점 의지 다지기	• 갈등 중재시 필요한 대화법 알아보기 • 갈등 중재해보기
마무리	12	실천의지 다지기	• 갈등해결을 위해 노력할 것을 다짐하기	• 갈등해결을 위해 노력할 것을 다짐하기

본 프로그램의 시행 결과 초등학교 고학년의 대인간 갈등해결 방식과 사회성에 유의미한 향상이 있었다. 다만 연구에서는 적극적인 타협, 대안 제시 및 합의 등의 갈등 완화 방식보다는 상대방 이야기 듣기, 타협하고 참기 등을 통한, 갈등을 격화시키지 않는 방식이 더 많이 그리고 먼저 수용되었다고 밝혔다(이인욱·강영하, 2007; 155-156).

2.4. 교과 연계 갈등해결 프로그램

네 번째 사례는 차명정과 천성문의 갈등해결 프로그램이다. 이 프로그램의 특징은 중학교 도덕·사회 교과와 연계하였다는 것이다. 해당 프로그램은 중학교 3학년 학생 33명을 대상으로 적용되었다(차명정·천성문, 2011: 35). 구체적인 프로그램의 내용은 다음과 같다.

<표 44> 중학교 도덕·사회 교과와 연계한 갈등해결 프로그램
(차명정·천성문, 2011: 36)

구성요소	회기	제목	목표	활동 내용
갈등 이해	1	바닷가에서	• 갈등의 의미를 안다 • 갈등해결의 중요성을 느낀다	• 모둠 정하고 서약서 쓰기 • 프로그램 소개 • 갈등 정의하기 • 갈등해결의 중요성 이해하기
갈등 이해	2	나를 스쳐간 파도	• 갈등의 경험을 나누고 공감한다 • 자신의 갈등을 구체화시켜 드러낸다	• 나의 갈등 돌아보기 • 갈등 사례 나누기 • 협동화 그리기
갈등 이해	3	나의 파도타기 실력은?	• 자신의 갈등해결 방식을 안다 • 바람직한 갈등해결 방식을 익힌다	• 갈등해결 방식 알아보기 • 자신의 갈등해결 방식 살펴보기 • 사례에 적합한 갈등해결 방식 찾아보기
비판적 사고력	4	세상을 흔드는 파도	• 사회적 갈등을 분석한다 • 비판적 사고력을 기른다	• 사회적 갈등에 관한 기사로 갈등신문 만들기 • 갈등의 당사자, 각각의 주장, 행동으로 갈등 분석하기
비판적 사고력	5	파도가 키우는 나무	• 자신이 겪은 갈등을 분석하고 갈등 관리를 위해 필요한 것을 찾는다	• 갈등나무의 의미 알아보기 • 갈등나무 그리기 • 갈등 관리에 필요한 것 찾아보기
감정 조절	6	보드 마련하기	• 갈등으로 인한 부정적인 감정을 다룰 수 있다	• 나, 지, 사 명상 소개 및 적용하기 • 화가 갈등에 끼치는 영향 이해하기
의사 소통	7	파도에게 말 걸기	• 평화적인 방법으로 자신의 욕구를 말할 수 있다	• 듣고 싶은 말, 듣기 싫은 말 목록 작성하기 • 의사소통의 걸림돌 체크하기
의사 소통	8	파도 속으로 질주하기	• '나 전달법'을 훈련하여 갈등을 잘 표현할 수 있다	• 갈등 상황에서 나 전달법으로 말하기 훈련

구성요소	회기	제목	목표	활동 내용
가치 이해	9	파도의 뿌리 보기	• 차이와 다양성을 이해하고 나와 타인을 있는 그대로 수용하고 존중하는 자세를 가진다	• 눈의 착시 동영상을 보고 판단의 오류 이해하기 • 자신의 비합리적 사고 찾아보기 • 차이와 다양성에 대한 분별이 갈등에 미치는 영향 이해하기
문제 해결	10	파도 속에서 눈뜨기	• 창의적인 문제해결 방법을 찾아본다	• 브레인스토밍 연습 • 창의적인 문제해결 방법 찾기 • 남북통일을 위한 노력 알아보기
	11	파도타기의 달인 되기	• 갈등 중재자 역할을 익힌다 • 사회적 약자나 소수자에 대한 배려를 내면화한다	• 가해자, 피해자, 방관자의 입장 이야기하기 • 주변에서 일어나는 유사한 상황 나누기
정리	12	다시 세상 속으로	• 갈등 관리 전략을 내면화한다	• 프로그램 진행 중 해결된 갈등 사례 소개 • 갈등 관리 전략 정리, 수료장 받기 • 프로그램 평가지 작성하기

위 프로그램의 구성 요소는 위 표의 '영역'에서 알 수 있듯이 갈등의 이해, 비판적 사고력, 분노와 감정조절, 의사소통능력, 가치이해능력, 문제해결능력이다. 위 프로그램은 중학생의 갈등해결 방식에 유효한 영향을 준 것으로 나타났다. 갈등해결 방식 중에서 협력과 타협의 수준이 향상되었으며, 문제해결능력이 향상되었다(차명정·천성문, 2011: 41-43).

2.5. 상황 중심 갈등해결 프로그램

다섯 번째 사례는 이신령과 박승희(2013)의 지적장애 중학생을 위한 상황 중심 갈등해결 프로그램이다. 이들은 지적장애 학생들이 학교 생활 속에서 상황마다 적합한 갈등해결기술을 학습할 수 있도록 상황 중심의 갈등해결 프로그램을 구성하였다. 대표적인 갈등 상황으로 ① 신체공격 상황 ② 또래놀림 상황 ③ 활동 참여가 제한된 상황 ④ 부당한 요구 상황을 선정하였다. 그리고 그러한 상황에서의 자아 인식, 대안 토론과 대안 선택을 중심으로하는 문제해결 전략, 분노·짜증 조절 기술, 또래 중재 방법 그리고 '나 전달법'을 중심으로 하는 의사소통 기술을 교수하였다(이신령·박승희, 2013: 24-29). 그 구체적인 내용을 살펴보면 다음과 같다.

<표 45> 지적장애 중학생을 위한 갈등해결 프로그램(이신령·박승희, 2013: 27-28)

영역	회기	주제	내용
활동 안내	1	오리엔테이션	• 프로그램 일정 및 목적, 행동 규칙 설명
자아 인식	2	당당한 나	• 자기소개하기, 친구 소개하기
의사소통기술	3	말하지 않아도…	• 비언어적 의사표현의 중요성 알기 • 친구의 표정 읽기, 발표하는 자세 촬영하여 평가하기
	4	나! 속상해	• 감정표현의 중요성 알기 • 여러 가지 상황에서 나 전달법 연습, 바른 자세 소개
갈등 해결 기술	5	나! 괜찮아?	• 상황 1. 친구가 돈을 갚지 않아요 • 대안 토론하기, 최선의 대안 선정하기
	6	도와줘	• 상황 2. 과학시간 활동이 무엇인지 몰라요 • 대안 토론, 최선의 대안 선정, 역할극, 도우미 지원망 구성
	7	친구야!	• 상황 3. 점심 급식줄, 친구가 내 앞에 새치기를 해요 • 역할극, 동료평가, 최선의 대안 선택, 역할극 연습
	8	No, 아니오	• 상황 4. 친구가 내 말과 행동을 따라해요 • 시연, 동료평가, 최선의 대안 선택, 의사표현 BEST 기준 평가
	9	실제상황 행동점검	• 학생 행동 평가 1. 역할극(쟁점회의, issue making) • 참여자 역할평가(가해자, 피해자, 중재자)와 갈등해결

영역	회기	주제	내용
갈등 해결 기술	10	실제상황 행동점검	• 학생 행동 평가 2. 입장 바꿔 생각해봐 • 친구에게 이야기하기, 개별 연습, 의사표현 BEST 기준 평가
	11	소중해! 우리 서로	• 상황 5. 친구가 몸을 보자고 요구해요 • 학생평가, 최선의 대안 선택, 자기 행동 평가
	12	장난? 폭행?	• 상황 6. 친구의 몸장난, 어때요? • 학생평가, 최선의 대안 선택, 자기 행동 평가
	13	소중해! 내물건	• 상황 7. 친구가 허락 없이 내 펜을 가져가요 • 학생평가, 최선의 대안 선택, 자기 평가, 피해 사례 이야기
	14	장난일까?	• 상황 8. 친구가 내 머리를 툭툭 쳤어요 • 학생평가, 최선의 대안 선택, 자기 평가, 피해 사례 이야기
평가	15	친구야 약속할게	• 친구야, 고마워 그런데 이럴 땐 불편해! 이야기 나누기 • 행동 변화 부탁하기, 행동 규칙 정하기, 수업 평가

위의 갈등해결 프로그램을 적용한 결과 학생들의 긍정적인 갈등해결전략의 사용 빈도가 높아졌다. 또한 의사소통 기술 중 '나 전달법'의 경우 갈등 상황에서 회피 전략을 사용하던 학생들에게 유효한 영향을 주었다(이신령·박승희, 2013: 40-42).

지금까지 개별적인 갈등해결교육 프로그램의 사례를 살펴보았다. 다섯 가지 갈등해결 프로그램은 각각 대상, 지도자, 실행 장소와 시간, 교과 연계 여부, 내용 구성 원리 등에서 구별되는 특징을 가지고 있지만 공통점도 있다. 바로 내용 구성 요소와 그 요소들의 집합으로서의 영역이 비슷하다는 것이다. 프로그램의 효과 역시 중점을 둔 영역에 따라 세부적인 특성이 달라졌지만 갈등해결능력의 향상을 보였다는 점에서 상통하였다. 그렇다면 갈등해결교육 프로그램은 일반적으로 어떤 내용 구성 요소를 가지고 있으며, 어떤 능력을 향상시킬까? 이에 대하여 다음 장에서 살펴보고자 한다.

③ 갈등해결교육의 내용체계

갈등해결교육의 내용 구성 요소와 목표로 하는 능력, 혹은 향상시킬 수 있는 능력을 정리하면 곧 갈등해결교육의 내용체계가 될 것이다. 이 장에서는 갈등해결교육의 일반적인 역량 및 기능과 내용 구성 요소를 살펴보고 이를 종합하여 갈등해결교육의 내용체계를 구성해보고자 한다.

우선 갈등해결교육의 핵심역량에 해당하는 것을 보딘과 크로포드(1998)의 연구에서 찾을 수 있다. 보딘과 크로포드는 갈등 상황에서의 효과적인 문제해결을 위한 태도나 이해가 행동으로 전이된 것을 기초 능력(foundation ability)이라고 정의하고 행동의 범주를 분류하였다(Bodine & Crawford, 1998: 55-58). 우리나라 교육과정에서 핵심역량의 의미를 '학생이 학습한 것을 가지고 무엇을 할 수 있는가(교육부, 2016: 5)'로 사용하고 있음을 토대로 할 때, 보딘과 크로포드의 '갈등해결 기초 능력'은 '갈등해결 핵심역량'이라고 볼 수 있다. 보딘과 크로포드의 갈등해결 핵심역량을 표로 정리하면 다음과 같다.

<표 46> 갈등해결 핵심역량(Bodine & Crawford, 1998: 55-58)

갈등해결 핵심역량	역량의 의미	역량의 내용 예시
지향 역량	효과적인 갈등해결을 가능하게 하는 가치관, 신념, 태도, 성향을 가짐	• 비폭력, 연민과 공감, 공정, 신뢰, 정의, 인내, 자기존중, 타인 존중, 다양성의 추구, 논란에 대한 인정

갈등해결 핵심역량	역량의 의미	역량의 내용 예시
인식 역량	자신의 인식에 한계가 있음을 알고 다른 사람의 관점을 이해하도록 노력할 수 있음	• 다른 이의 입장에서 상황을 바라봄 • 자신의 두려움이나 가정을 인지하고 평가할 수 있는 능력 • 판단을 연기하고 관점을 달리할 수 있음 • 자아존중감을 유지하는 방향으로 해결 방안을 구성할 수 있음
감정 역량	분노, 당황, 두려움과 같은 감정들을 다스리고 자신감과 자기 통제를 통해 갈등을 직면하고 해결할 수 있음	• 감정을 명료하게 표현할 수 있는 표현 능력과 용기 • 감정을 공격적이지 않은 방식으로 표현할 수 있음 • 다른 사람의 감정 분출에 대하여 자기 통제 하에 반응할 수 있는 능력
의사소통 역량	사실과 감정을 효과적으로 교환하는 듣기와 말하기를 할 수 있음	• 적극적 경청의 능력 (이해하기 위해 듣기) • 설득하거나 논쟁하기보다는 상대방이 자신을 이해할 수 있도록 말하는 능력 (이해받기 위해 말하기) • 감정이 실린 표현을 중립적인 표현으로 바꾸는 능력
창의적 사고 역량	창조적으로 문제를 정의하고 의사 결정을 할 수 있음	• 다양한 관점에서 문제에 대해 생각하는 능력 • 문제해결을 갈등 당사자 상호의 이익 추구로서 접근하는 능력 • 다양한 선택지를 창조하고 다듬기 위해 브레인스토밍 하는 능력
비판적 사고 역량	분석, 가설세우기, 예측하기, 전략 세우기, 비교하기, 대조하기, 평가하기를 할 수 있음	• 기존의 판단 기준을 인식하고 명확히 하는 능력 • 객관적인 판단 기준을 세우는 능력 • 선택지를 고를 때 판단 기준을 적용하는 능력 • 미래의 행동을 계획하는 능력

한편 최창욱, 권일남, 문선량(2004)은 선행연구를 참고 및 종합하여 갈

등해결기초능력을 의사결정능력, 자기존중·인간관계 능력, 문제해결능력, 의사소통능력으로 제시하였는데, 이들은 갈등을 다루거나 해결하는 행위 기술(skill)이기 때문에 '교과 역량과 주요 가치·덕목을 구현하는 데 필수적인 능력과 자질들'을 뜻하는 기능(교육부a, 2019: 43)과 상통한다. 따라서 이들을 갈등해결 기능이라고 볼 수 있다. 최창욱, 권일남, 문선량의 연구를 토대로 갈등해결 기능을 제시하면 다음과 같다.

<표 47> 갈등해결 기능(최창욱·권일남·문선량, 2004: 55-58 갈등해결 핵심역량과 종합하여 재구성)

갈등해결 기능	기능의 예	관련성이 높은 핵심역량
의사결정 능력	재치있는 일 처리	감정 역량, 의사소통 역량, 창의적 사고 역량, 비판적 사고 역량
	일처리 과정에서 융통성 발휘	
	실수를 잘 수습	
	주장이나 생각을 타인에게 명확히 설명	
	의견이 잘 받아들여지도록 분위기 잘 조성	
	여러 가지 문제를 해결할 수 있는 능력 소유	
	감정을 잘 표현	
자기존중· 인간관계 능력	친근한 성품	지향 역량, 감정역량, 의사소통 역량, 인식 역량
	좋은 매너	
	타인에 호의적	
	타인을 신뢰하는 경향	
	타인과 화합 잘함	
	타인을 존중하는 태도 소유	
	진실한 마음으로 상대방을 대함	
	자신에 대하여 긍정적으로 생각	
문제해결 능력	목표 설정을 잘함	
	문제해결을 위한 정보를 효과적으로 사용	

갈등해결 기능	기능의 예	관련성이 높은 핵심역량
	어떤 지식이든 배울 자세가 되어 있음	비판적 사고 역량, 지향 역량, 인식 역량
	내가 속한 단체에서 필요로 하는 것을 잘 결정	
	책임 있는 태도 소유	
	우선순위를 정하여 일처리	
의사소통 능력	타인의 가치 인정	의사소통 역량, 지향 역량, 인식 역량
	타인의 말 경청	
	대안을 잘 고려함	
	대안 선택을 잘함	
	타인의 요구 잘 고려	
	타인의 요구 잘 수용	

갈등해결 교육의 일반적인 내용구성요소는 무엇일까? 최창욱, 권일남, 문선량(2004)은 갈등해결 프로그램의 필수 구성요소를 제시하기 위하여 여러 전문가의 의견을 종합하여 6가지 갈등해결 프로그램과 하위 세부 프로그램을 도출하였다. 그 목록은 아래와 같다(최창욱·권일남·문선량, 2004: 109).

① 자기존중 프로그램: 자기이해, 자기존중, 인권

② 갈등이해 프로그램 : 갈등의 본성과 원인, 갈등해결유형 이해

③ 타인이해(인간관계) 프로그램: 다양성과 차이 이해

④ 의사소통 프로그램: 의사소통기술(듣기, 표현력)

⑤ 문제해결 프로그램: 협동적 문제해결 방법

⑥ 의사결정 프로그램: 판단력, 진로목표, 진로계획

여기서 이 6가지 갈등해결 프로그램을 갈등해결교육의 6가지 영역, 그리고 하위 세부 프로그램을 6가지 영역의 세부 내용 요소라고 볼 수 있다. 이를 바탕으로 영역, 내용 요소, 기능을 종합하여 갈등해결교육의 내용체계로서 정리하면 다음과 같다. 기능은 최창욱, 권일남, 문선량의 갈등해결 기능을 바탕으로 크로포드와 보딘의 갈등해결 핵심역량을 참고하여 보완하였다.

<표 48> 갈등해결교육의 내용체계

영역	내용 요소	기능
자기존중	자기이해, 자기존중, 자기통제	**자기존중·인간관계 능력** • 자신에 대하여 긍정적으로 생각
타인이해 (인간관계)	다양성과 차이 이해, 타인 존중	• 감정 다스리기 • 타인에 호의적 • 타인을 신뢰하는 경향 • 타인을 존중하는 태도 소유 • 다른 사람의 감정 분출에 대하여 자기 통제 하에 반응
갈등이해	갈등의 본성과 원인, 갈등해결유형 이해	**문제해결능력** • 어떤 지식이든 배울 자세가 되어 있음 • 내가 속한 단체에서 필요로 하는 것을 잘 결정
문제해결	문제 재정의하기, 협동적 문제해결 방법, 대안 찾기	• 책임 있는 태도 소유 • 목표 설정을 잘함 • 우선순위를 정하여 일처리 • 다양한 관점에서 문제에 대해 생각 • 문제해결을 갈등 당사자 상호의 이익 추구로서 접근 • 판단을 연기하고 관점을 달리할 수 있음
의사소통	의사소통 기술 (1) 듣기, 의사소통 기술 (2) 말하기	**의사소통능력** • 적극적 경청의 능력 • 상대방이 자신을 이해할 수 있도록 말하기 • 감정이 실린 표현을 중립적인 표현으로 바꾸는 능력

영역	내용 요소	기능
의사결정	판단력, 진로목표, 진로계획	**의사결정능력** • 일처리 과정에서 융통성 발휘 • 객관적인 판단 기준을 세우는 능력 • 선택지를 고를 때 판단 기준을 적용하는 능력 • 미래의 행동을 계획하는 능력

4 초등 도덕과 갈등해결교육 실태

 지금까지 갈등해결교육의 개념과 사례들을 살펴보고 이를 바탕으로 갈등해결교육의 일반적인 내용체계를 도출해보았다. 그렇다면 초등 도덕과에서는 갈등해결교육이 어떻게 이루어지고 있는가? 초등 도덕과와 갈등해결교육이 어떻게 연계되고 있는지를 알아보기 위해, 갈등해결 내용체계를 바탕으로 도덕과 성취기준과 도덕과 지도서의 단원별 구성을 분석하고자 한다. 성취기준은 교육의 뼈대이며 지도서에서 제시하는 단원 구성은 실제 도덕과 수업의 뼈대가 되기 때문이다.
 아래 표는 초등 도덕과의 내용 중에서 갈등해결 핵심역량과 갈등해결 기능의 교육이 이루어지는 성취기준과 그것이 단원으로 구현된 것을 정리한 것이다. 〈표 49〉에서 어느 성취기준이 어느 단원으로 구현되는지 정리하고, 〈표 50〉에서 정리된 단원 별 내용요소, 기능, 주요 학습 내용 그리고 단원이 해당하는 갈등해결교육 영역을 정리하였다. 주요 학습 내용 중에서 특히 갈등해결교육과 직접적인 관련이 있는 부분을 굵게 처리하였다.

<표 49> 갈등해결교육과 관련이 있는 성취기준

성취기준	학년 및 단원
[4도02-02] 친구의 소중함을 알고 친구와 사이좋게 지내며, 서로의 입장을 이해하고 인정한다. ① 친구의 소중함은 무엇이며 친구 사이에 지켜야 할 예절에는 무엇이 있을까? ② 친구 사이에서 발생할 수 있는 갈등은 무엇이며, 이를 적절하게 해결하는 방법은 무엇일까?	3학년 1단원 '나와 너 우리 함께'
[4도02-01] 가족을 사랑하고 감사해야 하는 이유를 찾아보고, 가족 간에 지켜야 할 도리와 해야 할 일을 약속으로 정해 실천한다. ① 현대 사회에서의 가족의 모습은 어떠하며, 가족 간에 사랑하고 감사해야 하는 이유는 무엇일까? ② 가족 간에 지켜야 할 도리와 내가 해야 할 일은 무엇이며, 어떻게 그 실천 의지를 기를까?	3학년 3단원 '사랑이 가득한 우리집'
[4도02-04] 협동의 의미와 중요성을 알고, 경청·도덕적 대화하기·도덕적 민감성을 통해 협동할 수 있는 능력을 기른다. ① 협동의 의미와 중요성은 무엇이며, 협동을 위해 어떤 자세와 태도가 필요할까? ② 다양한 활동을 통해 알게 된 협동의 방법은 무엇이며, 이를 어떻게 실천할 수 있을까?	4학년 4단원 '힘과 마음을 모아서'
[6도01-01] 감정과 욕구를 조절하지 못해 나타날 수 있는 결과를 도덕적으로 상상해 보고, 올바르게 자신의 감정을 조절하고 표현할 수 있는 방법을 습관화한다. ① 다양한 감정과 욕구는 무엇이며, 이를 조절하고 적절하게 표현하는 것이 왜 중요할까?	5학년 2단원 '내 안의 소중한 친구'
[6도02-02] 다양한 갈등을 평화적으로 해결하는 것의 중요성과 방법을 알고, 평화적으로 갈등을 해결하려는 의지를 기른다. ① 다양한 갈등이 발생하는 이유는 무엇이며, 갈등을 해결하기 위한 공감 능력을 어떻게 기를 수 있을까? ② 갈등을 평화적으로 해결하기 위해 경청, 도덕적 대화하기 능력을 어떻게 기를 수 있을까?	5학년 5단원 '갈등을 해결하는 지혜'
[6도03-02] 공정함의 의미와 공정한 사회의 필요성을 이해하고, 일상생활에서 공정하게 생활하려는 실천 의지를 기른다. ① 공정함의 의미는 무엇이며, 공정한 사회를 이루기 위해 관점 채택 능력을 어떻게 기를 수 있을까? ② 공정하게 살아가기 위한 태도와 능력은 무엇이고, 이를 생활 속에서 어떻게 책임감 있게 행동할 수 있을까?	6학년 4단원 '공정한 생활'

<표 50> 갈등해결교육과 관련이 있는 단원의
내용요소, 기능, 주요 학습 내용과 해당 영역

학년 및 단원	내용요소	기능	주요 학습 내용	갈등해결 교육 영역
3학년 1단원 '나와 너 우리 함께'	○ 친구와 사이좋게 지내기 위해 어떻게 해야 할까? (우정)	• 행위 결과 도덕적으로 상상하기 • 공감능력 기르기 • 경청·도덕적 대화하기 • 반성과 마음 다스리기 • 도덕적 민감성 갖기 • 관점 채택하기 • 실천 의지 기르기	• 친구의 소중함과 우정의 의미 • 친구 사이에 지켜야 할 예절의 실천 • **친구 사이에서 일어나는 문제를 지혜롭게 푸는 방법** • 다양한 친구를 인정하고 존중하는 태도	타인이해 (인간관계) 문제해결 의사소통
3학년 3단원 '사랑이 가득한 우리집'	○ 가족의 행복을 위해 무엇을 해야 할까? (효, 우애)	• 도덕적 가치·덕목 이해하기 • 관점 채택하기 • 타인 입장 이해·인정하기 • 공감 능력 기르기 • 책임감 있게 행동하기 • 올바른 의사 결정 하기 • 실천 의지 기르기 • 감사하기	• 행복한 가족의 의미와 중요성 • 가족이 행복해지기 위한 실천 방법 • **행복한 가족이 되기 위한 바른 판단** • 가족 간에 지켜야 할 도리를 실천하기 위한 마음 갖기	타인이해 (인간관계) 문제해결 의사소통
4학년 4단원 '힘과 마음을 모아서'	○ 함께하면 무엇이 좋을까? (협동)	• 도덕적 가치·덕목 이해하기 • 다양성 수용하기 • 경청·도덕적 대화하기 • 타인 입장 이해·인정하기 • 올바른 의사 결정 하기 • 실천 의지 기르기	• 협동의 의미와 협동하는 생활의 중요성 • 협동하는 생활을 하기 위한 실천 방법 • **협동하기 위한 올바른 선택** • 협동하는 생활을 실천하려는 마음	타인이해 (인간관계) 문제해결
5학년 2단원 '내 안의 소중한 친구'	○ 어떻게 하면 감정을 잘 조절할 수 있을까? (감정표현과 충동 조절)	• 도덕적 가치·덕목 이해하기 • 자기 감정 표현하기 • 자기 감정 조절하기 • 행위 결과 도덕적으로 상상하기 • 올바른 의사 결정 하기 • 실천 의지 기르기	• 감정과 욕구의 의미와 중요성 • **감정과 욕구를 조절하여 적절하게 표현하는 방법** • **감정과 욕구에 사로잡히지 않는 태도 탐구** • 감정과 욕구를 가꾸어 가고자 하는 마음	자기존중 의사소통

학년 및 단원	내용요소	기능	주요 학습 내용	갈등해결 교육 영역
5학년 3단원 '긍정적인 생활'	○ 어려움을 겪을 때 긍정적 태도가 왜 필요할까? (자아 존중, 긍정적 태도)	• 도덕적 가치·덕목 이해하기 • 자기 인식 및 존중하기 • 실천 의지 기르기 • 책임감 있게 행동하기 • 행위 결과 도덕적으로 상상하기	• 긍정적인 태도의 의미와 중요성 • **긍정적인 사람이 되기 위해 자신을 존중하는 방법** • **자신이 겪었던 어려운 일과 이를 이겨 내기 위한 바람직한 태도** • 생활 속에서의 어려움을 이겨 내기 위한 긍정적인 태도와 극복 방안 실천	자기존중
5학년 5단원 '갈등을 해결하는 지혜'	○ 서로 생각이 다를 때 어떻게 해야 할까? (공감, 존중)	• 타인 입장 이해·인정하기 • 경청·도덕적 대화하기 • 올바른 의사 결정 하기 • 실천 의지 기르기 • 책임감 있게 행동하기	• 갈등의 의미와 평화로운 갈등해결의 중요성 • 갈등을 평화적으로 해결하는 방법 • **바람직한 갈등해결 방법과 또래 조정** • 갈등을 해결하기 위한 공감과 대화의 실천	타인이해(인간관계) 갈등이해 문제해결 의사소통 의사결정
6학년 4단원 '공정한 생활'	○ 공정한 사회를 위해 무엇을 해야 할까? (공정성)	• 도덕적 가치·덕목 이해하기 • 관점 채택하기 • 다양성 수용하기 • 행위 결과 도덕적으로 상상하기	• 공정함의 의미와 공정한 생활의 중요성 • 공정한 생활을 하기 위한 실천 방법 • **공정한 생활을 하기 위한 바른 판단** • 공정한 생활을 추구하는 마음	의사결정

갈등해결 기능을 직접적으로 가르치는 단원은 정리된 것처럼 총 7개 단원이 있다. 3학년 1단원과 3단원에서는 친구 및 가족과의 관계에서 일어나는 갈등을 다루는 방법을 기초적으로 익히도록 하고 있다. 4학년 4단원에서는 협동의 가치와 협동을 통한 문제해결에 초점을 맞춘다. 이때 협동기술을 배우는데, 여기에 협동을 하면서 발생하는 갈등을 해결하는 방법도 포함되어 있어 협동기술을 가르치는 방식으로 갈등해결교육이 이루어지고 있다. 5학년 2단원에서는 갈등해결에 중요한 역량인 감정역량을 중점적으

로 다룬다. 또한 감정을 통제하여 적절하게 표현하는 의사소통 기술을 배울 수 있도록 한다. 5학년 3단원은 자기존중 영역을 집중적으로 다루는 단원이다. 자신에 대한 긍정적인 태도를 함양할 수 있도록 한다. 5학년 5단원은 가장 직접적으로 갈등해결교육을 시도하고 있다. 자기존중을 제외한 모든 갈등해결교육 영역의 내용을 다루고 있으며, 유일하게 갈등이해 영역을 가르치고 있다. 6학년 4단원에서는 갈등해결 시에 중요한 판단 기준으로 작용하는 공정함에 대해서 배운다. 특히 '공정한 생활을 위한 바른 판단'에서 서로 다른 의견으로 갈등이 생겼을 때 공정하게 판단하여 갈등을 해결하는 내용을 다룬다.

한편 위 표에 정리되지 않았다고 해서 다른 성취기준 및 단원들이 갈등해결교육과 전혀 관련이 없는 것은 아니다. 갈등해결기능을 직접적으로 함양하지는 않더라도, 다양성 존중, 정직, 자주, 인류애 등 지향 역량을 키워주거나 통일, 인권, 지구촌 문제 등 갈등해결교육에서 다루는 주제에 대한 이해를 높임으로써 간접적으로 갈등해결교육에 기여하고 있다. 그러한 성취기준과 단원들은 아래와 같다.

<표 51> 간접적으로 갈등해결교육에 기여하는 성취기준과 단원

성취기준	학년 및 단원	내용요소	갈등해결교육과의 관련
[4도03-01] 공공장소에서 지켜야 할 규칙과 공익의 중요성을 알고, 공익에 기여하고자 하는 실천 의지를 기른다.	3학년 5단원 '함께 지키는 행복한 세상'	○ 나는 공공장소에서 어떻게 해야 할까? (공익, 준법)	지향 역량 함양
[4도03-03] 남북 분단 과정과 민족의 아픔을 통해 통일의 필요성을 알고, 통일에 대한 관심과 통일 의지를 기른다.	4학년 5단원 '하나 되는 우리'	○ 통일은 왜 필요할까? (통일의지, 애국심)	갈등해결교육 주제 이해, 지향 역량 함양

성취기준	학년 및 단원	내용요소	갈등해결교육과의 관련
[4도03-02] 다문화 사회에서 다양성을 수용해야 하는 이유를 탐구하고, 올바른 의사 결정 과정을 통해 다른 사람과 문화를 공정하게 대하는 태도를 지닌다.	4학년 6단원 '함께 꿈꾸는 무지개 세상'	○ 나와 다르다고 차별해도 될까? (공정성, 존중)	지향 역량 함양
[6도01-03] 정직의 의미와 정직하게 살아가는 것의 중요성을 탐구하고, 정직과 관련된 갈등 상황에서 정직하게 판단하고 실천하는 방법을 익힌다.	5학년 1단원 '바르고 떳떳하게'	○ 정직한 삶은 어떤 삶일까? (정직한 삶)	지향 역량 함양
[6도03-01] 인권의 의미와 인권을 존중하는 삶의 중요성을 이해하고, 인권 존중의 방법을 익힌다.	5학년 6단원 '인권을 존중하며 함께 사는 우리'	○ 우리는 서로의 권리를 왜 존중해야 할까? (인권존중)	갈등해결교육 주제 이해, 지향 역량 함양
[6도03-03] 도덕적 상상하기를 통해 바람직한 통일의 올바른 과정을 탐구하고 통일을 이루려는 의지와 태도를 가진다.	6학년 5단원 '우리가 꿈꾸는 통일 한국'	○ 통일로 가는 바람직한 길은 무엇일까? (통일의지)	갈등해결교육 주제 이해, 지향 역량 함양
[6도03-04] 세계화 시대에 인류가 겪고 있는 문제와 그 원인을 토론을 통해 알아보고, 이를 해결하고자 하는 의지를 가지고 실천한다.	6학년 6단원 '함께 살아가는 지구촌'	○ 전 세계 사람들과 어떻게 살아갈까? (존중, 인류애)	갈등해결교육 주제 이해, 지향 역량 함양

 이 단원들은 주로 특정 도덕성 함양과 도덕 개념 이해에 초점이 있는 단원들로서 갈등해결 핵심역량 중 가치관·태도와 관련되는 지향 역량이나, 갈등해결교육 주제 이해와 연결되는 단원들이다. 제시한 단원들에도 갈등과 문제해결 과정이 나오지만, 이 갈등은 주로 어떠한 도덕성의 결여에서 비롯하는 경우가 많고, 갈등 해소의 과정에서 갈등해결교육에서 제안하는 문제해결과정이 두드러지기 보다는 도덕성의 함양과 실천이 강조되거나

PMI기법 등 대안 제시의 형태로 갈등 해소가 이루어진다. 이 점에서 갈등해결교육에 간접적으로 기여한다고 볼 수 있다. 갈등해결교육의 주요 주제로는 인권, 통일뿐만 아니라 여러 가지가 있지만, 위 표에는 〈표 50〉에서 갈등해결교육에 직접적으로 기여하는 단원으로 정리한 단원 이외의 것만을 제시하였다.

갈등해결교육에 직접적으로 관련하는 성취기준 및 단원과 간접적으로 관련하는 성취기준 및 단원을 정리한 것을 바탕으로 초등 도덕과에서 갈등해결교육의 실태와 특징을 살펴볼 수 있다. 우선 초등 도덕과에서는 갈등해결교육의 전반적인 내용요소와 기능을 다루고 있다. 3-4학년군에서는 주로 일상생활에서 일어나는 갈등을 해결하고 '사이좋게 지내는 법'을 배운다면, 5-6학년군에서 갈등에 대하여 탐구하고 의사소통 기술을 익히고 판단 기준에 따른 합리적인 판단 능력을 기르는 직접적이고 탐구적인 갈등해결교육이 이루어진다. 이는 일상생활에 필요한 가치·규범의 의미와 중요성을 이해하고 초보적인 도덕적 사고·판단력을 익히는 3-4학년군과 그것이 심화·확장되는 5-6학년군(교육부, 2012: 8)의 학년군적 특성 때문으로 보인다.[2]

다음으로, 초등학교 도덕과에서 갈등해결교육의 영역을 모두 가르치기는 하지만, 영역을 다루는 빈도에는 차이가 있다. 직접적인 갈등해결교육이 이루어지는 단원을 정리한 〈표 50〉를 볼 때 타인이해(인간관계) 영역이

---

[2] 2015 개정 도덕과 교육과정에는 2009 개정 도덕과 교육과정과 달리 학년군별 성취기준이 제시되어 있지는 않다. 그러나 3-4학년군의 성취기준과 5-6학년군의 성취기준의 내용을 비교하면 2015 개정 도덕과 교육과정에서도 이러한 각 학년군의 특성을 유지하고 있다고 보는 것이 타당하다.

4번 문제해결 영역이 4번, 의사소통 영역이 4번, 의사결정 영역이 2번, 자기존중 영역이 2번, 갈등이해 영역이 1번 다루어져 앞의 세 영역들이 뒤의 세 영역들보다 더욱 중점적으로 가르쳐진다.

더하여, 초등 도덕과에서는 지향 역량을 키워주고 갈등해결교육의 주요 주제에 대한 이해를 높이는 방식의 간접적 갈등해결교육이 이루어진다. 초등 도덕과에서 함양하고자 하는 도덕성이 효과적인 갈등해결을 가능하게 하는 가치관, 신념, 태도, 성향인 경우이다. 〈표 51〉의 단원들이 그 예이다. 초등 도덕과의 일차적 목표는 '21세기 한국인으로서 갖추고 있어야 하는 인성의 기본 요소를 핵심 가치로 설정하여 내면화하는 것'이며, 도덕성은 전반적인 인격을 형성하여 어느 하나의 도덕적 행위가 아닌 다양한 도덕적 행위로 이어지므로 자연스러운 일이다.

마지막으로 한국만의 평화교육 혹은 갈등해결교육의 특징이 있는데, 바로 통일이라는 주제를 다룬다는 것이다. 실제로 평화교육이나 갈등해결교육으로서의 통일교육에 대한 연구는 계속 이루어지고 있다.[3] 초등 도덕과의 경우 통일 관련 단원은 간접적으로 갈등해결교육과 관련된다. 우선 4학년 5단원 '하나 되는 우리'에서는 통일의 의미를 이해하고 필요성을 인식하며, 동질성을 바탕으로 북한을 이해하고 북한 이탈 주민을 배려하고 함께 공존할 수 있도록 하는 데에 초점을 맞춘다. 또한 통일을 향한 관심과 통일 의지를 기르는데 중점을 둔다(교육부b, 2018: 303). 그리고 6학년 5단원 '우리가 꿈꾸는 통일'에서는 민주 시민의 역할과 의무를 이행하는 것으로서 평화 통일을 이해하고 지향하며, 이를 실생활에서 실천하는 데에 초점을 둔다(교육부b, 2019: 301). 갈등해결교육적 관점에서의 갈등해결 과정이 두

---

[3] 오덕열, 2019; 한만길, 2019; 정희태, 2007 등이 있다.

드러지지는 않지만, 통일이라는 주제 안에서 있을 수 있는 갈등에 대한 이해를 높이고 평화교육의 넓은 관점에서 접근한다는 측면에서 갈등해결교육과 간접적으로 관련된다고 볼 수 있다.

 초등 도덕과에서 갈등해결교육의 중점이 되는 단원은 5학년 도덕 5단원 '갈등을 해결하는 지혜'이다. 이 단원에서 갈등해결 교육을 이행한 후, 다른 단원의 내용과 합하여 5학년 도덕 8단원 '우리가 만드는 도덕 수업2'에서 다른 단원과 5단원의 내용을 통합하여 갈등해결교육을 프로젝트 수업 형식으로 시행하는 구조를 가지고 있다. 5학년 도덕 5단원과 8단원을 자세히 분석하고자 한다. 우선 5단원의 차시 구성 및 관련된 도덕과 기능에 차시별로 해당하는 갈등해결교육 영역을 정리하여 표로 나타내면 다음과 같다.

<표 52> 5학년 도덕 5단원 분석(교육부a, 2019: 308-312)

차시명	주요 학습 내용	교수·학습 활동	관련 도덕과 기능	갈등해결교육 영역
1. 갈등을 평화롭게 해결해요	• 갈등의 의미 이해하기 • 갈등을 평화롭게 해결하는 것의 중요성 알아보기 • 평화롭게 갈등을 해결하는 모습 살펴보기	• 갈등이란 • 층간 소음을 해결한 지혜	○ 도덕적 대인관계 능력 • 타인 입장 이해·인정하기	타인이해 (인간관계) 갈등이해
2. 갈등을 해결하는 올바른 대화법을 익혀보아요	• 상대의 마음에 공감하는 방법 익히기 • 갈등을 해결하는 도덕적 대화 방법 익히기	• 나에게 쓰는 편지 • 멈·숨·듣·반	○ 도덕적 대인관계 능력 • 경청·도덕적 대화 하기	타인이해 (인간관계) 의사소통
3. 갈등을 해결하는 바람직한 방법을 찾아보아요	• 또래 조정 방법 익히기 • 또래 조정 활동하기	• 또래조정	○도덕적 판단 능력 • 올바른 의사결정 하기	의사소통 문제해결 의사결정
4. 공감하며 대화해요	• 공감과 경청을 하기 위한 체험 활동 하기	• 내마음을맞혀봐 • 고민을 해결해 드립니다 • ※ 지혜의 샘터	○ 실천 능력 • 실천 의지 기르기 • 책임감 있게 행동 하기	타인이해 (인간관계) 의사소통

이 단원의 1차시에서 유일하게 갈등이해 영역과 직접적으로 관련된 교육이 이루어진다. 갈등이란 무엇인지 이해하고, 갈등은 피할 수 없으며 평화롭게 해결하는 것이 중요함을 배울 수 있도록 한다. 교수·학습 활동이나 지도의 중점, 지도상의 유의점 등으로 제시되지는 않았지만 지도서 참고자료로 갈등해결의 유형을 제시하여 교사의 차시 재구성에 따라 갈등이해 영역의 내용 중 갈등해결유형의 이해까지 다룰 수 있도록 하였다. 2차시에서는 도덕적 대화를 위한 방법으로 '멈·숨·든·반(멈추기·숨쉬기·듣기·반응하기)'를 제시하고 있다. 이 대화 방법은 공감과 경청에 초점을 맞춘 방법으로, 이해하기 위해 듣고 이해 받기 위해 말하는 의사소통 기능을 함양할 수 있다. 3차시에서는 또래 조정의 과정이 제시되어 의사소통과 문제해결, 의사결정 기능의 학습이 이루어진다. 또래조정의 과정 6단계 중 2단계 '이야기하고 듣기'에서 적극적 듣기와 바꾸어 말하기 등의 의사소통 기능이, 3단계 '문제와 원인 찾기'와 4단계 '갈등의 해결책 탐색하기'에서 각각 문제 재정의와 입장 확인, 대안 찾기의 문제해결 기능이, 5단계 '합의하기'에서 대안 평가와 합의의 의사결정 기능이 두드러진다. 4차시에서는 공감의 대화를 다시 한 번 정서적으로 강조하여 학습한 것들에 대한 실천의지를 기를 수 있도록 하였다(교육부a, 2019: 308-345).

교과서를 통해 학생들에게 제시된 '멈·숨·든·반'의 방법은 아래와 같다.

<표 53> 5학년 도덕 5단원 2차시에 제시된 '멈·숨·듣·반'(교육부a, 2019: 324-325)

멈	멈추기	친구와 이야기할 때 자신이 하던 일을 잠시 멈추고 친구를 바라봅니다. 책을 보고 있거나 음악을 듣고 있더라도 일단 행동을 멈춥니다.
숨	숨쉬기	친구와 여유 있게 대화를 나눌 수 있는 조용한 장소를 찾아봅니다. 친구에게 가까이 다가가 이야기를 잘 들을 수 있게 준비합니다. 몸의 긴장을 풀어야 진정한 대화를 나눌 수 있습니다.
듣	듣기	친구의 이야기를 잘 듣습니다. 친구가 말하고 있을 때는 내가 말하고 싶더라도 꾹 참습니다. 친구가 하는 말에 고개를 끄덕이며 조용히 듣습니다.
반	반응하기	따듯하고 배려심 있는 태도로 친구의 말에 반응합니다. "그랬었구나.", "속상했겠구나.", "어떻게 하는 것이 좋을까?" 등의 맞장구를 치거나 질문을 합니다.

교과서에 소개된 또래조정의 단계와 지도서에 소개된 단계별 활동은 다음과 같다.

<표 54> 5학년 도덕 5단원 3차시에 제시된 또래조정 과정(교육부a, 2019: 330-333)

단계	단계명	단계별 활동
1단계	또래조정을 소개하고 대화 규칙 만들기	• 또래조정의 특징과 또래 조정자의 역할 안내 • 또래조정의 과정 동안 갈등 당사자들이 지켜야 할 규칙 소개 혹은 정하기
2단계	이야기하고 듣기	• 갈등 당사자가 자신의 입장, 요구, 감정 등을 이야기하고 들음 • 각 당사자가 이야기 하는 중에 다른 당사자는 끼어들지 않음 • 조정자는 갈등 당사자가 규칙을 지킬 수 있도록 하며, 의사소통 기술을 통하여 갈등 당사자가 서로를 이해하고 문제를 함께 해결할 수 있는 신뢰를 형성하도록 함
3단계	문제와 원인 찾기	• 갈등 당사자들의 이해관계, 요구, 문제가 무엇인지 드러냄 • 갈등의 쟁점과 함께 해결할 문제를 밝힘

단계	단계명	단계별 활동
4단계	갈등해결 방법 찾기	• 갈등을 해결하기 위한 다양한 방안을 탐색함 • 다양한 방안의 가능성과 갈등 당사자가 모두 받아들일 수 있는 해결 방안의 가능성을 강조함
5단계	생각 모으기	• 4단계에서 나온 대안들을 평가하고 갈등 당사자가 모두 만족할 수 있는 실행 가능한 합의안을 만듦 • 합의안은 공평해야하며 구체적이어야 함 • 합의안이 나오지 않아도 그 자체를 갈등 당사자의 의사로서 존중하고 인정함
6단계	평가하기	• 조정자는 갈등 당사자가 또래조정 과정에서 보여준 노력에 대해 감사를 표하며 합의안을 한 번 더 강조함 • 갈등 당사자는 조정자의 또래조정 활동에 대한 평가서를 작성하고 조정자는 자기 평가서를 작성함

　5단원을 전반적으로 살펴볼 때, 5단원의 핵심 가치가 공감, 존중인 만큼 의사소통 영역의 내용(공감적 의사소통)과 타인이해(인간관계) 영역의 내용(타인 존중)이 단원 전반에 걸쳐 강조된다. 자기존중 영역의 내용은 크게 두드러지지 않지만, 단원 전반에 자기에 대한 존중과 감정 다스리기가 전제되어 있으므로 자기존중 영역과 간접적으로 관련된다고 볼 수 있다. 만약 직접적인 자기존중 영역의 교육을 원한다면 지도서에서 1차시에 내적갈등의 지혜로운 해결 방법을 탐구하도록 안내되어 있고 전 차시와 특히 4차시에 감정 다스리기를 강조하고 있으므로 이에 초점을 두는 방향으로 교육할 수 있다.

　5단원은 갈등해결교육의 거의 전 영역을 다루었으나, 갈등해결 핵심역량과 기능을 몇 차시 만에 함양하는 것에는 무리가 있다. 갈등해결교육이 도덕과 교육의 모든 내용이 아닌 만큼 도덕과 단원 구성의 한계이지만 갈등해결교육의 관점에서는 아쉬운 부분일 수 있다. 그 부분이 '다 같이 행복한 우리들 세상'(우리가 만드는 도덕 수업2)이라는 단원으로 보강되고 있다.

이 단원은 교사의 자유로운 단원 구성을 강조하는 프로젝트 수업 단원으로서, 5단원의 갈등해결을 중심 주제로 하여 4, 6단원에서 배운 '인권 존중'과 '사이버 예절, 준법'의 가치·덕목을 풀어 나가도록 구성되어있다. 그리고 이를 통해 개인 사이의 갈등해결을 넘어 공동체 차원에서의 갈등해결 문제까지 확장할 수 있도록 하였다. 차시의 구성은 다음과 같다.

<표 55> 5학년 도덕 우리가 만드는 도덕 수업 2
'다 같이 행복한 우리들 세상' 분석(교육부a, 2019; 384-391)

차시명	주요 학습 내용	교수·학습 활동	관련 도덕과 기능	갈등해결교육 영역
1. 갈등해결 활동 계획하기	• 단원 개관 • 문제 인식 • 갈등해결 활동 계획	• 단원에서 공부할 내용 알아보기 • 갈등을 해결하는 방법 알아보기 • 갈등해결 활동 계획하기	• 타인 입장 이해·인정하기 • 반성과 마음 다스리기	타인이해 (인간관계) 문제해결
2. 인권 침해 갈등을 해결하기 위한 실천하기	• 인권 침해 갈등 • 인권 침해 갈등의 해결 방법	• 인권 침해 갈등 분석하기 • 인권침해로 인한 갈등을 해결하기 위해 실천하기	• 경청·도덕적 대화하기 • 책임감 있게 행동하기	타인이해 (인간관계) 문제해결 의사소통 의사결정
3. 사이버 세상에서의 갈등을 해결하기 위한 실천하기	• 사이버 세상에서의 갈등 • 사이버 세상에서의 갈등해결 방법	• 사이버 세상에서의 갈등분석하기 • 사이버 세상에서의 갈등을 해결하기 위해 실천하기	• 타인 입장 이해·인정하기 • 책임감 있게 행동하기	타인이해 (인간관계) 문제해결 의사소통 의사결정
4. 생활 속 여러 갈등을 해결하기 위한 실천하기/ 갈등해결 활동 마무리하기	• 생활 속 갈등 • 생활 속 갈등해결 방법 • 갈등해결 활동 반성	• 생활 속 갈등 분석하기 • 생활 속 갈등을 해결하기위해 띠앗활동해보기 • 실천 활동 반성하기 • 실천 의지 다지기	• 경청·도덕적 대화하기 • 타인 입장 이해·인정하기 • 책임감 있게 행동하기 • 반성과 마음 다스리기	타인이해 (인간관계) 문제해결 의사소통 의사결정

본 단원에서는 평화로운 갈등해결의 방법을 모색하고 의사소통, 문제해결, 의사결정의 핵심 과정을 반복적으로 다루어 학생들이 5단원에서 배운 갈등해결에 관한 내용들을 복습하고 내면화할 수 있도록 하였다. 다만 5단원의 효과적이고 체계적인 의사소통, 문제해결, 의사결정 기능의 학습을 가능하게 한 '멈·숨·듣·반'과 또래조정 활동이 두드러지지 않는 것은 갈등해결교육의 관점에서 볼 때 아쉬운 부분으로 다가온다.

지금까지 초등 도덕과의 갈등해결교육 실태를 살펴보았다. 이를 바탕으로 초등 도덕과 교육에서 갈등해결교육을 실천하기 위한 방안을 생각해볼 수 있다. 먼저 초등 도덕과의 갈등해결교육 실태를 요약하자면 다음과 같다.

① 초등 도덕과는 직접적으로 혹은 간접적으로 갈등해결교육을 시행하고 있다.
② 초등 도덕과는 갈등해결교육의 전반적인 영역을 다루며, 특히 타인이해(인간관계) 영역, 문제해결 영역, 의사소통 영역이 두드러진다.
③ 초등 도덕과는 도덕성의 함양을 통해 갈등해결 핵심역량인 지향 역량을 기르거나, 갈등해결교육의 주요 주제에 대한 이해도를 높이는 방식으로 간접적인 갈등해결교육을 시행하고 있다.
④ 갈등해결교육을 가장 직접적으로 시행하는 단원은 5학년 5단원 '갈등을 해결하는 지혜' 단원이다.
⑤ 5학년 우리가 만드는 도덕 수업 2 '다 같이 행복한 우리들 세상'에서는 인권, 사이버 예절의 주제 위에서 '갈등을 해결하는 지혜' 단원에서 배운 갈등해결 관련 핵심 내용을 복습함으로써 내면화하고 심화·확장한다.

이를 바탕으로 초등 도덕과 교육에서 갈등해결교육을 실천하기 위한 방안을 생각해볼 수 있다.

① 여러 단원에서 도덕적 문제 사태를 제시할 때 선과 선이 부딪치는 문제에서 양 가치가 최소한의 손상을 받는 선에서 조화를 이루는 조화형이나 제 3의 대안을 창출하여 부딪치는 가치 갈등을 해소하는 해소형의 문제 사태(교육부 b, 2019: 57)를 제시하여 갈등해결교육의 관점에서 문제해결, 의사소통, 의사결정의 과정과 방법을 익히도록 하는 방안이 있다.

② 특히 갈등이해교육의 주요 주제인 통일, 인권을 주제로 한 도덕과 교육을 할 때에 갈등해결교육을 시행하는 방안이 있다. 통일을 주제로 하는 경우 통일 의지와 애국심을 고취함과 함께 평화통일 과정에서 발생할 수 있는 갈등이나 통일 이후 발생할 수 있는 갈등을 조화형, 해소형 문제사태로 제시할 수 있다. 인권을 주제로 하는 경우도 비슷하게 인권에 대한 이해를 높이고 인권 존중의 태도를 함양하면서 두 인권 가치가 충돌하는 문제 사태를 가지고 갈등해결교육을 시행할 수 있다.

③ 갈등해결교육이 가장 직접적으로 시행되는 5학년에서 갈등해결교육을 집중적으로 시행할 수 있다. 적극적 듣기의 방법과 또래조정 등 5단원 '갈등을 해결하는 지혜'에서 배운 문제해결, 의사소통, 의사결정의 방법과 과정을 우리가 만드는 도덕 수업 2 '다 같이 행복한 우리들 세상'에서 한 번 더 체계적으로 복습하여 내면화 및 심화·확장할 수 있도록 하는 방안이 있다.

5 초등 도덕과 갈등해결교육 수업 예시

이제 구체적으로 초등 도덕과 갈등해결교육 수업을 예시하고자 한다. 바로 앞에서 정리한, 초등 도덕과에서 갈등해결교육을 실시하는 세 가지 방안 중 세 번째를 적용하여, 우리가 만드는 도덕 수업 2 '다 같이 행복한 우리들 세상' 단원의 갈등해결교육 수업안을 제시하고자 한다. 본 수업안은 5

학년 도덕 4~6단원의 종합과 함께 의사소통, 문제해결, 의사결정 기능 등 갈등해결 기능의 학습을 강조하였다는 점에서 '갈등해결 기능 강조형 우만도(우리가 만드는 도덕 수업) 수업안'이라고 명명하고자 한다.

  이 단원은 학생들이 5단원에서 배운 갈등해결 과정을 4단원과 6단원의 사이버 예절 및 인권 존중의 주제 아래 다시 한 번 실습, 실연, 실천하는 단원이다. 이를 통해 갈등해결 기능을 함양하고 갈등에 대한 이해를 심화하고 확장하며, 두 가치·덕목에 대한 이해도를 높이고 내면화 하고자 한다. 학생들은 5단원 2,3차시에서 이해하기 위해 듣는 의사소통 기술(멈·숨·들·반)과 또래조정 과정을 이해하고 실습해보았다. 하지만 이를 내면화되기는 한 두 차시의 수업으로는 어려운 것이 현실이다. 이에 갈등해결의 핵심적인 요소만 추출하여 갈등을 분석하는 대신 사이버 예절 및 인권의 주제 아래에서 멈·숨·들·반 활동과 또래조정 활동을 거치도록 한다. 또한 학생들의 실제 삶 속의 갈등을 해결해보는 실천의 과정을 통해, 학생들의 수업 밖 실제 삶의 맥락에까지 평화롭고 지혜로운 갈등해결이 이어질 수 있도록 한다. 그리고 우리 주변 갈등에 대해 더 생각해보며 가정, 학교뿐만 아니라 사회의 다양한 곳에서 갈등이 일어나고 있으며 개인 간 갈등뿐만 아니라 집단 간 갈등이 있음을 인지하고, 공동체 차원의 갈등해결까지 내용을 확장할 수 있도록 한다.

  이를 위해 1,2차시에서는 각각 인권의 충돌로 인한 갈등 사례와 사이버 세상에서의 갈등 사례를 제시하여 학생들이 적극적 듣기와 또래조정을 실습·실연해볼 수 있도록 한다. 이때 갈등 사례는 조화형, 해소형 문제 사태로 제시한다. 인권 충돌 사례를 1차시로 먼저 제시한 것은 이후 차시의 사이버 세상에서의 갈등이나 생활 속 여러 갈등의 경우에 인권 존중의 관점에서도 접근할 수 있도록 하기 위함이다. 그리고 적극적 듣기는 모둠별로, 또래조정은 학급 전체로 진행하여 학생들이 실습·실연을 하는 동시에 다른 사람의 갈등해결 과정을 관찰할 수 있게 한다. 그리고 활동 이후에 평가를 강조하여 갈등해결 과정을 되돌아보고 갈등해결 기능을 효과적으로 함양할 수 있도록 한다. 평가 활동에서는 갈등해결 과정 평가뿐만 아니라 갈등 주제에 대해 새로 알게 된 것을 생각해보게 함으로써 인권과 사이버 예절에 대한 이해도 함께 높인다. 더하여 1차시 수업 후 학급에 '해결하고 싶어요' 상자를 설치하여 학생들이 자신의 일상생활 속에서 발생한 갈등 중 또래조정을 통해 해결하고 싶은 갈등을 상자 안에 적어 넣도록 한다. 3차시 수업 때 이 갈등들을 모아 모둠별로 하나씩 분배하여 또래조정으로 갈등을 해결할 수 있도록 한다. 그리고 3차시와 4차시는 연차시로, 또래조정으로 갈등을 해결하는 과정을 실천한 후 우리 주변 갈등에 대해 더 생각해보면서 갈등에 대한 이해를 넓힐 수 있도록 하고, 갈등을 대하는 자신의 행동과 태도를 반성하고 다짐하면서 단원을 마무리한다. 3차시와 4차시를 연차시로 구성한 이유는 갈등해결을 실천하는 경험 이후에 연속적으로 이를 바탕으로 한 활동을 하는 것이 자연스럽기 때문이다. 차시의 흐름 및 개요는 아래와 같다.

<표 56> 갈등해결 기능 강조형 우만도 수업안 차시 흐름 및 개요

차시	차시명	교수·학습 활동
1차시	인권 충돌 갈등을 해결하기	• 멈·숨·들·반으로 들어주기 • 또래조정 하기 • 평가하기
2차시	사이버 세상에서의 갈등을 해결하기	• 멈·숨·들·반으로 들어주기 • 또래조정 하기 • 평가하기
3~4차시	생활 속 여러 갈등을 해결하기 위한 실천하기 / 갈등해결 활동 마무리하기	• 또래조정 하기 • 우리 주변 갈등에 대해 더 생각해보기 • 반성 및 다짐하기

이제 각 차시별 교수·학습 활동의 의도를 설명하고, 지도안과 수업 자료를 예시하고자 한다. 먼저 1차시 '인권 충돌 갈등을 해결하기' 수업이다. 본 차시는 '〈배움 1〉 어떤 갈등이 있나? 멈·숨·듣·반 활동하기', '〈배움 2〉 갈등을 해결하자! 또래조정 활동하기', '〈배움 3〉 우리의 갈등해결과정 평가하기'의 세 활동으로 이루어져 있다. 〈배움 1〉 활동은 갈등 당사자 1,2와 나머지 모둠원으로 역할을 나누어, 갈등 당사자의 역할을 하는 학생만 갈등 사례를 읽고 그들이 갈등 당사자가 되어 자신의 감정, 상황, 요구 등을 이야기하고 나머지 모둠원은 멈·숨·듣·반의 방법으로 이야기를 들어주는 활동이다. 이 활동을 통해 학생들은 감정 역량과 의사소통 기능을 함양하고 갈등 사례를 이해한다. 〈배움 2〉 활동은 학급 전체가 또래조정을 하는 활동이다. 학급 전체의 또래조정 활동은 그 과정은 일반적인 또래조정과 같다. 하지만 구성원의 역할이 조금 다르다. 우선 학급 학생 중 갈등 당사자 1,2와 조정자가 선정되고 나머지는 또래조정 참가자가 된다. 일반적인 또래조정의 경우 갈등 당사자와 조정자만 또래조정에 참여하지만 학급 또래조정은 때에 따라 참가자도 발언권을 얻고 갈등을 해결하기 위한 발언을 할 수 있다. 참가자는 발언을 하거나, 갈등 당사자와 조정자의 역할 수행을 관찰하며 평가서를 작성한다. 이를 통해 또래조정 과정이 익숙하지 않은 학생들이 또래조정의 과정을 학습할 수 있고, 조정자의 역할 수행의 부담도 줄일 수 있다. 〈배움 3〉 활동은 〈배움 1〉과 〈배움 2〉의 갈등해결 과정 전반을 평가하는 과정이다. 이는 또래조정 과정의 6단계인 평가하기 단계를 확대한 것이라고 볼 수 있다. 평가서를 바탕으로 서로의 갈등해결 기능과 태도를 평가하며 자신의 갈등해결 참여 과정을 되돌아보고 갈등해결 기능과 바람직한 갈등해결 태도를 함양한다. 이때 갈등의 주제인 인권에 대한 새로운 배움도 확인하여 인권에 대한 새로운 이해를 스스로 정리하고 내면화할 수 있도록 한다. 1차시 수업 지도안과 자료는 다음과 같다.

<표 57> 갈등해결 기능 강조형 우만도 수업안 1차시 지도안

단원 및 차시	우리가 만드는 도덕 수업2. 다같이 행복한 우리들 세상 - 인권 충돌 갈등을 해결하기 (1/4)		
성취기준	[6도03-01] 인권의 의미와 인권을 존중하는 삶의 중요성을 이해하고, 인권 존중의 방법을 익힌다. [6도02-02] 다양한 갈등을 평화적으로 해결하는 것의 중요성과 방법을 알고, 평화적으로 갈등을 해결하려는 의지를 기른다.	도덕과 기능	타인 입장 이해·인정하기 경청·도덕적 대화하기
배움 주제	인권 충돌 갈등을 멈·숨·듣·반 활동과 또래조정 활동으로 해결하기	갈등해결 기능	자기존중·인간관계 문제해결 의사소통 의사결정
배움 목표	멈·숨·듣·반 활동과 또래조정 활동을 통해 인권 충돌 갈등을 해결하며 인권에 대한 이해를 높이고 갈등해결 기능과 바람직한 갈등해결의 태도를 기를 수 있다.		
평가계획	영역	평가 내용	평가 방법
	지식	인권의 의미와 인권을 존중하고 보호하는 방법이 무엇인지 아는가?	자기평가
	기능	갈등해결 기능을 잘 활용하는가?	관찰평가
	태도	갈등을 지혜롭게 해결하고자 하는 마음으로 적극적으로 갈등해결에 참여하는가?	상호평가
배움 단계	학생 배움·지원 활동		자료(★) 및 유의점(☞)

배움 열기 (5′)	◉ 생각 열기
	○ 쉬는 시간에 주로 무엇을 하는지 이야기 나누기
	• 여러분은 쉬는 시간에 주로 무엇을 하나요?
	  - 친구들과 앉아서 수다를 떱니다. / 교실에서 장난을 칩니다.
	• 여러분은 쉬는 시간에 다른 친구 때문에 불편했던 적이 있나요?
	  - 다른 친구가 너무 시끄럽게 떠들어서 저와 친구의 이야기가 안 들렸던 적이 있습니다.
	• 그것이 갈등으로 이어진 적이 있었나요?
	
	◉ 배움 문제 확인하기
	    인권 (충돌) 갈등을 멈·숨·듣·반 활동과
	    또래조정 활동으로 해결해봅시다.
	
	◉ 배움 활동 안내하기
	〈배움 1〉 어떤 갈등이 있나? 멈·숨·듣·반 활동하기
	〈배움 2〉 갈등을 해결하자! 또래조정 활동하기
	〈배움 3〉 우리의 갈등해결과정 평가하기
			☞ 배움 문제 확인 시 주어진 문제 사태에서 두 인권이 충돌하고 있음을 학생들이 스스로 깨우칠 수 있도록 하기 위하여 '충돌'이라는 표현을 제외하고 배움 문제를 확인할 수 있다.

배움 활동 (30′)	❖ 배움 1. 어떤 갈등이 있나? 멈·숨·듣·반 활동하기 ○ 역할 나누기 • 모둠별로 두 명의 갈등 당사자를 선정해봅시다. ○ 멈·숨·듣·반 활동하기 • 두 명의 갈등 당사자는 주어진 갈등 사례를 읽고 모둠원에게 자신에게 있었던 일과 자신의 마음을 이야기합니다. • 나머지 모둠원은 멈·숨·듣·반의 방법으로 갈등 당사자의 이야기를 들어줍니다. **멈·숨·듣·반 활동 방법** • 갈등 당사자1이 자신의 상황, 감정, 요구 등을 이야기한다. • 갈등 당사자를 제외한 다른 모둠원은 멈·숨·듣·반의 방법으로 갈등 당사자1의 이야기를 듣는다. • 갈등 당사자2는 다른 모둠원이 갈등 당사자1의 이야기를 듣는 모습을 지켜본다. • 갈등 당사자2가 발언자가 되어 위 과정을 반복한다. • 이때에는 갈등해결을 위한 대안 찾기나 합의 등의 과정을 시행하지 않는다.	★갈등 사례 자료 ☞ 〈배움 2〉에서 같은 갈등 사례를 가지고 학급 단위 또래조정 활동을 해야 하므로 갈등 당사자가 갈등 사례 자료에 나온 것 이상의 상황 맥락을 지어내지 않도록 한다. ☞ 멈·숨·듣·반 활동 시 지녀야할 듣기 및 말하기 태도를 강조하여 학생들이 진지한 태도로 활동에 임하도록 한다.
	❖ 배움 2. 갈등을 해결하자! 또래조정 활동하기 ○ 집단적 또래조정 활동하기 • 갈등 당사자1, 갈등 당사자2, 또래조정자 대표를 정합니다. 나머지 학생은 또래조정 참가자가 됩니다. • 다함께 학급 또래조정 활동을 합니다. **학급 또래조정 활동** ①또래조정을 소개하고 대화 규칙 만들기 • 조정자 대신 교사가 또래조정 활동의 방법 및 특징과 조정자 및 참가자의 역할을 소개한다. • 학급 학생 모두가 함께 대화 규칙을 만든다. ②이야기하고 듣기 • 조정자의 진행 아래 갈등 당사자가 갈등 상황에 대한 자신의 입장, 요구, 감정 등을 이야기한다. ③문제와 원인 찾기 • 조정자의 진행 아래 갈등 당사자들의 이해관계, 요구, 문제를 드러내고 갈등의 쟁점과 함께 해결해나갈 문제를 밝힌다. • 진행 과정에서 문제와 원인을 찾기 위해 발언하고 싶은 참가자는 손을 들고 발언권을 얻어 발언할 수 있다. ④갈등해결 방법 찾기 • 갈등을 해결하기 위한 다양한 방안을 탐색한다. • 갈등 당사자와 참가자가 브레인스토밍을 통해 방안을 모색하며, 조정자는 의견을 낼 수는 있지만 주로 진행과 격려의 역할을 한다. ⑤생각 모으기 • 대안들을 평가하고 갈등 당사자가 모두 만족할 수 있는 실행가능하고 구체적인 합의안을 만든다.	★갈등해결 과정 평가서 ☞ 본래 또래조정의 ①단계 중 또래조정 활동의 방법 및 특징 소개는 조정자의 역할이나, 아직 학생들이 또래조정 활동이 익숙하지 않으므로 본 차시에서는 교사가 하도록 한다. 또한 조정자의 역할뿐만 아니라 참가자의 역할도 구체적으로 소개하여 참가자가 갈등해결 과정에 지나치게 개입하거나 배제되는 일이 없도록 유의한다.

	• 대안을 평가하고 합의안을 만드는 과정에서 참가자는 손을 들고 발언권을 얻어 발언할 수 있으나, 합의안의 최종 채택은 갈등 당사자가 한다. ⑥평가하기 • 조정자는 또래조정 과정에서 구성원이 보여준 노력에 대해 감사를 표현하고 합의안을 강조하며 또래조정 활동을 마무리한다. • 갈등 당사자는 또래조정 과정에 참여한 소감과 조정자와 상대 갈등 당사자에 대한 감사, 지금의 감정 등을 발표한다.	☞조정자 학생이 부담을 느낄 수 있으므로 조정자 학생을 격려한다. ☞참가자 학생은 발언이 가능할 때 발언하거나 갈등 당사자와 조정자를 관찰하며 평가서를 작성하도록 한다.
	◈ 배움 3. 우리의 갈등해결 과정 평가하기 ○갈등해결 기능 및 태도 평가하기 • 멈·숨·듣·반 활동과 또래조정 활동에서 멋진 모습과 태도를 보여준 사람을 칭찬해봅시다. - 연수가 조정자로서 갈등 당사자의 감정이 실린 말을 중립적인 표현으로 잘 바꾸어 말하였습니다. - 우성이가 멈·숨·듣·반 활동 때 부드럽게 맞장구를 치면서 경청해주었습니다. ○인권에 대해 새롭게 알게 된 점 이야기하기 • 이번 갈등해결 과정을 통해 인권에 대해 새롭게 생각하거나 알게 된 것이 있나요? - 자신의 인권만을 생각하면 안 된다는 생각을 하였습니다. - 최대한 모든 인권을 존중하고자 하는 태도가 중요함을 알게 되었습니다.	★갈등해결 과정 평가서 ☞갈등해결 과정 평가서를 바탕으로 학급 구성원의 갈등해결 기능 및 태도를 평가하되, 지나친 비판보다는 칭찬 위주로 평가하도록 하여 갈등해결 기능 및 태도의 모범 제시와 긍정적인 갈등해결 공동체 형성에 중점을 둔다.
배움 정리 (5′)	◈ 배움 활동 정리하기 ○배움 공책 정리하기 • 갈등해결과정이나 인권 존중에 대하여 오늘 새로 배운 것을 정리하고 발표해봅시다. - 갈등이 일어났을 때 한쪽의 양보만 바라지 않고 서로 조금씩 양보해서 둘 다 만족할 수 있는 방안을 찾는 것이 중요하다는 것을 배웠습니다. - 가볍게 했던 행동들이 다른 사람의 인권을 침해하는 행동일 수도 있다는 것을 배웠습니다. ◈ 차시 예고하기 ○다음 차시 (사이버 세상에서의 갈등을 해결하기) 안내 ○과제 안내하기 • 학교 생활 속에서 친구들의 도움을 받아 해결하고 싶은 갈등이 있다면 적어서 '해결하고 싶어요' 상자에 넣어봅시다.	★배움공책 ☞배움공책 정리를 통해 〈배움 3〉에서 이루어진 평가와 반성이 내면화 및 심화될 수 있도록 하고, 다른 사람이 아닌 자신을 더 돌아볼 수 있도록 한다. ★'해결하고 싶어요' 상자와 갈등 사례 쪽지 ☞또래조정 과정을 실천하도록 하기 위해 학급내의 갈등으로 갈등 사례를 제한한다.

<표 58> 갈등해결 기능 강조형 우만도 수업안 1차시 자료 (1) – 갈등 사례①

〈민수의 입장〉

민수는 쉬는 시간에 친구들과 공기놀이를 하고 노는 것을 좋아한다. 어느 날, 민수는 평소처럼 교실 앞의 빈 공간에서 친구들과 공기놀이를 하고 있었다. 30년 내기 중 지혜는 27년, 민수는 26년! 아주 중요한 순간이었다. 지혜가 꺾기에 성공하지 못하자 민수에게 차례가 돌아왔다.
"아싸~ 내 차례다! 이겼네!"
민수는 이미 다 이긴 것처럼 말하고 3단을 시작하려 했다. 그때 갑자기 주원이가 소리를 지르는 것이 아닌가.
"야! 좀 조용히 해! 수행평가 준비하는데 방해되잖아!"
"아씨, 너 때문에 놀라서 공기 이상하게 던졌잖아. 짜증나게." 하필 돌을 던질 때에 주원이가 소리를 질러 공기가 이상하게 던져진 것 같았다. 민수는 짜증이 났다.
"뭐? 너 지금 시끄럽게 굴어서 미안하다고 사과는 못 할망정 뭐라고 했어?"
"너나 조용히 해. 남 노는 거 방해하지 말고. 난 쉬는 시간에 놀면서 스트레스를 풀 자유가 있거든?"
"넌 네 자유만 생각하니? 나도 쉬는 시간에 차분하게 내가 하고 싶은 일을 할 자유가 있어. 너 같은 애들이 자기 생각만 하면서 남들한테 피해 주는 거야. 쉬는 시간에 좀 조용히 있을 수 없겠니?"
주원이의 이 말에 민수는 이제 짜증이 아니라 화가 났다.
"너 진짜 이상하다. 우리 반은 쉬는 시간에 공기놀이 해도 되는 걸로 투표했는데 너야말로 혼자 우기는 거잖아?"
"공기놀이 해도 된다고 했지 누가 시끄럽게 굴고 굴러다니래? 할 거면 조용히 하라고! 하긴 그렇게 굴러다니면 조용히 해도 신경 쓰이겠네. 넌 그냥 가만히 앉아 있는 게 반 애들을 위해 낫겠다."
내가 뭘 굴러다녔다는 건지, 민수는 갑자기 화를 낸 주원이가 어이없고 기분이 나빴다. 그 순간 종이 쳐 그대로 자리로 돌아갈 수밖에 없었다.

<표 59> 갈등해결 기능 강조형 우만도 수업안 1차시 자료 (2) - 갈등 사례②

〈주원의 입장〉

주원이는 오늘 있을 영어 수행평가가 참 신경 쓰였다. 영어는 주원이가 별로 자신이 없는 과목이었다. 열심히 단어를 외우고 쓰기 연습을 하고 있는데, 바로 앞의 민수가 너무나 거슬렸다. '아싸!', '어어어!'하면서 소리 지르는 것은 기본이고 자기가 유리하면 거의 춤을 추고 불리하면 엉엉대며 구르는 꼴이 우습기도 하고 꼴 보기 싫기도 했다.
'하...차라리 내 자리가 뒤쪽이었으면 나았을 텐데.' 주원이는 혼자 생각했다.
"저기, 민수야? 좀 조용히 놀아줄 수 있겠어?"
"민수야?"
몇 번을 불러보았지만 민수는 영 들리지 않는 듯했다. 그렇게 요란스럽게 놀고 있으니 당연하기도 했다. 주원이는 참고 공부를 해보려 했으나 인내심에는 한계가 있는 법이었다.
"아싸~ 내 차례다! 이겼네!"
이 민수의 외침에 더 이상 주원이는 참을 수가 없었다.
"야! 좀 조용히 해! 수행평가 준비하는데 방해되잖아!" 주원이는 민수가 듣지 못할 수 없도록 소리를 질렀다.
"아씨, 너 때문에 놀라서 공기 이상하게 던졌잖아. 짜증나게."
'짜증?' 주원이는 귀를 의심했다.
"뭐? 너 지금 시끄럽게 굴어서 미안하다고 사과는 못 할망정 뭐라고 했어?"
"너나 조용히 해. 남 노는 거 방해하지 말고. 난 쉬는 시간에 놀면서 스트레스를 풀 자유가 있거든?"
'너나 조용히 해.'라는 말에 주원이는 정말 화가 났다. 이제 민수가 싫어지려고 했다.
"넌 네 자유만 생각하니? 나도 쉬는 시간에 차분하게 내가 하고 싶은 일을 할 자유가 있어. 너 같은 애들이 자기 생각만 하면서 남들한테 피해 주는 거야. 쉬는 시간에 좀 조용히 있을 수 없겠니?"
"너 진짜 이상하다. 우리 반은 쉬는 시간에 공기놀이 해도 되는 걸로 투표했는데 너야말로 혼자 우기는 거잖아?"
"공기놀이 해도 된다고 했지 누가 시끄럽게 굴고 굴러다니래? 할 거면 조용히 하라고! 하긴 그렇게 굴러다니면 조용히 해도 신경 쓰이겠네. 넌 그냥 가만히 앉아 있는 게 반 애들을 위해 낫겠다."
마침 종이 쳤다. 수업 시간이니 드디어 민수가 시끄럽게 구는 것을 안 볼 수 있겠다 싶어 후련하면서도, 왠지 마음이 찜찜했다. '너 진짜 이상하다.'라는 말이 귓가를 떠나지 않고 남아 가슴을 콕콕 찌르는 느낌이었다.

<표 60> 갈등해결 기능 강조형 우만도 수업안 1차시 자료 (3) – 갈등해결과정 평가서

친구들의 갈등해결 과정을 평가해봅시다.

5학년 (　)반 (　)번 이름 (　　　)

1. 멈·숨·듣·반 활동 중 인상 깊은 친구의 말이나 행동, 태도가 있으면 적어봅시다.

> 예시)
> 우성이가 주원이 역할을 맡은 내가 '너 진짜 이상하다.'라는 말에 상처받았다고 했을 때 '아이고, 그랬구나. 정말 그런 말은 상처가 되는 것 같아.'라고 하였는데 목소리가 진지하면서도 부드러워서 정말 위로를 받은 기분이었다.

2. 또래조정 활동 중 갈등 당사자, 조정자, 참가자의 말이나 행동, 태도를 평가해 봅시다. (잘한 점을 위주로 적어봅니다.)

단계	평가 내용
1	예시) (참가자) 한솔이가 참가자가 발언을 할 때 주의사항을 물어본 것이 인상 깊다. 세심하게 주의를 기울이고 적극적으로 참여하는 태도가 좋은 것 같다.
2	예시) (조정자) 연수가 '민수가 저한테 이상한 애라고 해서 진짜 상처 받았어요. 민수는 다른 사람을 잘 생각하지 못하는 아이 같아요.'라는 말을 '민수가 이상한 애라고 한 것이 상처가 되었다는 의미죠?'라고 바꾸어 말했다. 또 서로 비난할 뻔했는데 연수가 조정자 역할을 잘 했다.
3	
4	
5	예시) (갈등 당사자) 민수 역할을 맡은 경민이가 '주원이가 맨 앞자리에 앉아 있으니까 조용히 공기놀이를 하더라도 웬만하면 뒤에 가서 하겠다.'라고 제안한 것이 인상 깊다. 창의적이기도 하고 세심한 것 같다.
6	

<표 61> 갈등해결 기능 강조형 우만도 수업안 1차시 자료 (4) - 갈등 사례 쪽지

해결하고 싶어요. 도와주세요!			
신청인		나와 갈등이 있는 사람	
갈등 상황			
나의 생각, 요구, 감정			
이 갈등이 왜 생겼을까요?: 다른 하고 싶은 말이 있으면 적기:			
어느 갈등이든 좋습니다. 우리 함께 해결해 보아요.			

 다음으로 2차시 '사이버 세상에서의 갈등을 해결하기' 수업이다. 본 차시는 1차시와 같이 '〈배움 1〉 어떤 갈등이 있나? 멈·숨·듣·반 활동하기', '〈배움 2〉 갈등을 해결하자! 또래조정 활동하기', '〈배움 3〉 우리의 갈등해결과정 평가하기'의 세 활동으로 이루어져 있다. 전반적인 활동의 흐름과 내용, 활동 구성의 의도는 1차시와 같다. 다른 점은 우선 주제가 사이버 세상에서의 갈등이라는 것이다. 사이버 세상에서의 갈등 중 학생들이 생활 속에서 겪을 법한 문제 사태를 제시하여 자신의 삶과 수업 내용을 관련지을 수 있도록 한다. 〈활동2〉에서 또래조정 1단계의 활동도 약간 다르다. 1차시에서 또래조정을 한 번 실습·실연해보았으므로, 1단계의 또래조정 소개하기 활동부터 조정자가 책임을 맡는다. 〈활동3〉에서는 갈등해결과정을 평가하며 갈등의 주제인 사이버 예절에 대한 새로운 배움도 확인하여 사이버 예절에 대한 새로운 이해를 스스로 정리하고 내면화할 수 있도록 한다. 다음은 2차시 수업 지도안과 자료이다. 2차시 수업 자료 중 갈등해결과정 평가서와 '해결하고 싶어요' 상자에 들어갈 쪽지는 1차시의 것과 같아, 갈등 사례 자료만 제시하였다.

<표 62> 갈등해결 기능 강조형 우만도 수업안 2차시 지도안

단원 및 차시	우리가 만드는 도덕 수업2. 다같이 행복한 우리들 세상 - 사이버 세상에서의 갈등을 해결하기 (2/4)		
성취기준	[6도02-01] 사이버 공간에서 발생하는 여러 문제에 대한 도덕적 민감성을 기르며, 사이버 공간에서 지켜야 할 예절과 법을 알고 습관화한다. [6도02-02] 다양한 갈등을 평화적으로 해결하는 것의 중요성과 방법을 알고, 평화적으로 갈등을 해결하려는 의지를 기른다.	도덕과 기능	타인 입장 이해·인정하기 경청·도덕적 대화하기
배움 주제	사이버 세상에서의 갈등을 멈·숨·듣·반 활동과 또래조정 활동으로 해결하기	갈등해결 기능	자기존중·인간관계 문제해결 의사소통 의사결정
배움 목표	멈·숨·듣·반 활동과 또래조정 활동을 통해 사이버 세상에서 일어나는 갈등을 해결하며 사이버 예절에 대한 이해를 높이고 갈등해결 기능과 바람직한 갈등해결의 태도를 기를 수 있다.		
평가계획	영역	평가 내용	평가 방법
	지식	사이버 공간에서 지켜야 할 예절을 아는가?	자기평가
	기능	갈등해결 기능을 잘 활용하는가?	관찰평가
	태도	갈등을 지혜롭게 해결하고자 하는 마음으로 적극적으로 갈등해결에 참여하는가?	상호평가
배움 단계	학생 배움·지원 활동		자료(★) 및 유의점(☞)
배움 열기 (5′)	◈ 생각 열기 ○ 사이버 세상에서 주로 무엇을 하는지 이야기 나누기 • 여러분이 주로 이용하는 사이버 공간에는 무엇이 있나요? - SNS를 사용합니다. / 인터넷입니다. / 온라인 게임이 있습니다. • 여러분이 사이버 세상에서 보거나 겪은 불편함이나 갈등이 있었나요? - 게임을 할 때 욕을 들어서 불쾌했던 적이 있습니다. / 동생이 불법 다운로드를 해서 제가 그러면 안 된다고 했습니다. ◈ 배움 문제 확인하기 　　사이버 세상에서의 갈등을 멈·숨·듣·반 활동과 　　또래조정 활동으로 해결해봅시다. ◈ 배움 활동 안내하기 〈배움 1〉 어떤 갈등이 있나? 멈·숨·듣·반 활동하기 〈배움 2〉 갈등을 해결하자! 또래조정 활동하기 〈배움 3〉 우리의 갈등해결과정 평가하기		

배움 활동 (30′)	◈ 배움 1. 어떤 갈등이 있나? 멈·숨·듣·반 활동하기 ○ 역할 나누기 • 모둠별로 두 명의 갈등 당사자를 선정해봅시다. ○ 멈·숨·듣·반 활동하기 • 두 명의 갈등 당사자는 주어진 갈등 사례를 읽고 모둠원에게 자신에게 있었던 일과 자신의 마음을 이야기합니다. • 나머지 모둠원은 멈·숨·듣·반의 방법으로 갈등 당사자의 이야기를 들어줍니다. **멈·숨·듣·반 활동 방법** • 갈등 당사자1이 자신의 상황, 감정, 요구 등을 이야기한다. • 갈등 당사자를 제외한 다른 모둠원은 멈·숨·듣·반의 방법으로 갈등 당사자1의 이야기를 듣는다. • 갈등 당사자2는 다른 모둠원이 갈등 당사자1의 이야기를 듣는 모습을 지켜본다. • 갈등 당사자2가 발언자가 되어 위 과정을 반복한다. • 이때에는 갈등해결을 위한 대안 찾기나 합의 등의 과정을 시행하지 않는다. ◈ 배움 2. 갈등을 해결하자! 또래조정 활동하기 ○ 집단적 또래조정 활동하기 • 갈등 당사자1, 갈등 당사자2, 또래조정자 대표를 정합니다. 나머지 학생은 또래조정 참가자가 됩니다. • 다함께 학급 또래조정 활동을 합니다. **학급 또래조정 활동** ① 또래조정을 소개하고 대화 규칙 만들기 • 조정자 대신 교사가 또래조정 활동의 방법 및 특징과 조정자 및 참가자의 역할을 소개한다. • 학급 학생 모두가 함께 대화 규칙을 만든다. ② 이야기하고 듣기 • 조정자의 진행 아래 갈등 당사자가 갈등 상황에 대한 자신의 입장, 요구, 감정 등을 이야기한다. ③ 문제와 원인 찾기 • 조정자의 진행 아래 갈등 당사자들의 이해관계, 요구, 문제를 드러내고 갈등의 쟁점과 함께 해결해나갈 문제를 밝힌다. • 진행 과정에서 문제와 원인을 찾기 위해 발언하고 싶은 참가자는 손을 들고 발언권을 얻어 발언할 수 있다. ④ 갈등해결 방법 찾기 • 갈등을 해결하기 위한 다양한 방안을 탐색한다. • 갈등 당사자와 참가자가 브레인스토밍을 통해 방안을 모색하며, 조정자는 의견을 낼 수는 있지만 주로 진행과 격려의 역할을 한다. ⑤ 생각 모으기 • 대안들을 평가하고 갈등 당사자가 모두 만족할 수 있는 실행가능하고 구체적인 합의안을 만든다.	★갈등 사례 자료 ☞ 〈배움 2〉에서 같은 갈등 사례를 가지고 학급 단위 또래조정 활동을 해야 하므로 갈등 당사자가 갈등 사례 자료에 나온 것 이상의 상황 맥락을 지어내지 않도록 한다. ☞ 멈·숨·듣·반 활동 시 지녀야할 듣기 및 말하기 태도를 강조하여 학생들이 진지한 태도로 활동에 임하도록 한다. ★갈등해결 과정 평가서 ☞ 전 차시에서 참가자 역할을 맡았던 학생 중에 갈등 당사자1,2와 조정자를 선정한다. ☞ 전 차시에서 또래조정 과정을 실습·실연 했으므로 본 차시에서는 조정자가 또래조정 활동의 방법 및 특징을 소개하도록 한다. 또한 조정자의 역할뿐만 아니라 참가자의 역할도 구체적으로 소개하여 참가자가 갈등해결 과정에 지나치게 개입하거나 배제되는 일이 없도록 유의한다.

		☞조정자 학생이 부담을 느낄 수 있으므로 조정자 학생을 격려한다. ☞참가자 학생은 발언이 가능할 때 발언하거나 갈등 당사자와 조정자를 관찰하며 평가서를 작성하도록 한다.

	◈ 배움 3. 우리의 갈등해결 과정 평가하기
	○갈등해결 기능 및 태도 평가하기
	• 멈·숨·듣·반 활동과 또래조정 활동에서 멋진 모습과 태도를 보여준 사람을 칭찬해봅시다.
	  − 연수가 조정자로서 갈등 당사자의 감정이 실린 말을 중립적인 표현으로 잘 바꾸어 말하였습니다.
	  − 우성이가 멈·숨·듣·반 활동 때 부드럽게 맞장구를 치면서 경청해주었습니다.
	○사이버 예절에 대해 새롭게 알게 된 점 이야기하기
	• 이번 갈등해결 과정을 통해 사이버 예절에 대해 새롭게 생각하거나 알게 된 것이 있나요?
	  − 사이버 공간에서는 특히 사람마다 행동 방식이 다르기 때문에 그것을 존중해주는 것이 사이버 예절이라는 생각을 하였습니다.
	  − 사이버 공간에서는 표정이 안 보이기 때문에 더 생각이나 마음을 잘 표현해야겠다는 생각이 들었습니다.
		★갈등해결 과정 평가서
		☞갈등해결 과정 평가서를 바탕으로 학급 구성원의 갈등해결 기능 및 태도를 평가하되, 지나친 비판보다는 칭찬 위주로 평가하도록 하여 갈등해결 기능 및 태도의 모범 제시와 긍정적인 갈등해결 공동체 형성에 중점을 둔다.

배움
정리
(5′)
	◈ 배움 활동 정리하기
	○배움 공책 정리하기
	• 갈등해결과정이나 사이버 예절에 대하여 오늘 새로 배운 것을 정리하고 발표해봅시다.
	  − 갈등이 일어났을 때 서로 감정 싸움을 하기 보다는 터놓고 소통하는 것이 중요하다는 것을 배웠습니다.
	  − 사이버 공간도 똑같이 우리가 서로 배려하며 존중해주어야 하는 공간이라는 생각을 하였습니다.
	◈ 차시 예고하기
	○다음 차시 (생활 속 여러 갈등을 해결하기 위한 실천하기/갈등해결 활동 마무리하기) 안내
	○과제 안내하기
	• 학교 생활 속에서 친구들의 도움을 받아 해결하고 싶은 갈등이 있다면 적어서 '해결하고 싶어요' 상자에 넣어봅시다.
		★배움공책
		☞배움공책 정리를 통해 〈배움 3〉에서 이루어진 평가와 반성이 내면화 및 심화될 수 있도록 하고, 다른 사람이 아닌 자신을 더 돌아볼 수 있도록 한다.
		★'해결하고 싶어요' 상자와 갈등 사례 쪽지
		☞또래조정 과정을 실천하도록 하기 위해 학급내의 갈등으로 갈등 사례를 제한한다.

<표 63> 갈등해결 기능 강조형 우만도 수업안 2차시 자료 (1) – 갈등 사례①

〈유라의 입장〉

유라는 정민이를 참 좋아한다. 정민이는 참 재미있고 착한 친구다. 그래서 유라는 집에서도 SNS 대화방에서 정민이와 놀고 싶은 마음이 크다. 밤 9시, 오늘의 공부를 마친 후 유라는 정민이에게 SNS 대화를 걸었다.
〈유라: 정민아, 뭐해?〉
10분을 기다렸지만 정민이에게서 답이 오지는 않았다. 학원도 다 마쳤을 시간인데 무엇을 하나 싶어 유라는 다시 채팅을 하였다.
〈유라: 정민아 바빠? 수다 떨고 놀자~ 전화해도 되구.〉
〈정민: 아, 내가 바빠서 폰을 못 봤네.〉
드디어 정민이에게서 답이 왔다. 유라는 얼른 물어보았다.
〈유라: 뭐하고 있었는데 바빴어? 나도 알려줘!〉
〈정민: 아 그냥~〉
〈유라: 뭐야~ 별 거 안 하고 있었는데 답장 안 했던 거야? 나랑 놀자!^^〉
'그냥'이라는 정민이의 말에 유라는 속이 상했지만 다시 좋게 답장했다. 하지만 정민이의 답은 달갑지 않았다.
〈정민: 유라야 나 지금 폰 안 보고 싶어...〉
〈유라: 아... 그래? 알았어. 학교에서 봐!〉
유라는 아쉬운 마음으로 휴대폰을 침대에 던졌다. 처음에는 조금 아쉬운 마음뿐이었는데, 생각해볼수록 기분이 나빴다. 생각해보니 유라가 SNS 대화를 걸 때마다 정민이가 받아주지 않았기 때문이다. 유라는 다시 정민이와의 SNS 대화방을 들어가 보았다.
'어제는 아예 답장이 오지도 않았고, 그저께는 1시간 만에 답장을 해서 내가 자야 해서 금방 끝냈네.'
대화방을 죽 올려보니 정민이가 계속 유라의 대화에 불성실하게 답하는 게 보였다.
'뭐야. 생각해보니 지난번에는 정민이가 먼저 동인이한테 SNS로 준비물 물어봤다고 했네. 설마 정민이가 날 싫어하나? 잘못한 것도 없는데. 너무 서운해.'
다음날 학교에서 유라는 조심스럽게 정민이에게 다가가 말했다.
"저, 정민아. 혹시 내가 너한테 잘못한 거 있어?"
"아니 없는데. 왜 그러는 거야?"
"아니야 아무것도..."
정민이는 괜찮다고 했지만 왠지 표정이 좋지만은 않았다. 이 대화 이후로 유라는 정민이와 멀어진 느낌이 들었다. 그래서 유라는 정민이를 조금씩 피했다. 유라는 정민이와 멀어져서 슬픈 마음이 들었다. 마음 한구석에는 정민이를 원망하는 마음도 들었다.

<표 64> 갈등해결 기능 강조형 우만도 수업안 2차시 자료 (2) - 갈등 사례②

〈정민이의 입장〉

정민이는 매일 밤마다 일기를 쓴다. 가족도 방에 들어오지 못하게 하고 음악을 틀어 놓고 혼자 일기를 쓰는 귀중한 시간이다. 그런데 이 시간을 자꾸 방해하는 친구가 한 명 있다. 바로 유라다. 이 시간대에 유라는 자꾸 SNS 대화를 건다.
지잉- 또 핸드폰 진동이 울렸다. 보나마나 유라일 것이다. 정민이는 미리보기로 내용을 확인했다.
〈유라: 정민아, 뭐해?〉
역시나 유라다. 정민이는 다시 일기 쓰기에 집중하려 했지만 이미 집중력이 흐트러져 버렸다. 애쓰던 정민이는 유라에게 서 또 메시지가 오자 결국 핸드폰을 집어 들었다.
〈유라: 정민아 바빠? 수다 떨고 놀자~ 전화해도 되구.〉
〈정민: 아, 내가 바빠서 폰을 못 봤네.〉
〈유라: 뭐하고 있었는데 바빴어? 나도 알려줘!〉
〈정민: 아 그냥~〉
정민이는 일기를 쓴다고 하기가 쑥스러워서 대충 답을 했다.
〈유라: 뭐야~ 별 거 안 하고 있었는데 답장 안 했던 거야? 나랑 놀자!^^〉
'별 거 안 하고 있었는데'라는 말에 왠지 정민이는 기분이 상했다. '그냥'이라고 답하긴 했지만 대충 중요한 일이라고 생각해주는 배려를 할 수는 없는 걸까? 결국 정민이는 유라에게 직접적으로 말해야겠다고 결심하였다.
〈정민: 유라야 나 지금 폰 안 보고 싶어...〉
〈유라: 아... 그래? 알았어. 학교에서 봐!〉
드디어 유라와의 대화가 끝났다. 다른 친구들은 하고 싶은 말만 간단히 하고 끝내거나, 답장이 안 와도 불평하지 않는데 유독 유라는 그런 것에 아쉬워하는 것 같다. 지난번에는 방해받지 않으려고 휴대폰을 무음 모드로 해놨다가, 답장을 한 시간 뒤에 해서 유라가 서운한 티를 팍팍 냈던 적이 있다.
'평소에는 맨날 계속 대화하자고 하면서 빨리 자야겠다고 끝내버리다니. 완전 삐졌던 거지.'
'언젠가 이거에 대해서 말을 해야 할까? 그랬다가 자길 싫어한다고 생각하면 어떡하지?'
정민이는 여러 생각과 고민을 하다가 잠에 들었다.
다음날 학교에서 유라가 조심스럽게 정민이에게 다가와 말했다.
"저, 정민아. 혹시 내가 너한테 잘못한 거 있어?"
'혹시 SNS 문제 때문에 그러는 건가?'
정민이는 잠깐 이 문제를 말할까 고민해보았지만, 역시 지금은 말할 용기가 나지 않았다.
"응? 아니 전혀 없는데. 왜 그러는 거야?"
"아니야 아무것도..."
이 대화 이후로 정민이는 유라가 자기를 피한다는 느낌이 들었다. 정민이는 왠지 모르게 유라에게 미안했다. 하지만 한편으로는 유라가 너무 제멋대로라는 생각도 들었다.

다음은 3-4차시 연차시의 '생활 속 여러 갈등을 해결하기 위한 실천하기 / 갈등해결 활동 마무리하기' 수업이다. 본 차시는 '〈배움 1〉 갈등해결을 도와줄게! 또래조정 활동하기', '〈배움 2〉 갈등에 대해 더 생각해보기', '〈배움 3〉 나의 갈등해결을 돌아보고 앞으로의 갈등해결을 다짐하기'의 세 활동으로 이루어져 있다. 〈배움 1〉 활동은 실제 갈등 사례를 가지고 또래조정 활동을 실천해보는 활동이다. 학생들이 앞의 두 차시에서 또래조정 활동을 실습 및 실연하였으므로, 이번에는 실제 삶의 맥락 위에서 실천해보는 것이다. 이를 통해 또래조정이 실제 삶까지 연결될 수 있도록 하고, 특히 학생끼리 만든 합의안이 일상 속에서 지속되면서 갈등을 지혜롭게 다루는 태도가 지속될 수 있도록 한다. 〈배움 2〉 활동에서는 생활 속 갈등을 넘어서서 우리 사회 혹은 지구촌의 갈등까지 갈등의 개념을 확장한다. 그리고 그 갈등들의 원인과 해결 방법을 원리적인 수준에서 탐색하며, 갈등을 해결하기 위해서는 공통적인 기본 원칙이 있음을 인지하도록 한다. 이후 그 원칙을 함께 정리해보면서 갈등해결의 원칙을 내면화하고, 자신의 삶에서 실천할 수 있도록 한다. 〈배움 3〉 활동은 단원 전체에 걸쳐 이루어진 자신의 갈등해결 과정 전반을 평가하는 과정이다. 이를 통해 갈등해결 기능을 다시 한 번 떠올리고, 지혜로운 갈등해결의 태도를 내면화할 수 있도록 한다. 수업 지도안과 자료는 다음과 같다. 자료 중 갈등 사례 쪽지와 갈등해결과정 평가서는 앞서 제시되었으므로 제외하고 합의안만 제시하였다.

<표 65> 갈등해결 기능 강조형 우만도 수업안 3-4차시 지도안

단원 및 차시	우리가 만드는 도덕 수업2. 다같이 행복한 우리들 세상 – 생활 속 여러 갈등을 해결하기 위한 실천하기 / 갈등해결 활동 마무리하기 (3-4/4)		
성취기준	[6도02-02] 다양한 갈등을 평화적으로 해결하는 것의 중요성과 방법을 알고, 평화적으로 갈등을 해결하려는 의지를 기른다.	도덕과 기능	타인 입장 이해·인정하기 경청·도덕적 대화하기
배움 주제	생활 속 여러 갈등을 또래조정 활동으로 해결하고 갈등해결활동 마무리하기	갈등해결 기능	자기존중·인간관계 문제해결 의사소통 의사결정
배움 목표	또래조정 활동을 통해 생활 속 여러 갈등을 해결하며 갈등해결 기능과 바람직한 갈등해결의 태도를 기르고 갈등에 대한 이해를 높일 수 있다.		

평가계획	영역	평가 내용	평가 방법
	지식	다양한 유형의 갈등이 있음을 이해하는가?	자기평가
	기능	갈등해결 기능을 잘 활용하는가?	관찰평가
	태도	갈등을 지혜롭게 해결하고자 하는 마음으로 적극적으로 갈등해결에 참여하는가?	상호평가

배움 단계	학생 배움·지원 활동	자료(★) 및 유의점(☞)

배움 열기 (5′)	◆ 생각 열기
	  ○ 생활 속 갈등의 경험 나누기
	    • 여러분은 생활 속에서 주로 어떤 갈등을 겪나요?
	      – 엄마가 잔소리 하시고 저는 말대꾸를 할 때가 있습니다. / 동생이랑 자주 싸웁니다.
	    • 그 갈등은 어떻게 해결했나요? 해결한 뒤에는 무엇이 좋았나요?
	      – 엄마랑 대화를 해서 엄마는 잔소리를 줄이고 저는 말대꾸를 줄이기로 했습니다. 아직 잘 안되지만 예전보다는 잔소리를 들어도 기분이 나쁘지 않습니다.
	      – 갈등을 아직 해결하지 못했습니다.
	    • '해결하고 싶어요' 상자의 갈등을 해결하여 평화로운 우리반을 만들어 봅시다.
	◆ 배움 문제 확인하기
	  ┌─────────────────────────────┐
	  │ 생활 속 여러 가지 갈등을 또래조정 활동으로 해결해보고 │
	  │ 갈등에 대한 우리의 배움을 마무리해봅시다. │
	  └─────────────────────────────┘
	◆ 배움 활동 안내하기
	  ┌─────────────────────────────┐
	  │ 〈배움 1〉 갈등해결을 도와줄게! 또래조정 활동하기 │
	  │ 〈배움 2〉 갈등에 대해 더 생각해보기 │
	  │ 〈배움 3〉 나의 갈등해결을 돌아보고 앞으로의 갈등해결을 │
	  │ 다짐하기 │
	  └─────────────────────────────┘
		☞갈등 사례를 이야기할 때 부정적인 측면에 매몰되지 않고 갈등을 지혜롭게 해결하면 얻을 수 있는 긍정적인 측면도 생각해볼 수 있도록 한다.

배움 활동 (30′)	◈ 배움 1. 갈등해결을 도와줄게! 또래조정 활동하기
	○ 모둠 또래조정 활동하기
	• 갈등 당사자와 조정자를 짝 지어 모둠을 구성합니다.
	• 모둠별로 또래조정 활동을 하며 갈등을 해결해봅시다.
	
	모둠 또래조정 활동
	① 또래조정을 소개하고 대화 규칙 만들기
	• 조정자가 또래조정 활동의 방법 및 특징과 조정자 및 참가자의 역할을 소개한다.
	• 학급 학생 모두가 함께 대화 규칙을 만든다.
	② 이야기하고 듣기
	• 조정자의 진행 아래 갈등 당사자가 갈등 상황에 대한 자신의 입장, 요구, 감정 등을 이야기한다.
	③ 문제와 원인 찾기
	• 조정자의 진행 아래 갈등 당사자들의 이해관계, 요구, 문제를 드러내고 갈등의 쟁점과 함께 해결해나갈 문제를 밝힌다.
	• 진행 과정에서 문제와 원인을 찾기 위해 발언하고 싶은 참가자는 손을 들고 발언권을 얻어 발언할 수 있다.
	④ 갈등해결 방법 찾기
	• 갈등을 해결하기 위한 다양한 방안을 탐색한다.
	• 갈등 당사자와 참가자가 브레인스토밍을 통해 방안을 모색하며, 조정자는 의견을 낼 수는 있지만 주로 진행과 격려의 역할을 한다.
	⑤ 생각 모으기
	• 대안들을 평가하고 갈등 당사자가 모두 만족할 수 있는 실행가능하고 구체적인 합의안을 만든다.
	• 대안을 평가하고 합의안을 만드는 과정에서 참가자는 손을 들고 발언권을 얻어 발언할 수 있으나, 합의안의 최종 채택은 갈등 당사자가 한다.
	⑥ 평가하기
	• 조정자는 또래조정 과정에서 구성원이 보여준 노력에 대해 감사를 표현하고 합의안을 강조하며 또래조정 활동을 마무리한다.
	• 갈등 당사자는 또래조정 과정에 참여한 소감과 조정자와 상대 갈등 당사자에 대한 감사, 지금의 감정 등을 발표한다.
	• 조정자, 갈등 당사자, 참가자는 자신의 갈등해결에 대한 자기 평가를 하고, 갈등해결에 올바른 태도로 참여한 사람을 칭찬 및 격려한다.
	
	○ 모둠 또래조정 활동 결과 발표하기
	• 또래조정 활동의 결과를 발표해봅시다.
	  – 맨날 부딪히던 문제를 속 시원하게 해결하였습니다.
	  – 합의가 아주 잘 이루어지지는 않았지만 최소한 서로 하지 말아야 할 행동을 약속했습니다.
	  – 속마음을 들을 수 있어 좋았습니다.
		★갈등 사례 쪽지, 갈등해결과정 평가서, 합의안
		☞모둠원의 수와 구성은 갈등 사례의 개수와 갈등 당사자의 수, 학급 인원수에 따라 달라진다. 원칙적으로 한 사례 당 조정자는 1명으로 배치하고 갈등 당사자와 조정자를 제외한 나머지는 참가자의 역할을 하도록 한다. 인원수가 부족한 경우 참가자 없이 또래조정을 진행한다.
		☞전 차시에 했던 멈·숨·들·반 활동을 상기하며 듣기 및 말하기 태도를 강조하여 학생들이 진지한 태도로 활동에 임하도록 한다.
		☞교사는 순회지도를 하며 또래조정이 잘 이루어지고 있는지 살펴보되 필요 이상의 개입은 하지 않는다.
		☞학생들이 스스로 또래조정을 실천할 수 있도록 충분한 시간을 준다.
		☞실제 갈등 사례이므로 구체적인 합의안을 학생들이 직접 작성하고 삶 속에서 실천할 수 있도록 한다.

	• 또래조정 활동 중 인상 깊은 활약을 보여준 친구를 칭찬해봅시다.
	  - 수영이가 처음에는 당황해서 가시 돋친 말을 했었는데 점차 감정을 조절하며 말하는 모습을 보여 칭찬하고 싶습니다.
	  - 형우가 차분하게 친구들을 달래고 나온 이야기들을 정리하며 조정자 역할을 잘 했습니다.
	• 자신의 또래조정 활동을 스스로 평가해봅시다.
	  - 제가 새로운 시각에서 대안을 내서 모두가 만족하는 합의안이 만들어졌습니다.
	  - 처음에 갈등이 있는 친구의 말을 끼어들지 않고 듣기가 너무 힘들었는데, 그렇게 하길 정말 잘했다는 생각이 듭니다.
		☞ '평가하기' 단계에서 또래조정 구성원들이 스스로 서로의 갈등해결 기능 및 태도를 평가할 수 있도록 한다. 이때 비판보다는 칭찬과 격려를 중심으로 활동하도록 한다.

배움
활동
(30′)
	◈ 배움 2. 갈등에 대해 더 생각해보기
	○다양한 갈등 떠올리기
	• 우리가 생활 속에서 마주하는 갈등에 더하여 또 어떤 갈등들이 우리가 사는 세상에서 일어날까요?
	  - 나라와 나라 사이에 갈등이 일어납니다.
	  - 뉴스에서 간척 사업을 반대하는 환경단체 시위를 보았습니다.
	• 그 갈등의 원인은 무엇일까요?
	  - 나라 사이에 과거에 잘못한 역사가 있기 때문입니다. / 나라와 나라의 이익이 충돌하기 때문입니다.
	  - 서로 중시하는 가치가 경제적 이익과 환경 보호로 다르기 때문입니다.
	• 그 갈등을 해결하는 방법은 무엇일까요?
	  - 나라 사이에도 소통을 하고, 잘못한 것이 있다면 사과하고 서로 양보를 해야 합니다.
	  - 조금씩 만족할 수 있는 대안을 찾아야 합니다. 예를 들어 간척사업을 하면서 서식지가 파괴될 생물들이 살아갈 수 있도록 방안을 찾아야 합니다.
	○갈등을 해결하기 위한 기본 원칙 세우기
	• 이야기한 것을 바탕으로 갈등을 해결하기 위한 기본 원칙을 세워봅시다.
	  - 서로의 주장을 잘 들어야 합니다.
	  - 서로가 원하는 것을 솔직히 말하고, 그것을 존중해야 합니다.
	  - 모두가 만족할 수 있는 여러 가지 대안을 생각하여야 합니다.
		☞갈등의 맥락이 다양하므로 먼저 구체적인 사례를 들어 이야기하도록 한 후 비슷한 것끼리 묶으며 갈등을 유형화할 수 있다.
		☞구체적인 갈등의 맥락 안에서 갈등의 원인과 해결방법을 말하도록 하되, 원칙적인 수준에서만 탐색한다.
		☞갈등해결의 기본 원칙을 세울 때는 생활 속 갈등을 해결한 경험과 다양한 갈등을 해결하기 위한 방법을 탐색한 것을 연결할 수 있도록 한다.

	◈ 배움 3. 나의 갈등해결을 돌아보고 앞으로의 갈등해결을 다짐하기
	○나의 갈등해결 반성하기
	• 지금까지 나의 갈등해결 과정을 반성해봅시다.
	  - 집에서 갈등이 있으면 방으로 들어와 혼자 있었는데, 다음에는 이야기를 더 해봐야 할 것 같습니다.
	  - 평소에는 그냥 싸우면 화해한다는 생각밖에 못했는데, 친구들의 갈등이 잘 해결되는 것을 보면서 이렇게 대화로 갈등을 풀면서 상처받은 것이나 원하는 것을 다 얘기하면 더 좋다는 것을 알게 되었습니다.
	○앞으로의 갈등해결 다짐하기
		☞다양한 관점에서 반성하고 다짐할 수 있도록 한다.

	• 우리가 배운 것에 비추어 앞으로의 지혜로운 갈등해결을 다짐해 봅시다. 　- 앞으로는 갈등 상대방을 미워하기보다는 침착하게 대화로 갈등을 해결하겠습니다. 　- 어떤 사회적인 갈등이 있다면 갈등의 원인을 잘 파악할 것입니다. 　- 친구들이 갈등을 겪으면 중간에서 조정자 역할을 해보고 싶습니다.	
배움 정리 (5′)	◈ 배움 활동 정리하기 ○배움 공책 정리하기 • 오늘 공부하면서 느낀 점이나 새로 배운 것을 배움 공책에 정리하고 발표해봅시다. 　- 갈등을 해결하면서 더 성숙해진 듯한 느낌이 들었습니다. 앞으로 갈등을 지혜롭게 해결해야겠습니다. 　- 조정자 역할을 한 친구에게 많은 것을 배웠습니다. 그 친구처럼 친구들 사이에 갈등이 있을 때 훌륭하게 또래조정을 할 수 있는 사람이 되고 싶습니다.	★배움공책 ☞배움공책 정리를 통해 〈배움 3〉에서 이루어진 평가와 반성이 내면화 및 심화될 수 있도록 한다.

<표 66> 갈등해결 기능 강조형 우만도 수업안 3차시 자료 (1) - 합의안

```
                    (    )와 (    )의 합의안

* 우리에게 갈등이 있었던 원인:

* 원인을 없애고 갈등을 근본적으로 해결하기 위한 우리의 약속
  1.

  2.

  3.

* 나 (    )와 (    )은(는) 이 합의안에 동의하였습니다. 우리는 이것을 반드시 실천
  할 것입니다.
* 나 (    )와 (    )은(는) 이 합의안이 만들어지는 것을 지켜보았습니다.
  우리는 (    )와 (    )이(가) 합의안을 실천할 수 있도록 격려하고 도와줄 것입니다.
```

지금까지 갈등해결교육의 개념과 내용체계 그리고 초등학교 도덕과의

갈등해결교육 실태를 살펴보고, 초등 도덕과의 갈등해결교육을 위한 수업을 제안해보았다. 갈등해결능력은 21세기의 가장 중요한 시대적 덕목 중 하나인 공존의 지혜와 관련이 깊다. 우리가 갈등이 생겼을 때 지혜롭고 평화롭게 해결할 수 있도록 하고, 때로는 평화로운 방식으로 문제를 제기하여 더 나은 상태에서 함께 살아갈 수 있도록 하기 때문이다. 초등 도덕과는 초등학교 인성교육의 중심 교과로서 갈등해결교육을 실행하며 공존의 지혜를 꽃피워야 하겠다.

참고문헌

교육부(2016), 『도덕과 교육과정』, 교육부 고시 제2015-74호(별책6).
교육부(2016), 『2015 개정 교육과정 총론 해설 -초등학교-』, 서울: (사)한국장애인문화인쇄협회
교육부(2018), 『도덕 3 교사용 지도서』, 서울: 지학사.
교육부(2018), 『도덕 4 교사용 지도서』, 서울: 지학사.
교육부(2019), 『도덕 5 교사용 지도서』, 서울: 지학사.
교육부(2019), 『도덕 6 교사용 지도서』, 서울: 지학사.
오덕열(2019), "평화감수성 함양을 위한 평화교육으로서의 통일교육 연구", 『인격교육』, 13(1), 75-107.
이신령·박승희(2013), "상황중심 갈등해결 프로그램이 지적장애 중학생의 동료와의 갈등해결기술 수행 및 갈등해결전략 사용에 미치는 영향", 『특수교육학연구』, 48(1), 19-47.
이인욱·강영하(2007), "갈등해결 프로그램이 초등학교 고학년의 갈등해결 방식 및 사회성에 미치는 효과", 『발달장애연구』, 11(2), 141-159.
정종진·김미경(2012), "갈등해결 프로그램이 초등학생의 심리적 안녕감, 공감 및 공격성에 미치는 효과", 『초등상담연구』, 11(2), 133-151.
정희태(2007), "제4장 평화교육의 수용을 통한 통일교육 개선 - 초등 '도덕과'를 중심으로", 『통일전략』, 7(2), 123-155.
차명정·천성문(2011), "중학교 도덕사회 교과와 연계한 갈등해결 프로그램의 개발과 효과", 『교육실천연구』, 10(2), 27-46.
최창욱·김진호(2006), "청소년 갈등해결 프로그램 효과분석", 『한국청소년연구』, 17(1), 61-78.
최창욱·권일남·문선량(2004), "청소년 갈등해결을 위한 정책방안", 『한국청소년정책연구원 연구보고서』, 1-192.
한만길(2019), "평화통일교육의 방향과 내용 고찰", 『통일정책연구』, 28(1), 135-157.
Bodine, R. J. & Crawford, D. K. (1998), *The Handbook of Conflict Resolution Education,* San Fransisco: Jossey-Bass.
Crawford, D. K. & Bodine, R. J. (1996), *Conflict resolution education: A guide to implementing programs in schools, youth-serving organizations, and community and juvenile justice settings: Program report*, Office of Juvenile Justice and Delinquency Prevention, US Department of Justice.
Jones, T. S. (2004), "Conflict resolution education: The field, the findings, and the future", *Conflict Resolution Quarterly*, 22(1), 233-268.
M. Goltsman et al. (2009), "Mediation, arbitration and negotiation", *Journal of Economic Theory*, 144, 1397-1420.

Ryff, C. D. & Keyes, C. L. M. (1995), "The structure of psychological well-being revised", *Journal of Personality and Social Psychology Review*, 69(4), 719-727.

찾아보기

번호
2030 온실가스 감축 로드맵 ········ 184
2050 탄소중립 정책 ·················· 184

영문
COP26 ································· 198
OXFAM Education ··············· 196

ㄱ
가치 판단 ······························· 48
갈등 ······································ 113
갈등 당사자 ···························· 20
갈등 방지 ······························· 21
갈등 원천 ······························· 34
갈등 유형 ······························· 34
갈등의 부재 ···························· 20
갈등해결 ············ 25, 30, 37, 47, 225
갈등해결 교육 ························ 113
갈등해결교육 ························· 223
갈등해결교육 수업 예시 ············· 258
갈등해결교육의 내용체계 ······ 239, 243
갈등해결 기능 ························ 241
갈등해결 기능 강조형 우만도 수업안
······································· 260
갈등해결 기술 ··················· 28, 123
갈등해결 프로그램 ··················· 228
갈등해결 핵심역량 ··················· 239
갈퉁(Galtung) ············ 14, 15, 29, 70

감정 역량 ······························ 240
강압에 의한 권력 ······················ 21
개념적 갈등 ···························· 128
개별 공동체 ···························· 26
개별 시도 ······························· 112
개인 내적 평화 ························ 13
개인의 공격성 ························· 41
건설적 논쟁 ···························· 111
건설적 논쟁의 과정 ··················· 125
격률 ····································· 43
결과주의 ································ 42
결과주의 윤리학 ········· 40, 45, 46, 47
경향 ····································· 19
고병헌 ··································· 30
고통 ····································· 12
골먼(Goleman) ························ 182
공공질서 ································ 12
공덕심 상실 ···························· 41
공동 운명의 확립 ······················ 37
공동의 이해관계 ······················· 19
공동체의 규칙 ························· 45
공동체 회의 ···························· 45
공리주의 ································ 45
공적인 정당화 ························· 43
과거 지식 ······························· 29
관계 변인 ······························· 19
관계적 평화 ···························· 18
관념론적 접근법 ······················· 18

282

관용 ·················· 21
관점 다양성 ············· 34
관점 채택 능력 ··········· 124
교사 의존적 ············· 27
구조-과정-결과 이론 ······· 131
구조적 평화 ············· 16
구조적 폭력 ············· 14
구조화 ················ 168
국가 간 평화 ············· 13
국가 권리 ··············· 53
국가 내 평화 ············· 13
국가적인 노력 ··········· 184
국가 정의 ··············· 53
국민국가 ··············· 50
국제 비정부 기구 ·········· 37
국제연합환경계획(UNEP) ····· 177
국제이해 ············ 21, 25
국제평화 ············ 22, 44
군비확장 ··············· 21
군사주의 ··············· 39
군사주의적인 문화 환경 ····· 52
군사학 ················ 11
군축 ················· 21
궁극적 목적 ············· 44
권력 불균형 ············· 34
권리와 의무 ············· 53
권위주의적 통치 ·········· 21
규칙 결과주의 ············ 45
그리스 ················ 40
긍정적인 관계 ··········· 111
기본권 ················ 137
기술 영역 ··············· 30

기후 난민 ·············· 178
기후변화 ··············· 47
기후변화교육 ············ 186
기후변화에 관한 유엔 기본 협약
　　　(UNFCCC) ········· 177
기후변화에 관한 정부간 협의체(IPCC)
　　　················ 183
길리건(Gilligan) ·········· 51

ㄴ

나딩스(Noddings) ········· 51
낙관론 ················ 36
남녀평등 ··············· 21
남성성의 지배 ············ 21
내적 스승 ··············· 24
내적인 평화 ·········· 11, 13
내적 잠재력 ············· 24
노자 ·················· 12
니코마쿠스 윤리학 ········· 40

ㄷ

다문화주의 ············· 33
다학문적 ··············· 38
대량 살상의 부재 ·········· 14
대안적인 미래 ············ 36
대인관계적 ············· 15
대인관계 평화 ············ 13
덕 ··················· 40
덕 윤리학 ············ 40, 42
덕 윤리학의 부활 ·········· 40
도덕 규칙 ··············· 43
도덕률 ················· 43

도덕적 분노 ··············· 44
도덕적 성찰 ··············· 44
도덕적 성품 ··············· 40
도덕적 향상 ··············· 44
도덕 철학 ················ 40
도덕 철학적 토대 ············ 39
도이치(Deutsch) ············ 116
동등성 ·················· 15
동의 추구 ················ 112
듀이(Dewey) ·············· 48

ㄹ

라인하트(Rinehart) ········ 15, 16
러딕(Ruddick) ············· 51
르네상스 시대 ············· 63
리어든(Reardon) ············ 23

ㅁ

맥락적인 인식 ············· 33
멀티 인권교육 ············· 144
모성 사고 ················ 52
몬테소리(Montessori) ········ 66
문제 제기 교육 ············ 74
문제해결 능력 ············· 241
문제해결 절차 ············· 123
문화적 영역 ··············· 14
문화적 유창성 ············· 39
문화적 접근 ··············· 22
문화적 정당화 ············· 14
문화적 폭력 ··············· 14
문화적 환경 ··············· 26
물리학 ·················· 49

미국 야생동물협회(NWF) ······ 193
미래 지향적 ··············· 39
미적 윤리학 ··············· 48
미학 윤리학 ··············· 40
미학적 판단 ··············· 48
민주적 참여 ··········· 21, 22

ㅂ

바탈(Bar-Tal) ············· 26
발전권 ·················· 21
방어 구축 ················ 36
배려 윤리학 ··········· 40, 51
버크(Burke) ··············· 50
보수적인 지적 전통 ·········· 50
보수주의적 사고 ············ 50
보수주의 정치 윤리학 ········ 49
보수주의 정치학 ············ 40
보장 ·················· 137
본래적 가치 ··············· 45
북플로리다대학교 ··········· 33
분노 조절 ················ 23
불일치 해소 ··············· 23
불평등한 참여 ············· 47
불협화음 ················· 19
불확실성 ················ 128
비(非)균형 ··············· 128
비밀주의 ················· 21
비지배 ·················· 18
비차별 ·················· 21
비트겐슈타인(Wittgenstein) ···· 48
비판적 사고 ··············· 30
비판적 사고 역량 ··········· 240

비판적인 도덕적 추론 ············· 45
비폭력 서비스 ················· 34
비폭력적 ····················· 17
비폭력적인 고투 ················ 52
빈곤 ························ 14
빈곤 퇴치 ···················· 21

ㅅ

사랑의 힘 ···················· 53
사티아그라하 ·················· 41
사회 무질서 ··················· 12
사회 부정의 ············ 12, 14, 19
사회 불평등 ··················· 12
사회악 ······················ 12
사회적 규범 ··················· 23
사회적·도덕적 배제 ·············· 14
사회적 미덕 ··················· 12
사회적 불평등 감소 ·············· 21
사회적 정의 ··················· 12
사회적 조화 ··············· 12, 14
사회적 평등 ··················· 12
사회적 평화 ··················· 16
사회적 행동 ··················· 39
사회 정의의 현존 ··············· 14
사회 정체성 ··················· 22
사회 체제 ················ 15, 16
사회 통합 ···················· 14
상호 신뢰 ···················· 18
상호의식 ····················· 37
상호 의존성 ··················· 37
상호 의존적 ··················· 12
상호 인정 ···················· 18

상호작용 ····················· 16
상황주의 윤리학 ················ 53
생태 균형 존중 ················· 12
생태적 관심 ··················· 31
생태적 불균형의 부재 ············· 12
서양의 윤리학 ·················· 40
서울시 생애주기별 기후변화교육 ··· 207
선험적 추론 ··················· 50
성차별 ······················ 32
성찰적인 의식 ················· 39
성평등 ······················ 21
세계 시민성 ··················· 39
세계 인권 선언 ················· 21
세계적 행위자 ·················· 39
세계 평화 ···················· 13
소극적 평화 ·············· 14, 15
소비자 보호주의 ············ 34, 35
소요 ························ 12
수직적 질서 ··················· 52
숙고 ························ 40
쉴러(Schiller) ················· 48
슈바이처(Schweitzer) ············ 48
신체적 불링 ··················· 14
실용적인 대안 ················· 57
실제적인 민주주의 ·············· 47
실천적 이성 ··················· 44
실천적 인권 감수성 ············· 140
실천 지혜 ···················· 40
심의 ························ 18

ㅇ

아리스토텔레스(Aristotle) ········· 40

아힘사(ahimsa)	53	이분법적 사고	21
안보	12	이상주의적	15
안보 전략	36	이원론	21
애국심	53	이주	178
양성평등	22	인간의 불완전성	51
양심	44	인간의 존엄성	21
언어적·신체적 폭력	15	인간의 탁월함	40
에라스무스(Erasmus)	63	인간화 과정	25
여성주의 정치학	52	인권	12, 21
여성 평화학자	23	인권 감수성	143
영구평화	44	인권교육	138
영구평화론	54, 64	인권 사회	138
영토적 통합	21	인권 실천력	139
예측 지식	30	인권 인식	147
온당한 방식	49	인권 존중	21
완화와 적응	187	인권 친화 행위 실천	147
외적인 평화	11, 13	인권 침해	12
우정	12	인권 침해 경험	147
우호 관계	12	인민 착취	21
유네스코	12, 20	인식론적 호기심	129
유니세프(UNICEF)	23	인식 역량	240
유엔	20	인종 간 평화	13
윤리적인 명령	57	인종 내 평화	13
윤리적 행위	41	인종 차별	33
의무론자	43		
의무론적 윤리학	40, 42	ㅈ	
의사결정 능력	241	자기실현	40
의사소통	116	자기 완벽	40
의사소통 능력	124, 242	자기 인식	33
의사소통 역량	240	자기존중	31
의지의 유형	43	자기존중·인간관계 능력	241
이기주의	46	자기 초월적 가치	22

자아개념 표현 ·················· 34
자연 착취 ······················· 21
자유 ···························· 11
자유의 질 ······················· 43
자율적인 인간 ··················· 43
잠재적 연관성 ··················· 53
장기적인 평화 ··················· 20
재개념화 ······················· 130
적개심 ························· 12
적극적인 관여 ··················· 20
적극적인 승인 ··················· 35
적극적 평화 ················ 14, 15
적대화 ························· 21
적응 ··························· 35
전사의 미덕 ····················· 52
전쟁의 문화 ····················· 20
전체론 ························· 38
정당한 공존 ····················· 18
정보의 자유로운 유통 ············· 21
정서적 공명 ····················· 15
정신적 폐해 ····················· 12
정의 ··························· 11
정의 공동체 ····················· 45
정의 공동체 접근법 ··············· 45
정치 문해 ······················· 31
정치적 독립 ····················· 21
정치 참여 ··················· 22, 47
젠킨스(Jenkins) ················· 38
조화로운 관계 ·················· 111
존슨과 존슨(Johnson & Johnson) ···· 37
주관적 상태 ····················· 16
중재 ·························· 123

중재 기술 ······················· 28
지구 온난화 ···················· 186
지속가능한 발전 ················· 21
지속적인 갈등 ··················· 20
지역공동체 ····················· 31
지원 관계 ······················· 54
지향 역량 ······················ 239
직접적인 평화 ··················· 16
직접적 폭력 ····················· 14
진단 지식 ······················· 29
진실의 힘 ······················· 41
집단 간 평화 ···················· 13
집단 내 평화 ···················· 13
집단 소속감 ····················· 45

ㅊ
차별 ··························· 14
차이 존중 ······················· 25
창의적 사고 역량 ··············· 240
책임감 발달 ····················· 45
처방 지식 ······················· 30
철학적 원칙 ····················· 23
체험 학습 ······················· 27
초등 도덕과 갈등해결교육 실태 ···· 244
최고선 ························· 44
최상의 잠재력 ··················· 24
최소한의 권리 ·················· 137
취약집단 ······················· 22
친교 ··························· 18

ㅋ
카터(Carter) ··················· 33

칸트(Kant) ·················· 40, 42
코메니우스(Comenius) ············· 64
콜버그(Kohlberg) ················ 45
퀸튼(Quinton) ·················· 50

ㅌ
탁월한 특질 ··················· 40
테러 ······················· 12
토론 ······················ 112
트라우마 ····················· 15

ㅍ
패러다임 ····················· 15
편견 ······················· 14
평등 ······················· 11
평화 ······················· 11
평화교육 ···· 23, 24, 26, 27, 29, 36, 38
평화교육자 ···················· 24
평화 구축 ········ 14, 16, 28, 29, 37, 39
평화권 ······················ 78
평화로운 행위자 ················· 18
평화를 위한 교육 ················ 25
평화문화 ····················· 21
평화에 관한 교육 ················ 25
평화에 의한 교육 ················ 25
평화 옹호자 ··················· 50
평화 유지 ···················· 28
평화 유지 자원으로의 전환 ·········· 36
평화의 문화 ················ 20, 24
평화의 수준 ··················· 20
평화 이론 ···················· 41
평화적 해결 ··················· 21

평화 조정 ·················· 14, 28
평화 조정 전략 ················· 28
평화 지향적 행동 ················ 22
평화학자 ····················· 16
평화 행동 ···················· 29
폭동 ······················· 12
폭력 ······················· 12
폭력의 부재 ··················· 23
푸름이 이동환경교실 ············· 215
풀뿌리 기구 ··················· 37
프레이리(Freire) ················ 72
피터스(Peters) ················· 48

ㅎ
하벨스루드(Havelsrud) ············ 29
학습 공동체 구축 ················ 24
한국과학창의재단 ··············· 203
합리적 ······················ 43
합의에 의한 권력 ················ 21
해결를 위한 토론 ··············· 147
해리스와 모리슨(Harris & Morrison)
··························· 36
해리스(Harris) ················· 24
핵전쟁 ······················ 46
행동 경향성 ··················· 27
행동 변화 ···················· 23
행동 수칙 ···················· 40
행동의 척도 ··················· 43
행동 지향적 ··················· 36
행복 ······················· 40
행위 결과주의 ·················· 45
행위자 중심 윤리학 ·············· 42

행위자 중심의 윤리학 ·············· 41
행위자 중심 접근법 ·············· 18
행위 중심 윤리학 ················ 42
협동 ···························· 113
협동적인 대인관계 ················ 111
협력 ···························· 18
협상 ···························· 123
협정 ···························· 19
호주 재난 복원 연구소(AIDR) ······ 201
화해 ···························· 19
환경 관리 ···················· 34, 35
환경 보호 ······················ 21
환경의 지속 가능성 ················ 23
회복적 정의 ···················· 39
회복탄력성 ······················ 42

» 저자 소개

추병완

강원 원주고를 졸업하고 서울대학교 사범대학 및 대학원에서 윤리교육을 전공하였다. 미국 조지아대학교에서 도덕교육을 전공하여 철학박사 학위를 취득하였다. 1998년부터 춘천교육대학교 윤리교육과 교수로 재직하고 있으며, 한국초등도덕교육학회 회장을 역임하였다. 대표 저서로『신경윤리학과 신경도덕교육』,『도덕교육 탐구』,『긍정 도덕교육론』,『회복탄력성』,『도덕교육의 이해』,『도덕교육의 새 지평』,『문화 감응 교육학』,『다문화 사회에서 반편견 교수 전략』,『다문화 도덕교육의 이론과 실제』 등이 있고, 대표 역서로『행동윤리학』,『시민공화주의와 시민교육』,『4차 산업혁명 시대의 혁신 교수법: 건설적 논쟁의 이론과 실제』,『긍정심리학의 강점과 약점』,『신경과학과 교육』,『평화교육』,『미래사회를 위한 준비: 도덕적 생명 향상』,『도덕 발달 이론』 등이 있으며, '포스트 트루스 시대에서 시민의 덕'을 비롯하여 100여 편의 논문을 학술지에 게재하였다.

한은영

호주 킹스톤 컬리지를 졸업하고, 서호주 주요 교육 기관에서 6년 동안 통역 담당 매니저로 재직하였다. 2018년 귀국 후에는 고성 도서관에서 지역주민을 위한 영어 강사로 활동하였다. 현재 춘천교대 시민교육 사업단 객원 연구원으로 활동하면서 호주의 시민교육을 전문적으로 연구하고 있으며, 호주 다문화교육 전문 강사로도 활동하고 있다. 주요 관심 분야는 시민교육, 다문화교육, 평화교육이다. 대표 저서로『세계의 시민교육』, 대표 논문으로 '호주의 초등학교 민주시민교육'이 있다.

최윤정

춘천교육대학교 및 교육대학원을 졸업하고 서울대학교 윤리교육 전공 박사 과정을 수료하였다. 2001년부터 경기도에서 초등학교 교사로 재직하였으며, 현재는 남양주백봉초등학교에서 근무 중이다. 2019년부터 춘천교육대학교 시민교육 사업단의 객원 연구원으로 활동 중이며, 주요 관심 분야는 도덕교육, 긍정심리학, 다문화교육이다. 2015 개정 교육과정 4, 6학년 도덕 교과서 및 지도서 집필에 참여하였으며, 2016년 다문화 특별 학급 교사로 중도 입국 학생들을 가르쳤다. 대표 저서로는 『건설적 논쟁 수업을 통한 시민교육』, 『디지털 시민성 핸드북』 등이 있고, 대표 논문으로 '감사의 조절 변인에 관한 고찰', '건설적 논쟁의 도덕교육적 함의', '초·중학교 디지털 시민성 교육과정 개발', '초등 도덕 교과에서의 희망 성향 함양 방안' 등이 있다.

금호정

창원대학교 초등 특수교육과를 졸업하고 진주교육대학교 교육대학원에서 다문화교육 석사학위를 취득하였다. 2005년부터 경상남도에서 초등 특수교사로 재직하였으며 현재 진주교육대학교부설초등학교에서 근무하고 있다. 주요 관심 분야는 소수자 인권 및 교육 증진을 위한 장애인 및 다문화 교육이며 다문화 사회 전문가로 활동하며 사회적응 지원을 돕는 연구를 하고 있다. 현재 경상남도교육청 특수교육자료개발위원 및 상시 수업 나눔 교사, 장애 학생 행동 중재 전문 요원으로 선정되어 교육 현장의 소수자 인권 및 교육을 돕고 있다. 대표 논문으로 '다문화 학생을 위한 문화 적합 개별화 교육 방법 연구'가 있다.

이한길

전주 상산고를 졸업하고 서울교육대학교 및 서울교육대학교 교육전문대학원에서 초등윤리교육을 전공하였다. 2008년부터 초등교사로 재직 중이며 현재 서울교육대학교부설초등학교에서 근무중이다. 2007, 2009, 2015 개정 교육과정 초등 도덕과 교과서 및 지도서 집필, 초등 안전한 생활 교과서 및 지도서 집필에 참여하였으며, '초등 도덕교육에서 실천적 지혜 함양을 위한 정의 공동체 운영' 등에 관하여 연구하였다.

배소현

경기외국어고등학교를 졸업하고 서울교육대학교를 졸업하여 서울교육대학교 교육전문대학원에서 초등윤리인성교육을 전공하였다. 2019년부터 초등교사로 재직 중이며 현재 서울 대방초등학교에서 근무 중이다. 한국 철학적 탐구공동체 연구회에서 어린이 철학교육을 연구하고 있으며 아시아태평양 지역 유청소년 철학교육학회(PCYNAP)의 유청소년철학토론회 지도 강사(chief facilitator)로 활동하였다. 대표 논문으로 '어린이 철학교육의 도덕교육적 함의: 서사해석학을 중심으로'가 있다.

민주 시민을 위한 평화교육 입문

1판 1쇄 발행 2021년 11월 18일

지 은 이 | 추병완·한은영·최윤정·금호정·이한길·배소현
펴 낸 이 | 김진수
펴 낸 곳 | 한국문화사
등   록 | 제1994-9호
주   소 | 서울시 성동구 아차산로49, 404호(성수동1가, 서울숲코오롱디지털타워3차)
전   화 | 02-464-7708
팩   스 | 02-499-0846
이 메 일 | hkm7708@daum.net
홈페이지 | http://hph.co.kr

ISBN 979-11-6685-054-7 93370

· 이 책의 내용은 저작권법에 따라 보호받고 있습니다.
· 잘못된 책은 구매처에서 바꾸어 드립니다.
· 책값은 뒤표지에 있습니다.

오류를 발견하셨다면 이메일이나 홈페이지를 통해 제보해주세요.
소중한 의견을 모아 더 좋은 책을 만들겠습니다.